装备科技译著出版基金

军事与安全领域的颠覆性技术

Disruptive Technologies for the Militaries and Security

[印] 阿杰·莱勒（Ajey Lele） 著

姚兆　武航宇　隋鑫　顾乐旭　译

国防工业出版社

·北京·

著作权合同登记　图字：01—2024—4565 号

内 容 简 介

本书分为三部分。第一部分是导论，从自然、政治、文化、思想和国防领域探讨技术需求，解析创新的概念，简要介绍国防与颠覆性技术，更具理论性和介绍性。第二部分讨论不同类型的颠覆性技术，主要涉及高超音速武器、新材料、3D 打印技术、能源科技、基因技术、人工智能、大数据、云计算、物联网、区块链。第三部分介绍了工业 4.0 和裁军、军备控制和军备竞赛。

本书结构清晰，内容科学，覆盖面广，介绍的技术具有前沿性，适合新兴技术领域和军事领域研究人员进行相关知识学习。

Disruptive Technologies for the Militaries and Security
by Ajey Lele, edition: 1
Copyright © Springer Nature Singapore Pte Ltd., 2019 *
This edition has been translated and published under licence from
Springer Nature Singapore Pte Ltd. .
Springer Nature Singapore Pte Ltd. takes no responsibility and shall not be made liable
for the accuracy of the translation.
本书简体中文版由 Springer 出版社授权国防工业出版社独家出版发行。
版权所有，侵权必究。

图书在版编目（CIP）数据

军事与安全领域的颠覆性技术 / (印) 阿杰·莱勒
(Ajey Lele) 著 ; 姚兆等译 . -- 北京 : 国防工业出版
社 , 2025. 5. -- ISBN 978-7-118-13596-1

Ⅰ . E0

中国国家版本馆 CIP 数据核字第 2025LJ2863 号

※

国防工业出版社出版发行
（北京市海淀区紫竹院南路 23 号　邮政编码 100048）
雅迪云印（天津）科技有限公司印刷
新华书店经售
*
开本 710×1000　1/16　　印张 13¾　　字数 236 千字
2025 年 5 月第 1 版第 1 次印刷　　印数 1—2000 册　　定价 128.00 元

（本书如有印装错误，我社负责调换）

国防书店：（010）88540777　　书店传真：（010）88540776
发行业务：（010）88540717　　发行传真：（010）88540762

译者序

　　颠覆性技术是科技革命和军事革命的突破口，是大国军事博弈的制高点，颠覆性技术的未来发展领域备受关注。历史上，每次科技革命的发生和突破，都以颠覆性技术的出现和成熟为标志。随着新一轮科技革命、产业革命和军事革命的交织推进，纳米材料、生物技术、基因技术、核技术、认知科学、量子计算与通信、能源替代、人工智能、物联网、区块链、云计算、大数据等方面出现了新的交叉前沿方向和领域，为颠覆性技术的发展提供了重大历史机遇。世界主要大国也将颠覆性技术发展作为提升国家科技创新能力的重要抓手，推进颠覆性技术的发展，抢占军事博弈的战略制高点。

　　本书从战略角度探讨颠覆性技术，介绍了与战争有关的一些重要新兴技术，阐述新兴技术可能给军事领域带来的颠覆性发展。本书的作者 Ajey Lele 博士是新德里国防研究与分析学院（IDSA）战略技术中心的高级研究员和负责人。本书结构清晰，内容科学，观点具有创新性，颇具学术价值，涵盖了可能对军事带来颠覆性发展的前沿新兴技术，是一本综合性比较强的学术著作。

　　本书翻译出版工作得到了国防工业出版社辛俊颖编辑的大力帮助和支持，在此特别感谢。

　　本书内容涉及知识面广，包含许多前沿新兴技术，由于译者水平有限，难免存在对原著的理解有些偏差和纰漏之处，望读者谅解，并批评指正。

前　言

本书旨在从战略角度推动正在进行的关于颠覆性技术的探讨。本书确定了与战争有关的一些重要新兴技术。本书的主题是研究新兴技术可能带入军事领域的颠覆性。

重要的是要明确，读者不可能完全理解本项目讨论的每种技术，因为这些技术仍处于研发过程中。此项目提出了基于开源信息的分析，并与专家就该主题进行了讨论。

本书实质上是就各种颠覆性技术的战略意义进行辩论，并提供未来可能需要的发展技术和政策对策。

感谢新德里的国防与分析研究所（IDSA）和我的总干事 Jayant Prasad 先生鼓励我开展这项工作。也要感谢我的同事 Munish Sharma 先生和 Natallia Khanieja 女士的帮助。我要感谢 IDSA 图书馆的 Mukesh Kumar 先生提供的有益帮助。

最后，感谢我的母亲（Sushila）、妻子（Pramada）和儿子（Nipun）的支持。这份手稿中的评论反映了我个人的观点。

印度新德里

阿杰·莱勒

2018 年 9 月

目 录

第一部分

第二部分

第3章　高超音速武器 ………………………… **47**

第4章　新材料 ………………………………… **76**

绪 论

今天的世界在一定程度上是由人类自己塑造的，人类是生物中最具优势的物种。人类试图通过自己的存在和行动来维持世界的运转。人类渴望保持世界繁荣，因为他们想要生存、繁荣和成功。几个世纪以来，人类发展了一种共同生活和工作的艺术，以确保种族的存在。为此，人类制定了各种程序和惯例，以供自己遵循（这就构成了一个社会）。为了使生存变得容易和成功，人类总是试图找到一些机制把同类绑在一起。人类在本质上主要是社会性的（将他们结合在一起的纽带可以称为社会）。自古以来，人类就试图通过观察和调查来收集知识（称为科学）。人类对世界上某些事件（如树木为什么生长、天空为什么下雨）是如何发生的，以及认识到可以使这个系统按照自己的要求运行的认知，促进科学技术的发展。所有这些对人类的生存都是至关重要的。人类已经认识到生活在一起对生存和未来进步的重要性。长期以来，人类相对安全生存的主要原因之一就是创新能力和实践能力。这种为社会所面临的各种困难寻找解决办法的实践过程，可以看作人类对技术追求的起源，人们已经注意到，为所面临的各种挑战找到解决办法的答案都在技术领域。几个世纪以来，由于社会与科学技术的相互作用，世界一直在进步。众所周知，社会的一部分（可以称为群体、民族联盟或国家）使用技术来生存和进步。有时，这些团体中的一些人彼此挑起争斗，基本上是为了确立他们在集体中的至高无上地位，这种支配有时会导致战争。此外，还有一个原因是努力攫取自然资源。即使在今天，这样的斗争仍在发生，而且将来也可能发生。为了在这些战斗中获胜（或生存），人类已经明白，可以用同样的技术，成功地帮助自身生存和进步。人类了解使用这些技术来维持群体或国家生存的必要性和基本原理之后，就开始对技术按需修改以进行战斗。人类对霸权的追求可以被认为是军事专用技术创新和发展背后的重要决定因素之一。

广义地说，技术是因对社会各种需求反应而发展起来的。此外，基于现有技术（和科学知识）的性质，人类试图利用这种专业知识来促进自身的进步，并在各种场合对其进行修改，以适应自身的要求。从原始时代到今天，科学技术领域发生了实质性的变化。研究人员试图根据各种参数来分析人类的进化过程。其中一些人直接（或间接）根据与技术相关的参数进行时代划分，如三个时代（将历史分为三个时间段），即石器时代、青铜时代和铁器时代。而当前，工业时代、信息时代、数字时代正在盛行。

在全球范围内，人们发现社会越来越先进、越来越进步。所有这一切之所以成为可能，主要是因为技术发展和人类创造作为一个系统（产业）快速适应新技术。从广义上讲，许多世纪以来，技术已经成为人类生活的中心舞台。越来越明显的是，人类未来生存和对技术的依赖已经建立起了坚定不移的关联性。目前，有人宣称，未来几十年可以观察到人类对技术的依赖程度越来越高，以至于最终可能出现一个机器甚至开始决定人类行为的阶段。技术发展的进步是线性与非线性同时存在的。也可以说，技术发展是由科学和非科学原因推进的。技术的发展还取决于社会、政治和财政支持。人们发现技术具有自己的保质期。然而，有时这些技术的使用周期不一定需要延长，因为技术本身是不可替代的，或者科学家无法提供更好的替代品，也可能是其他选择在经济上不可行。

技术的发展和引入也存在一个对立面。人们发现，对技术的过度依赖导致环境恶化、劳动力问题增加、贫富之间的社会分化及数字鸿沟。通常，这些问题在很多情况下都没有经受住时间的考验。众所周知，这些问题是由于信息不足、政府管理不善、缺乏教育引起的。有时是由非民主派别所致的。但是，一个特殊的案例值得关注，即塑料，曾经被认为是开创性的技术。然而，多年来，人们已经了解塑料对环境的不良影响。

技术开发是一个持续的过程。除了特定技术的直接应用，技术优势的展示是现代强权政治的另一个重要方面。创新既可以开发新技术，也可以找到现有技术的替代方案。寻找替代品的需求和过程取决于各种因素，如避免污染的环境要求。金属相关材料的短缺、高级技术的需求、经济原因，也有出于某些社会原因。有时，市场会出现一种全新的技术形式，从而打乱了现有的技术传播结构。采用这种独特性的技术会暂时打乱市场的经济预期，但有时会发生真正的颠覆，而较早的技术会直接被新技术取代。

技术的发展确实会影响各个部门的发展，根据该部门的需要进行特定的技术投资，从卫生、教育、人类发展的社会部门到包括能源、网络在内的关键基础设施部门，以及航空航天和国防等关键国防部门。社会的每个部门都有重大的技术依赖。众所周知，在国防领域，各种技术发挥了重要作用。历史上，各种技术创新起源于国防领域，并随后在民用领域（如互联网）取得进展。此外，国防部门对技术发展反应迅速，而社会各部门可能并非如此。军事领导层总是试图寻找新的技术，以取代现有的作战系统，或将其与现有的军事结构并置，以提高性能。

技术水平决定了一个国家用于提供作战能力的战略。技术上的任何变化都会影响作战计划的修改。这些变化具有从设备引进到人力规划、培训到设备进口的大规模影响。从更广泛的意义上说，技术可以探测到国家的防御底线。并将决定其军事工业综合体和国防相关的进出口政策。所有这些都可能影响他们对战略和外交政策的考量。因此，对于任何国家来说，关注具有（直接或间接）国防效用技术领域的进展都是极其重要的。任何新军事技术的创新或现有技术特殊应用的开发都有可能"打破"区域和全球现有的战略平衡。对于任何军队来说，了解当前的技术趋势和未来发展趋势都是很重要的。各国还要了解其对手的军事特定技术利益，特别是为开发新技术及其可能的防御性应用所做的投资。在上述背景下，这项工作就"颠覆性技术"及其可能的军事和安全应用展开了辩论。

本书讨论了颠覆性技术的现状和未来。其核心目标在于深入解析那些具有革命性意义的战略技术，重点围绕关键性技术突破及前沿发展方向展开系统性讨论。这些想法与其说是从严格意义上推断技术的未来，不如说是更多关于理解国防特定颠覆性技术范式的内容。需要注意的是，技术已经并将继续作为战争的重要组成部分，但是战争还有很多种。技术不应被视为战争必不可少的。众所周知，单靠技术并不能帮助赢得任何军事战役或战争。可是技术优势总是为军队提供胜算。重要的是，技术也具有很大的威慑力。因此，有时军事技术甚至可以起到避免战争的作用。更重要的是，通过确定新技术的战略用途并确定其在现有军事体系中的作用，以及它们对改善整个系统可能做出的贡献，可以有效管理新技术。这样的行动需要理论上的改变。这项工作讨论的是战略领域的颠覆性技术和创新，以及与其战略管理相关的问题。这部著作并没有声称是一部关于军事颠覆性技术的论文，也没有记载所有军事颠覆性技术。

重要的是要认识到，什么可以被认为是颠覆性的，什么不可以。对于哪些技术可以被认定为颠覆性技术、哪些不应该被认定，存在不同的观点。在整个技术领域中，有一些特定领域可以更容易地明确发现和重视颠覆性技术，就像传统电话已被移动电话取代一样。但是，特别是在军事技术的背景下，往往难以清晰界定某项特定技术被某种具体的颠覆性技术直接取代的对应关系。尽管技术发展进程通常呈现出渐进式演变的特征，但某些突破性创新技术会突然涌现，促使军事决策层运用这些技术来满足先前未被明确定义的战略需求。此外，在某些情况下，可能存在关于"提名"任何新技术为颠覆性技术的辩论。有时，某些新技术不必一定要具有颠覆性，它们可能仅仅是对现有技术的改良。但是，由于既得利益或错误信息，存在一些新技术可能以不同标签出售的危险，务必跟踪此类活动。只有接受这种可能性，这项工作才得以推进。

技术是社会变革的根本动力。它提供了创新、设计和开发新工具的可能性，以在民用和军事领域带来变革。军事机构反复监测科学技术史上的突破性进展，并对其进行调整以适应其需求。如果不是最初的，而是作为军事研究与发展的结果，则新技术会频繁地应用于军事领域，在某些情况下会对战争的发展产生颠覆性影响。这些影响可能是正面的，也可能是负面的。如今，整体军事技术发展的进步改善了机动性和使用武力的多样性，也创造了更强大的杀伤力。人工智能、机器人技术、自主系统和物联网、3D 打印、纳米技术、生物技术、材料科学和量子计算预计将带来重大的社会变革。这些以及其他一些新兴技术与国防架构之间的关系尚不完全清楚，需要进一步审查。新技术带来的新兴军事能力可能会影响战争与和平。观察和分析这种事态发展对了解战争和全球安全的未来至关重要。

这项工作在概念、理论（国际理论）、技术和运营（军事）主题的背景下就颠覆性技术进行了辩论。然而，这些主题不一定是以"独立"的方式讨论，而是在辩论的特定部分根据主题的方向找到参考。此外，由于发现了许多技术具有自己的发展生命周期，因此未尝试进行颠覆性技术的分级：某些技术已达到一定的成熟阶段，而另一些仍处于胚胎阶段。因此，对特定颠覆性技术的讨论会相应地进行组织，并尽可能集中于国防的适用性问题。

重要的是要注意，这项工作中讨论的许多信息都是基于当前正在进行的项目和计划。辩论中的某些技术尚处于发展初期。因此，从军事的角度来看，关于其效用的融合过程才刚刚开始，并且在军事特定方面的发展尚未发现任何投资（在金融和工业方面）。显然，关于本书中讨论的各种问题的详细文献（如研究论文、书籍、已宣布的政府政策）尚未出现。大多数可用的想法是基于各种技术和安全机构制定的工作报告。在大多数情况下，已经发现互联网是抓取正在进行辩论内容的可用平台。可能有两个原因：一是互联网的普及和迅速。二是讨论的大多数颠覆性技术是基于信息技术的扩展，互联网可以被视为讨论的明显媒介。

如今，大多数全球防务机构都在模糊可能在军事上应用颠覆性技术的细微差别。在早期，关于此主题和新思想的讨论大多是"有戒备的"。他们完全明白有必要对颠覆性技术的军事计划保密。更重要的是，每个国防机构都有自己的保密规范。所有这些都限制了开源信息的可用性。作者与科学家和军方领导层进行了各种非正式讨论。他们中许多人表示希望只在非正式一级进行讨论。对于以网络为基础的文献，已经尽可能注意寻找真实的来源。目前，有许多著名的出版物也有电子版本，在这项工作中已经提到。

大体上，本书分为三部分。第一部分更具理论性和介绍性，第二部分讨论不同类型的颠覆性技术，第三部分讨论对这些技术的总体发展产生影响的问题。三部分各章所讨论的具体要点在各部分的开头已经进行阐述。

第一部分

本部分是导论，从理论的角度对主题进行讨论。概括地说，这一部分的两章都讨论了在战争中应用技术的学术问题。讨论涉及广泛的技术范式，特别是国防技术。在不同的生活领域，从文化到政治再到战略，技术的各种特征都被讨论。本部分是关于各种相关国际理论的讨论，以了解如何将技术置于一个概念之下分析其地缘战略价值的框架。全世界的军事机构都在投资创新，以期在国防技术领域的各种突破可以为其提供更好的解决方案来应对现有的挑战，如果出现重大的颠覆性发明，也可以提出新的技术愿景。鉴于此，本书对创新进行了详细的讨论。

此外，本部分中的一节拓展了技术和战争的一般思想，并更具批判性地关注了军事领域中技术的颠覆。在此，我们对过去一些重要的军事变革进行了讨论，希望这些研讨能够为审视未来可能出现的军事技术变革提供一定的背景参考。

第1章

技术背景

承认技术可以彻底改变国家的国防结构，是一个重大的举证责任。这种假设很重要，因为假设是焦点理论。重要的是在概念阶段进行调查，以认识到技术在人类发展中的作用。本质上是因为科技给人类生活带来了重大的变化。在过去的几个世纪里，人们注意到，各种技术最初是作为军事项目的一部分而发展起来的。因此，对技术发展及其增长的"调查"也有助于确定和审查技术在军事领域的作用。本章的目的是发展一种观点，通过理论建构来审视技术发展，并重申其在加强国防建设方面的重要性。

1.1 技术要求

技术构成了人类发展的潜台词。历史上充满了技术在人类发展宏大叙事中起催化剂作用的实例。从食物、空气、水、衣服和住所等基本必需品到安全等结构要求，技术在人类生长和生存的各个领域发挥了巨大作用。虽然人类的生存一直依赖于自然，但证明人类才能的并不是未受影响的自然，而是经过改造的自然。从人类学的角度考察为生存而获取食物的过程，可以发现人类从采集者到猎人再到农民，最后演变成定居者。历史和考古学见证了工具和仪器的发现或发明，旨在提高人类的生存效率。从社会历史的角度来看，可以肯定地说，人类已经取得了显著的进步，从石器到工厂，从洞穴到城市。[①] 从本质上讲，人类的进步得益于各种技术的发展，而这些技术反过来成为进一步进化的催化剂。从冶金到人造材料，从织造到印刷，蒸汽机车到飞机和航天飞机，核能和太阳能能源到识别月球上的能源，火药到导弹……有多个技术创新和发展领域，它们是人类进化

---

① Springer Nature Singapore Pte Ltd.2019.A.Lele，军事与安全颠覆性技术，智能创新，系统与技术132。

的动力。从根本上讲，技术是影响和最终塑造文化和社会数百年来的基线。

"技术"一词的最广泛含义包括人的能力，它负责使人执行他们原本无法执行的任务。为此，我们发明、设计和制造了某些工具[1]。在当今时代，技术在人们的生活中起着关键作用。工业时代以来，技术已在科学和商业上改变了世界。曾经一度被忽视的技术最终改变了人类的历史和发展。晶体管可以被认为是被忽视的技术的一个示例，该技术最终在整个社会和技术领域产生了深远的影响。1948 年 7 月 1 日，《纽约时报》第 46 页提到了晶体管的发明，该器件通过替换真空管在无线电技术中可能具有众多应用。该电子器件于 1948 年 6 月 30 日在贝尔电话实验室进行了首次演示。该设备的主要特点是其动作是瞬时的。之所以可以这样做，是因为没有热量产生，真空管中通常不会发生处理延迟。科学家解释说，晶体管是电阻器或半导体器件，可以使电子信号通过该晶体管传输时放大它们。在其早期发展阶段，给大多数人的印象是，它只是替换真空管的一个组成部分，却没有意识到它在计算机开发领域中至关重要的作用。在那段日子里，用于占据较大房间的计算机及其操作需要人类来代替在过热真空管中烧坏的元件。几十年后，人们发现同样的计算能力（甚至更多）很容易被塞进一个售价约 10 美元的袖珍设备中，这要归功于它所基于的微芯片和晶体管技术[2]。相当多的类似技术发现在人类进步和进化过程中发挥了重要作用。但是，技术最引人入胜的方面是其进化和适应性。重要的是要认识到以下事实：尽管已针对特定目的进行了技术开发，但仍对其中一些技术进行了修改，并为完全不同的目的提供了创新。例如，手机最初是作为远程无线设备开发的通信设备。后来，手机被植入了 GPS 芯片，这些芯片可以提供有关设备地理位置的信息。这种创新虽然增加了人类的便利，但却以个人自由为代价，因为有可能确定个人的位置。手机提供的追踪功能导致了一种观念上的转变，手机公司的数据对情报机构的意义比个人用户更重要。这导致了围绕个人隐私权和技术作为国家监视工具作用的伦理辩论。这种无定形的理论性和非象征性的争论，正是这种无定形的、不具象征性问题的根源。

技术的发展，不管是有意识还是无意识，都直接或间接地影响了人类社会、经济和安全的各个方面。从宏观来看，技术在促进和维护国家安全、领土完整、自治、主权和国家发展等方面发挥了重要作用。此外，由于技术在国防、外交和通信方面的重要性日益提高，它已成为外交政策中不可或缺的一部分。对技术的几次改造为现代国家提供了应对其政治、经济、军事和现代化挑战所需的工具，并解决影响决策过程的传统和非传统安全问题。在最近一段时间里，这些技术产生了重大影响，信息和通信技术（ICT）已成为人类生活的一部分。这些技术可以说是独自影响了政府、商业、教育和科学基础设施、社会经济相关服务及指挥和控制系统的运作和安全观念。国家权力与信息通信技术模式间日益相互依赖，已扩展到更多业务领域，包括运输、能源分配、银行、指挥和控制系统等关键服务领域。

　　毫无疑问，技术在人类进步的进程中将继续发挥核心作用；然而，关于它的理论却很缺乏、分散和缺少计划性。技术进步无疑是人类发展的核心，虽然有大量的文献围绕这一点进行了论述，但谨慎的做法是，使用不同的理论视角，以结构化的方式编写。为了真正理解技术对国家的军事、社会和经济增长的影响，有必要进行更多跨学科的研究，并在技术、全球化、意识形态和文化的基础上审视国际关系的理论和概念。本章的目的是提供一个广泛的概述，分析技术的流行理论模型，以及提出在这方面进行更细致研究的必要性。现在比以往任何时候都更重要的是，需要在理论构想上集中精力，以便更深入地了解技术对人类的影响。

1.1.1　科技与国力

　　权力通常被定义为"达到目的或目标的能力"[3]。这些目标可以通过不同的方式实现。它表现在影响他人和实现自己目标的能力上。因此，国家权力被定义为国家利用其掌握的各种资源来实现国家目标的能力[4]。国际关系领域的各种学派以不同的方式将权力的核心构成理论化。现实主义学派将国家利益置于其论点的核心，其理论基础是国家构成国际谈判和身份的基石。因此，这些国家权力一直在为争夺统治地位而明争暗斗。这一学派的支持者认为，国家利用权力，以最大化其在国际体系中的利益，因此人类享有的脆弱和平与稳定是权力平衡的结果。各国的国家利益不同，从维护政治自治和领土完整，到保护自然资源和扩展政治和经济制度。现实主义学派最重要的支持者之一汉斯·摩根索，已经确定了某些因素（见表 1.1），如地理、人口和自然资源等有助于国家力量①。他将这些核心要素大致分为永久性要素和临时性要素[5]。摩根索进一步提出，国家权力的大小是相对于其他国家的权力而言的（更是对手的权力），而不是绝对的。他的这一观点旨在表明，一个国家在国际舞台上，只有与其他一个或多个行为体进行比较时，才拥有权力，其自身并不具备抽象的、孤立的权力[6]。这种对相对权力而非绝对权力的强调，源自基于霍布斯式自然状态（即一种无政府状态的环境）构建的现实主义国际体系观[7]。所有国家都必须依靠自己的资源来保障自

---

　　① 文章库。国家权力：要素、评价与局限。

己的利益[8]。这些资源随后成为社会和国家进步的主要驱动力。近年来，技术在这场争夺生存和霸权的竞赛中的作用日益增多，突出表现在资源转化为真正的国家动力。它需要技术将人口转化为人口红利，比如自然资源、发展产业等。

自21世纪初以来，国家的关键基础设施与信息和通信技术之间的融合越来越多。这种相互依存的提升是由于技术的迅速扩散、全球化的加剧以及世界经济、社会和文化的一体化。这些可以归因于信息和通信技术的进步，技术正在重新定义和阐述国家权力的概念。随着近年来新互动渠道的发展，现代国家变得更加相互依赖：货物、服务、资金和技术的跨境无缝流动有所增加；信息通信技术和其他此类新兴技术正在改变国际关系的结构基础；非国家行为者，如宣传团体、智囊团、私营公司和恐怖组织的影响，改变了如今用来评估国家权力概念的方法。汉斯·摩根索将权力的要素分为四类，如表1.1所示。

表 1.1　国家权力要素

国家	政治	文化	心理与思想
地理	政府素质	经济发展	思想
资源	领导	科学技术	教育
人口	官僚机构效率	军事准备	战略自主
	外交	智能网络	民族性格和士气
			国家建设与民族融合
			追求权力意图

该表基于此主题的各种可用来源。对摩根索的作品有着批判性的评价，如阿尔戈赛比。[9]

1.1.2　自然决定因素

一个国家的位置、大小、地形、边界和气候及该国所处的地理环境，将对该国的整体国力、潜力产生一定的影响。许多地缘政治学家和战略家强调了地理对治国方略的必然影响。在确保主导地位和维持权力投射方面，他们有着不同的看法，例如，哈尔福德·麦金德爵士主张应更好地控制中心地带，而海军上将阿尔弗雷德·泰尔·马汉曼则认为海洋权是世界主导地位的关键[10]。虽然他们的方法可能各不相同，但都认为，国家在主宰全球秩序之前，需要有效地利用自然环境。除了这些地形和地理因素，国家内部存在的某些人口因素也是决定国家权力扩散的关键因素。其中包括教育、卫生和人口的年龄分布，这些对一个国家在全球的认知中起着重要作用。例如，高文化、受过教育、训练和生产能力强的群体成为一种宝贵的资源，通过高质量的人力资源改善国家的发展格局，而文盲和资源匮乏的人口则恰恰相反。过去几年的趋势分析表明，除了人口和地形因素，资源一直在实质上指导着全球地缘政治。国家间不断竞争以获取对重要战略资源的控制，例如石油、天然气、铀和稀土元素。能支配工业和可利用资源的国家，比缺乏这种能力的国家更具优势。控制自然资源对国家权力至关重要，因为它们是各种模式国家权力的基础，例如工业和制造基地、运输和能源，反过来推动了现代经济的发展。但是，开采和利用这些资源需要大量的技术投入。必须指出的是，技术不仅为陆上或海上力量展示其实力铺平了道路，而且促进了人力和自然资源的开发。

1.1.3 政治与政治决定因素

国家的政治结构通常取决于其选民，包括政府、各种军事和准军事力量及体制机构。执政政府的质量、体制机构的领导和效率及外交的质量都有助于在国际论坛上树立国家的形象。一个有组织和有效行政结构的国家可以充分利用其潜力。治理实践指导着人的发展模式及在农业、工业和服务部门的就业。良好的治理实践包括维护正义、增强劳动力、创造就业机会和确保提供有效的服务。善政有助于创造促进经济增长的环境[11]。政治结构需要它们的工具——司法机构和政治机构——才能顺利运作并维持安全和效力。法律框架和司法结构是决定政府绩效的工具，外交政策同时管理国际关系，并通过代表和谈判联盟、条约和协定，可以进一步帮助实现其政策目标。技术在这些方面以及更直接的管理行为上扮演着重要的角色。例如，通过电子政务举措提供服务和福利，国家创造就业机会也主要通过技术实现。此外，技术正在改变传统的外交谈判手段，因为大多数联盟、条约和协定的签署主要是空间、核发展、国防和安全领域技术发展的结果。

1.1.4 文化决定因素

人类智力成就的集体表现，如经济和技术的发展，可以归入文化进步这一宽泛的标签之下。经济发展延伸到工业、就业、技术和军事等各部门。经济活动为所有相关部门带来资本、竞争和创新。自然资源通过工业、服务和成熟的人力资源转化为国家权力的组成部分。这种大规模经济活动的结果，通常是在现有体制内的效率和创新因素，从而使技术进步成为国家力量的重要组成部分。一个国家的科技实力与改进的研究相联系，将促使对社会发展至关重要的部门进一步创新。同样，战略和军事技术也是受到技术进步和经济活动直接和有益影响方面的例子。武装部队的力量、储备和进步是衡量国家力量的工具。一支灵活、精良的军队遍布陆地、空中和海上，提高了一个国家在国际舞台上的威望。例如，美国使用电子战在海湾战争期间三个维度上的快速部署使它成为冷战后时代的唯一超级大国。在当今世界，安全环境、情报收集、分析和传播构成了成功治国不可或缺的功能。中国军事战略家孙子还强调利用间谍来获取情报并深入了解对手的活动。一个高效的情报网络，再加上技术，可以使国家与其对手的战略利益保持同步发展。

除了军事和准军事力量等霸权结构，还有一些软实力的模式有助于国家形象的投射。享有一种非国家主义特权的主要自由主义流派，那就是经济自由主义。经济自由主义的拥护者认为，经济制度和经济相互依存，形成了可以与传统国家外交相媲美的新兴力量网络。该理论为联盟形成理论提供了基本的支持，联盟可以通过与其他国家结盟以实现共同目标来达到其目的。他们的联盟可以将自己的优势与常见的对手相结合，有助于增强国家力量。一个国家的软实力可以用来通过联盟来促进合作，而非靠胁迫手段。全球化在很大程度上促成了跨国网络的出现及技术、经济和政治上的相互依存关系，它模糊了边界的物理层次并实现了信息的无缝流动。文化也是通过软实力形象进行外交的主要工具，正如约瑟夫·奈（Joseph Nye）所说，这是一个国家发挥其软实力的三个主要工具之一。他提出，"在国际政治中，一国的软实力主要取决于三种资源：文化（在对他人有吸引力的地方）、政治价值观（在与国内外人们互动时）、外交政策（当它们被视为合法且具有道德权威时）"。随着现代技术时代的兴起，国家可以通过宣传以及文化和技术扩散的共同谋划来展示软实力。美国自冷战时期以来，软实力为传播民主概念赢得了广泛的支持，并为反对的共产主义意识形态营造恐惧气氛。当时，无线电广播充当了互联网，并像今天的计算机一样传播信息。然而，已经发生的巨大变化是，在全球化之后，考虑到不同主题立场的多种叙述有所增加。不再通过一个主动的传播者和一个被动的接收者在一个线性的层次过程中传播。在全球化的世界秩序中，信息共享已经成为"消费"和"共享"各种知识的积极行为。从瑜伽向东亚各国的传播以及孔子学院在全球范围内的崛起可以看出，文化偏好也在各个国家之间共享。实际上，美国的好莱坞本身就是一个文化产业，已经渗透到全球意识中，就像印度的宝莱坞一样。文化是为了在人与人之间的"差异"与为人类而"团结"的欲望之间进行协商。它成为开拓想象力和影响心态的有效工具，进而形成政策和国家内部互动。

1.1.5 思想和心理决定因素

权力的要素也通过国家的思想和心理反应得到加强，这为将其自然、政治和文化成分转化为权力提供了手段。意识形态作为一个更广泛的框架，有助于统一一个国家追求权力的能力。意识形态使国家公民相信某些不确定的运作系统，并将"事物的秩序"视为"现状"。在宏观层面上，它们还可以作为信号机制，深入了解各国可能更倾向于的外交方法和治国模式。作为一种思想流派，社会建构主义旨在弥合行为者与身份之间的鸿沟，并研究其运作如何相互影响，个体层面的主体如何影响国家目标，以及国家意识形态如何制约个体行为者。这种意识形态的范围从民主和专制等统治意识形态到资本主义和社会主义的经济意识形态。它们提供了对一个国家心理动机的洞察力，并表示了它与其他国家在自信或顺从方面的共同关系。教育是直接影响意识形态预测国家权力的一种主要形式。在幼儿园、小学、中学和更高层次接受的教育为新兴劳动力朝着理想发展方向前进的思维过程（例如科学、技术、艺术或商业）协调发展提供了动力。一个国家需要在国际关系中作出战略决策的同时保持自治和政治独立。一个内部整合的国家更有能力应对面临新出现的安全挑战和竞争激烈的全球环境。民族的多种种族和宗教信仰应融合在一起，以追求国家目标并促成国家建设，这是国家实力的有力指标，因为它反映出国家的统一愿景。物质能力和无形资产之类的资源是权力的辅助，只有当一个国家追求权力并承担起在国际辩论、问题和决策中发挥更大作用时，这些资源才能转化。

因为国家争取绝对和相对的权力，所以现实主义思想对国家权力的概念化在解释世界政治方面具有重要意义。技术在将国家力量决定因素转化为真正的国家力量方面发挥着关键作用，这导致它们之间在技术领域乃至第二次世界大战后的国家安全领域之间的竞争异常激烈。科学技术在两次世界大战中表现出的军事力量迫使各国认识到这一领域的重要性，并将其作为国家政策的组成部分[12]。技术的发展与其带来的社会变化之间存在着深远的关系。

1.1.6 技术理论

自古以来，技术和创新就一直与人类进步联系在一起。技术理论可以追溯到古希腊哲学，并始于柏拉图和亚里士多德将技能／智慧和知识分离为技术和智慧。从那时起，由于分析传统的前实证主义者采用了多元文化、多学科的技术专业化方法，所以科学和技术被塑造成许多形态。虽然技术进步自车轮发明以来就一直存在，但影响我们对技术现代理解最相关的运动是工业革命。从那时起，社会在增加财富和节约能源消耗、实现交通便利、提供负担得起的药品和提高总体生活水平方面取得了巨大进步。国内外高速铁路、公路和航空运输的扩张，给社会结构本身带来了重大变化。有时，技术带来了变革性的变化，改变了社会运作的模式，比如最佳信息技术的出现就是这种巨大转变的一个例子[12]。有许多理论框架试图分析技术的出现及其对社会的影响。理论家试图运用哲学、分析学和社会学的方法来理解技术创新与由此产生的社会影响之间错综复杂的联系。这些哲学既有马尔滕·弗朗森所实践的技术分析哲学、社会建构主义传统，布鲁诺·拉图尔[13]设想的演化网络理论（Actor Network Theory，ANT），也有唐娜·哈拉韦研究的女性主义技术问题[14]，温迪·福克纳和其他一些人都试图以各种方式来理解这种进化现象。本章试图考察一些类似的方法，并对技术进步和批判性思维之间的相互联系提供一个广泛的理解。

技术决定论

技术决定论是一种将技术视为自主性的理论，该理论认为技术推动社会结构与文化价值观的发展[15]。这是目前存在的最广泛的学术辩论之一，利奥·马克思和雅克·埃鲁尔作为正反双方进行了激烈的辩论。马克思认为，把技术①这样一个术语赋予因果力量是愚蠢的，他说："我们已经使技术成为一种万能的变革动因。与实现我们社会目标的其他方法相比，技术已被视为最可行、最实用和最经济的方法[16]。"另外，雅克·埃卢尔（Jacques Ellul）是技术决定论和支持技术自主性理论的最主要支持者之一。他借鉴了韦伯的合理化和工具化传统，指出"技术决定论"是技术以某种方式导致社会和文化其他方面的论点[17]。关于社会变革的理论被扩展为"技术变化决定了社会变化"。并将技术确定为影响历史发展的"首要"因素。根据技术决定论者的观点，某些技术发展，例如通信技术、媒体或仅是一般的技术，形成了导致社会发生变化的主要前提，技术被视为社会组织模式的基础[18]。此外，决定论者认为技术的发展是不连续的，其发展不是一个渐进或进化的过程，而是一系列革命性的进步[19]。例如，随着计算机从军事和研究机构迁移到家庭，计算机技术就对社会产生了前所未有的影响。手机带来了类似的社会互动变化，从而确保了语音、数据和视频的实时交换。可以确定，新技术已经改变了社会、社会互动和制度的不同层次。话虽如此，但假定技术进步与社会发展之间存在这种直接的因果联系是有缺陷的。这种关系更隐蔽，因为每个因素都以复杂的方式影响其对应关系。实际上，技术创新的分散速度在很大程度上受到各种外部或社会因素（例如投资、沟通和社会性质）的指导

---

① 技术这个词以及它在当今世界秩序中所代表的一切。

和影响。

技术的社会建构与相对主义的经验程序

随着现代世界跨学科性质研究的增加，我们目睹了技术的社会学理论的出现。相对论的经验纲领（EPOR）和技术的社会建构（SCOT）是两个关键理论。这些理论落在关于技术自治和技术决定论因果关系辩论的图腾柱的另一端。EPOR 方法试图证明"在'硬科学'中科学知识的社会建构[20]"。它使用经验结果来确定社会影响与技术进步间的关系。EPOR 包含三个阶段：第一阶段分析"解释灵活性"，第二阶段研究了限制这种灵活性的社会机制，第三阶段尝试与"封闭机制"互动。但是，第三阶段从未进行过。SCOT 是一种相对较新的影响分析方法，它试图使用"多向"模型来绘制技术和社会政治背景的发展过程，以追踪技术文化的叙述。与技术决定论不同，SCOT 理论家认为，人类行为塑造了融入社会的世界。支持 SCOT 的学者表示，任何类型的技术被接受或拒绝的范围取决于它被引入、被使用和拥有利益相关者的社会。SCOT 包括解释灵活性，从根本上讲，这意味着每个技术文物都有其自身的特点和不足。但是，对这种伪像的接受和拒绝取决于一个社会中各个社会群体如何评价它。在安卓系统与苹果手机系统的辩论中可能会注意到这一点，其中某些小组更喜欢安卓系统，因为它在存储方面具有硬件灵活性，而其他小组则由于苹果系统的效率和性能而更喜欢苹果手机。重要的是要注意，在安卓和苹果手机开始进入市场竞争之后，诺基亚已经失去了手机销售市场（其他公司采用更快的生产率），即使至少一半以上的缺点已在其操作系统软件和移动电话的更新版本中得到解决。

某种产品的技术变化取决于社会所说的"问题"。通过提供实用的解决方案，开发出一种人工制品来解决该问题。在这里，"相关社会群体"的概念变得很重要。识别出的问题必须是社会团体内部的共性，以便制定解决方案以迎合该特定社会团体。

SCOT 思想流派的另一个概念是"设计灵活性"，它具有两个主要特征：一是通过设计其他功能并适应各种社会群体来改善现有功能，二是作为完全被颠覆技术的替代方法。

演化—网络理论（ANT）

鉴于当今社会与技术之间的相互依存关系，描述两者之间明确的因果关系是愚蠢的。技术和社会决定论之间的争论往往会沦为极端主义还原的牺牲品，双方的强硬派倾向于对方逻辑上的荒谬来证实他们的主张。大多数学者倾向于采用更中心的方法来分析社会和技术进化过程的同时影响。第三种理论称为"演化—网络理论"（ANT[21]），它通过关系网络的视角来考察社会和技术轨迹。

ANT 的基础是网络由人和技术参与者共同塑造。与 ANT 分离的每个实体本身都被视为非形式性。类似于傅科式模型在微观政治中，所有实体都以相互构成的方式存在，从而导致网络正常运行而没有滞后。该理论的三个主要支持者是布鲁诺·拉图尔、米歇尔·卡伦和约翰·劳（Bruno Latour, Michel Callon and John Law Latour）。拉图尔[21]认为，将网络中的人类和非人类元素分开并进行分层将颠覆进化过程的对称性。因此，相对于关系的结果，ANT 对过程更感兴趣，并集中于如何建立和转化参与者之间的联系。该理论的支持者[23]认为，人工制品可以成为其他网络的一部分，而参与者仍然保持不变。参与者和网络的角色不断以关系模式转换和重新配置。在颠覆性技术和社会技术存在争议的情况下，定义为"黑匣子"的术语是为了简化行为人与网络的连接。黑匣子作为一组相互连接的链可以稳定网络。当一个链条变得复杂时，引入一种新的技术人工制品可以将链条隐藏在一个已经解决了链条复杂性的黑匣子中。这样，隐藏链中的所有参与者都成为独立的。这个过程称为点化[24]。因此，新的技术人工制品将被视为简化了先前技术的使用。

综上所述，ANT 的复杂性无法通过如此简单的概述来探究。然而，应该指出的是，即使有这样一种均衡理论，也可能存在一些限制。通过将参与者的价值降低到相同的基础水平上，该理论倾向于掩盖参与者的具体组成。这可能从人类行为者的种族/文化/年龄/性别到非人类行为者的地理/政治/社会背景。虽然它有助于提供一个基线，但交互性的丧失也可能导致精度损失，因为这种有形的差异必然会影响任何网络的功能。ANT 的另一个缺点是黑匣子本身的行为，因为当研究人员专注于一个参与者时，会倾向于掩盖其他参与者与网络的关系的发展，或者其他黑匣子的演变，因此，可能导致重复、过时和模棱两可。

创新理论的扩散

创新理论扩散主要解释了新开发的技术在创造朝向或离开其预期用途的方式。扩散是指"在一段时间的一个社会系统的成员之间，通过某种渠道交流创新的过程"。创新是"个人或其他采用群体认为是新颖的想法、实践或对象"。"沟通是参与者相互创建和共享信息以达成相互理解的过程"[25]。根据这个理论，技术创新是通过社会系统成员之间的特定渠道随时间传播的。影响扩散过程的四个主要因素是创新本身、如何交流有关创新的信息、时间以及将创新引入社会系统的性质[26]。

约瑟夫·熊彼特（Joseph Schumpeter, 1942）区分了一种新卓越技术进入市场的过程的三个阶段：发明，它构成了第一个科学或技术上的新产品产生或研制时间；创新，这是在市场上有新产品或新工艺时完成的；扩散（传播），通过公司或个人采用使之成功的创新逐渐可用并在相关领域使用的过程[27]。新近发展的技术创新如何影响经济、社会和人类，很大程度上取决于为满足社会需求而结合的技术变革。许多内部和外部因素是经济体内创新传播的原因。在一个一体化的全球经济体系中，知识分子、科学界、工业界和学术界之间的互动融合了新颖思想的传播速度。

技术和全球化

有关技术进步的另一个有趣的辩论是，全球化是否促进了技术的演进，或者说技术是不是全球化的催化剂。考虑到更广泛的辩论，技术可以定义为生产商品和服务的社会化知识，用五个重要要素来描述：生产、知识、工具、占有和变更[28]。全球化的多元进程消除了各区域的壁垒，并形成了一个高度综合的体系，使贸易、商业、思想和人员自由流动，实现了经济一体化、文化交流和社会互动。经济全球化的主要驱动力之一是技术进步和创新降低了运输和通信成本。新自由主义的兴起导致全球经济之间相互作用的方式发生了变化，服务、金融服务等新部门随着全球生产、销售和商品流动的指数增长而出现。这种现象促进了各国开发技术的利用以及技术开发和创新的合作。技术变革对全球经济结构的影响改变了公司和国家组织生产、商品贸易、投资资本以及开发新产品和工艺的方式。这使发达国家和发展中国家都可以更有效地利用技术，并为所有相关方面人员创造更高的生活水平[29]。由于技术发展的模式难以确定，因此他们的研究促进了控制过程的规律或有助于建模或发展理论假设[30]。不同的研究得出相异的结果，但是它们的目的是以规律的形式敏锐预测技术环境，以便决策过程可以迅速适应这些变化。

技术对犯罪的影响——防御平衡和权力平衡

攻防理论认为，军事进攻行动胜过防御行动时，冲突和战争更可能发生；而防御行动占优势时，和平与合作则更可能发生。攻防平衡主要取决于技术水平及其在军事行动中的适用性[31]。平衡向进攻的转变是如今各国之间存在军备竞赛的主要原因。尽管这有利于国防的技术变革，为国家带来了安全，但面对现代化军事，这也使他们变得脆弱。不幸的是，大多数情况下，攻防的过程仍相互联系。例如，南亚不断推进的军备竞赛是由印度和巴基斯坦发展进攻性军事能力所主导的，这是受到中国技术发展的影响，而巴基斯坦则将印度视为直接威胁，并继续发展其针对该国的进攻性报复能力。

为了彻底改变攻防平衡，需要一种特定的技术，使国家将其武器用于进攻性或防御性军事行动。受技术创新影响的六个主要防御领域是机动性、火力、防护、后勤、通信和侦察[34]。这些核心业务领域是由创新驱动，比如军事力量的发展与压倒敌人的机动性和打击能力成正比。为满足各种作战需要而引入的卡车、铁路、飞机和其他运输方式，使部队能在敌方领土内进行深入打击，偏向于进攻而非防守。另一个重大创新的例子是雷达系统的部署，该系统用于探测来袭的空中攻击。最初出现的雷达系统是创新和改进防御技术的典范。然而，现在雷达的使用方式是安装在空中平台上，用于探测地面目标，使技术的使用倾向于攻击。无人机和其他自动化技术的出现也代表了从防御能力向进攻能力的转变，显示了民用技术和军事技术之间的灰色地带。

势力均衡一直是国际关系理论和实践的核心概念，尤其是在现实主义和新现实主义的国际关系学派中更盛行。在国际体系中，一个国家必须保护自己不受其他国家或势力集团的影响，使其权力与其他势力相匹配。为了追求和维持国家实力的平衡，国家可以通过增强实力，也可以与其他国家结成联盟。前者的一个例子就是中国人民解放军的军事现代化，这对喜马拉雅地区乃至全球的力量平衡产生了影响。我国正在发展以飞机、航空母舰、潜艇、弹道导弹等形式的进攻型和防御型军事力量。

因此，国家的防御系统就会加强。此外，在当代世界安全环境中，一个国家面临各种传统和非传统的威胁，这些威胁主要来自恐怖分子和犯罪组织等非国家行为者。在不断变化的威胁观念中，国家需要继续发展军事能力，而这正是技术在维护物理边界和国家边界安全方面发挥关键作用的地方。

1.1.7　技术发展的规律

一直以来，技术的未来都很难预测，因为技术的发展还受科学以外的其他因素影响。这些因素包括投资、人力资源、政府政策和市场力量。因此，对于技术可能引领的未来发展轨迹，存在着许多相互矛盾的观点。虽然有些学者认为技术的增长是稳定的，但另一些学者则认为它是指数级的。一些人认为技术发展是稳健的，而另一些人则认为其是颠覆性的。技术一直是研究该领域的杰出研究人员以及学者和商人的难题。国际商业机器公司（IBM）的创始人 Thomas J.Watson 在 1946 年曾预测，世界只需要五台电脑[35]。

英特尔公司的商业策略是制造出比以前处理速度更快的新型微处理器，以吸引买家升级他们的个人电脑。实现这一目标的方法是在每台设备上装入更多晶体管的芯片。例如，"第一台 IBM 个人电脑 Intel 8088 处理器有 29000 个晶体管，而四年后推出的 80386 处理器带有 275000 个晶体管，而 2008 年推出的酷睿二代四核处理器有超过 8 亿个晶体管。2012 年发布的奔腾 9500 有 31 亿个晶体管。晶体管数量增长的规律被称为摩尔定律，以公司创始人之一戈登·摩尔（Gordon

Moore）的名字命名，他在 1965 年提出，硅芯片上的晶体管数量大约每年翻一番；他在 1975 年将其修改为每两年翻一番[36]。

　　成本与生产规模之间有一定关系。例如，规模经济表明，一旦生产规模扩大，产品的成本就会下降。在这方面，市场力量的相互作用是决定因素。各种推动和拉动因素以及需求—供给的计算也影响了增长率。政府通过指导基础设施和人力资源开发、资本合作的政策，在技术发展中发挥着核心作用。中国台湾就是一个恰当的例子，在 1959 年的科学技术政策之后[37]，中国台湾建立了重要的研究机构、科学园区和技术论坛，让企业、政府、学术界和研究学者参与起草和审查科技政策。目前，中国台湾拥有世界上最大的计算机硬件产业[38]。因此，产生的问题是：为什么没有一个像生物进化论这样的理论来解释技术的发展、进化或扩散。当新的突破出现时，相互矛盾的观点使人们对创新的理解变得复杂，争论的焦点是社会推动技术增长还是技术推动社会进化。全球化改变了经济增长的速度，还是技术推动了全球化？是需求拉动还是技术推动？变革是由发明驱动的还是通过现有系统的演变来驱动的？国家政策如何管理技术创新？ Genrikh Altshuller[39] 提出的技术系统可预测演化的概念，这就意味着虽然各种因素（如个人创造突破性发明的努力、市场力量、政治条件、文化传统等）可能会影响这种演变的速度（加快或减缓），但它们不能改变主要方向①。

　　技术的发展一直在平稳地加速，并遵循一个越来越自我催化的轨迹。技术作为一种独立的力量，正朝着真正的自主性方向发展[40]。值得注意的是，创新是由一个系统内应用原则的变化带来的。例如，飞机发动机是由活塞螺旋桨原理驱动的，而活塞螺旋桨则被基于燃气轮机和喷气推进原理的（亚声速到超声速）发动机所取代。这一新原理提高了飞机发动机的速度和效率。早期由真空管传导的电子信号现在由半导体晶体管携带，这也推动了无线电广播、电视、雷达和信号处理的发展，同时大大缩小了设备的体积。因此，发明创造与技术进步是同步发展的。

　　阿尔文·托夫勒是著名的未来主义者。他认为，在本书中，技术创新包括三个阶段。第一阶段是创造性的、可行的思想；第二阶段是它的实际应用；第三阶段是它在社会上的传播。他认为，技术的传播和新思想的体现反过来有助于产生新的创意。现在，有证据表明这个周期中每步之间的时间缩短了。新思想比以往任何时候都更快地投入应用，从最初的概念到实际应用之间的时间已经大大缩短。

---

① 按需创新：第 5 章。

21

1.2 创　新

当今世界正经历着充满不确定性和复杂性的快速变化，技术变革和全球化等因素正在加速商业、教育和社会领域的变化，由于其对行业的转型影响，创新已迫在眉睫[42]。对寻找重要问题更好解决方案的竞争不断增加，这些竞争构成了行业领导者和追随者之间划分界限的基础。激烈的市场竞争实际上是组织引入创新文化以保持其竞争优势或为其客户、用户提供独特价值主张的主要驱动力之一。创新还带来了利润增长，这对于组织的生存至关重要。

创新是一个将创造力应用到组织价值链的各个方面，以开发新的、更好的创造价值方法的过程。它也可以被看作将一项原始发明改进或发展成可用的技术或产品[43]的过程。创新的过程并不局限于研发中心、实验室或技术领域；它是一种行为特征，贯穿一个组织的价值链，并改进其产品、过程和服务。创新发生在一个组织吸引资金、人力资源、技术、组织框架以及供应商、分销商、专业人员和合作伙伴的网络的生态系统中。

1.2.1　创新和全球化

我们生活在全球化的世界秩序中，在全球资本市场的穹顶下，在世界贸易、自由经济政策、信息和通信技术等方面加强了参与和融合，这一市场正在促进前所未有的创新效率和广泛的创新领域。随着跨国公司在全球范围内开展研发活动，并朝着合作模式发展，国际商业环境发生了变化。这种模式已经被国际基础研究合作所采用。波音 787 飞机的生产是全球设计和开发合作的结果。该飞机的复合材料机翼盒由日本三菱飞机公司制造，飞机控制面板由意大利的阿莱尼亚·艾尔马奇公司制造，部分飞机结构部件由韩国大韩航空航天事业部制造。乘客舱门由法国的 Latécoère 公司制造，而货舱门、检修门和机组人员逃生门工程则由瑞典萨博航空结构公司承包。飞机舵由中国成都飞机工业公司提供。值得一提的是，计算机辅助测试和飞行测试计算软件由印度 HCL 技术公司负责。另一家印度公司——TAL 制造解决方案有限公司，提供飞机结构部件，如地板梁。配电和管理系统以及空调由美国汉胜公司制造。波音公司为 787 梦想飞机开发了一个供应商网络，并让他们参与从设计、测试、生产到部件采购的各种活动。

在市场力量和全球化的动态生态系统下，很难预测技术增长轨迹。在商业领域，创新者评估客户的需求，并努力满足这些需求。同样，国防制造商也努力预测和满足武装部队的需求。因此，创新战略的指导是对商业、市场条件、技术环境和可用的人力、资本和知识产权资源的分析。创新的过程是一个团队的努力（涉及来自行业和学术界的各种组织投入），这是由正在世界各地传播的基于网络合作的全球化时代所促进的。这些特点导致了一定程度的与投资、技能基础发展相关的风险和不确定性。

1.2.2 创新的 S 曲线

每一项创新在其增长和饱和阶段都会经历激增、成熟和缓慢的过程，最终导致产品逐步淘汰或持续改进。创新可以理解为对现有产品线进行改进的迭代过程。它涉及对复杂系统的单个组件进行微小增量的调整和改进，或者从新技术或现有技术组合中激发出对系统的根本性改变[44]。例如，三星、诺基亚或苹果等手机制造商不断推出升级版手机。在国防工业，改进平台和升级是持续创新战略的一部分。计算机芯片制造商英特尔总是能保持其在行业中的领先地位，不仅是因为它的新产品和旧产品的升级换代，而且是因为英特尔加快了生产和将新产品推向市场的速度，从而使其他产品（有时是自己的产品）过时。创新在很大程度上影响着人类的行为和社会的发展。一些创新改善了人类的生活，而另一些创新则从根本上改变了人们的生活方式[45]。科技可以改变我们的沟通、旅行、工作和互动方式。近来最激进的创新之一是手机，它刺激了手机制造、提供网络服务以及开发软件和应用程序行业的出现。同样，电视的出现是另一个激进的创新，这导致了电视机制造商、广播公司和生产商的出现。这些创新通过广告、多媒体分发、信息消费等方式改变了人类互动的格局。S 曲线框架用于描述变量的增长。这个广泛的数学模型被发现对许多领域都有用，包括物理学、生物学和经济学。它对判断创新的成熟程度也有重要意义。创新周期通常由一条曲线表示，曲线的起点和终点较平坦，中间的曲线更陡（S 形）（图 1.1）。

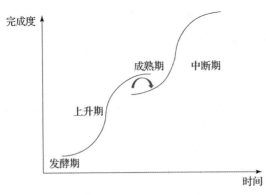

图 1.1　技术生命周期[46]

在这方面，最有趣的例子之一是音频行业，更具体地说是盒式磁带。荷兰飞利浦公司发明了记录音频信号的盒式磁带，这在本质上促进了音乐产业的繁荣。最初，盒式磁带是在盒式放音机上播放的，这种放音机体积庞大，需要外接电源。然而，随着创新和技术发展，索尼公司发明了随身听，它是一种便携式盒式磁带播放机，只需电池供电。随后，该市场逐渐成熟，其他几个行业（如 TDK 和 Maxwell）开始生产各种各样的小工具。所有这些阶段都可以被绘制为 S 曲线的发酵、起伏和成熟阶段。虽然竞争加剧了，但并没有颠覆性技术。相反，当索尼公司和飞利浦公司开发光盘时，出现了间断阶段。这扰乱了市场，开始了新的 S 曲线。类似的模型也可以在一系列行业中找到，比如通信、半导体和喷气发动机等。符合 S 曲线范式的模型创新可以用来分析处于不同发展阶段和成熟周期的不同行业，从而提出一种理论，可以解释这些单独技术的成功和失败[47]。

1.2.3　创新、技术和技术经济模式的转变

运用技术经济变迁理论，对技术创新与经济学的关系进行了概念化。有研究表明，技术变革剧烈的时代具有快速发展的特点，这带来了增长机会和社会变革。值得注意的是，最善于促进和刺激创新机构以及利用新兴技术经济模式的国家也更有可能在经济、工业和社会发展方面实现更高的增长。这些经济体从新技术中获益，以促进其工业和服务业的发展。

技术发展的历史表明，重大发明为进一步的创意提供了基础。重大突破带动新兴产业发展，进一步促进经济增长。这就形成了一个技术经济范式推动重组、提高国家制造业基础的效率，并改变作为其可持续发展框架的社会和体制结构。因此，新兴产业能够取代现有的经济增长引擎，而现行模式已过时并被新模式所改变[48]。几个世纪以来，在几次工业革命中，人们目睹了各种各样的变化，从蒸汽发动机的发展到重型电力的使用，工业、汽车革命和最近出现以生物科学为基础的新型通信技术。

熊彼特[49]认为，新技术的出现与更大的经济和社会行为模式之间的相互作用可以被理解为创造性颠覆的过程。

技术经济范式的影响与熊彼特的"创造性颠覆"思想有着密切的联系，这意味着它能够维持一个由各个部门的出现、消失和重组而产生漫长的增长周期。在宏观层面上，不同的国家对技术范式的影响有不同反应，这决定了它能否成

功、能否跟上世界经济的增长[50]。技术革命的五大浪潮①[51]已经证明，新技术不仅具有颠覆早期技术的潜力，而且有时还允许各种技术同时共存。各种新技术的出现为初创企业或新公司开拓市场提供了无数机会。与此同时，这也给现有企业生存带来了困难。可持续性问题还可归因于某些职业过时和就业结构变化，这两种情况都导致区域和国家之间贸易条件的变化。换言之，新技术为建立新经济条款带来了条件[52]。

在典型模式转变的背景下，当核心技术变得越来越普遍，并广泛在生产领域，以及在其他领域或行业中分配产品和服务时，就会产生创新[52]。例如，蒸汽机不仅影响运输，还影响所有工业生产和制造方式；同样，电力等其他核心技术对制造、运输、电信和日常运行也至关重要，同时对于工业和家庭应用也必不可少[53]。从很大程度上讲，一方面，过去两个世纪的发展趋势突出表明，在重大技术进步期间，现有核心技术和经济运行方式明显受到颠覆，进而出现了新的技术经济范例。这种出现的过程是技术、经济、制度和社会领域相互作用的结果[54]。另一方面，显然并非所有的技术进步都会引发颠覆经济和改变社会条件的重大变化。

1.3　颠覆与创新

创新和颠覆之间只有很细微的差别，人们可能对二者的区别存在一些混淆，永远不是非黑即白，而是可能有细微的区别。用一个简单的逻辑来类比，就像每一个正方形都是一个矩形，但并非所有矩形都是正方形；同样，颠覆者是创新者，但并非所有创新者都是颠覆者。大体上说，创新和颠覆是相似的，因为它们都是制造者和建设者[55]；然而，两者之间有一些关键的区别。两种行为都会改变现状，从目前来看，颠覆与创新对社会的影响是截然不同的。企业需要创新才能生存，但他们真的需要颠覆才能进步吗？颠覆被定义为取代现有的技术或市场。这是一种导致系统性变化的行为，而创新通常具有更积极的内涵，并与升级相关（即使情况并不总是如此）。创新被视为一个理性的过程，而颠覆被认为是不可预测的、非理性的和破坏性的。例如，技术和 Uber 等交通服务的融合可以被称为颠覆，将现有出租车（汽油车）改造成电子出租车（电池驱动的车辆）可能与创新相关，因为后者"只是一种新的做事方式"。如前所述，颠覆是不可预

---

① 第一次是工业革命，第二次是蒸汽时代，第三次是电力时代，第四次是大规模生产时代，第五次是信息和通信技术和网络的兴起。

测的，而且（社会或行业）几乎是无法控制的，或者这种改变预示着未来的变化。这并不一定意味着它总是消极的，事实上，有些人认为颠覆是一种更高形式的创新[56]。有一种观点认为，持续关注技术和业务领域内发生事情的公司可以判断趋势，认识到颠覆是不可避免的，并将其作为一种积极的商业战略。

从概念上讲，改进当前流行技术，以及提出使现有技术过时的典型模式进行转变，这两个想法构成了大多数关于技术进步讨论的基础，其相应的讨论介于创新和颠覆之间。在这方面，一些常用条件是持续性创新和颠覆性创新。持续技术是已知的能够改善产品或服务的技术；然而，这种改进与标准市场预期相比有点不同。除了这两个概念，在 20 世纪出现了一个更为微妙的概念，叫作创造性颠覆。这个概念（也被认为是企业家精神的概念）是由 20 世纪著名的经济学家约瑟夫·熊彼特（1942 年）提出的。这个概念的出现支持了他的主要论点，并证实他关于资本主义将导致自身毁灭的基本论点[58]。创造性颠覆现象是指以新的生产单元取代过时生产单元的"产品和工艺"创新机制。在技术上，创造性颠覆可以被称为文明从农业实践转向工业革命、蒸汽船转向铁路，从铁路转向飞机、电报转向电话，从报纸转向互联网的变化。有人认为，创造性颠覆过程是经济增长的重要组成部分，这一过程的波动可能会产生严重的短期或者长期宏观经济成本[58]。虽然这一理论试图为人类进步创造一个宏大的蓝图，但它最终简化了社会进步典型模式的转变，将所有的重大变化都归因于大公司。大多数模式转变并不一定如此，当克莱顿·克里斯滕森（Clayton Christensen，2009）提出了一个后来被称为克里斯滕森的"颠覆"的替代模型时，这一理论的局限性就凸显出来了。他证明，与熊彼特理论所暗示的"大公司"颠覆不同，大多数历史上的颠覆案例表明，颠覆来自较小的公司[59]。

像创新者进退两难这样的问题对科学界和商业界来说也是一样的，因为并非所有的创新都平等。其中一些公司未能找到市场的动力，最终无法持续。还有很多创新被证明毫无价值，如 2010 年 5 月 27 日，时代杂志[60]公布了有史以来最糟糕的 50 项发明。因此，创新的成功取决于它能否被社会接受。

1.4 结 论

在过去的几个世纪里，技术有了惊人的发展，特别是国防技术。理解新技术方式和发展过程有多个维度。在很大程度上，人们（用他们的规范思想）已经接受了吸收社会内部的新技术革命。各种工业革命的进展表明，人类已经认识到技术对生存和成长的重要性。从健康到财富创造，人类一直在生活的各个领域使用和部署技术。第一次世界大战以来，人们注意到国家在处理技术问题时把国家利益放在核心地位。因此，了解技术如何影响未来冲突的背景至关重要。

 参考文献

[1] Grubler，A.: Technology and Global Change，vol.20.Cambridge University Press，Cambridge（1998）

[2] Riordan，M.，Hoddeson，L.: Crystal Fire，vol.8–8.W.W.Norton & Company，New York

[3] Nye，J.: Bound to lead: the changing nature of American power.Basic Books，New York（1990）

[4] Lele，A.: Power dynamics of India's space program.Astropolitics 14（2–3），120–134（2016）

[5] Your Article Library.National Power: Elements，Evaluation and Limitation（2018）.http://www.yourarticlelibrary.com/india–2/national–power–elements–evaluation–and–limitations/48489/.Accessed 20 Feb 2018

[6] Jablonsky，D.: National Power: U.S.Army war college guide to strategy，the air university，United States Air Force（2001）.http://www.au.af.mil/au/awc/awcgate/army–usawc/strategy/08jablonsky.pdf.Accessed 12 Mar 2018

[7] Gallarotti，G.M.: More Revisions in Realism: Hobbesian Anarchy，the Tale of the Fool，and International Relations Theory，vol.68.Division Ⅱ Faculty Publications（2008）.https://wesscholar.wesleyan.edu/div2facpubs/68.Accessed 3 Oct 2018

[8] Ferraro，V.: Political Realism: Mount Holyoke College（2018）.https://www.mtholyoke.edu/acad/intrel/pol116/realism.htm.Accessed 8 Jan 2018

[9] Algosaibi，G.A.R.: The theory of international relations: Hans J.Morgenthau and his critics.Background 8（4），221–256（1965）.https://www.pc.gov.pk/uploads/pub/4th–CPEC–PaperConference–on–EoNP–2.pdf.Accessed on 25 Sept 2018

[10] Hattendorf，J.B.（ed.）: The influence of history on Mahan.In: The Proceedings of a Conference Marking the Centenary of Alfred Thayer Mahan's the Influence of Sea Power Upon History，1660–1783，Naval War College Press，Newport，Rhode Island，1991，op cit

[11] Singh，B.P.: The challenge of good governance in India: need for innovative approaches.In: Second international conference of the Global Network of Global Innovators organized by Ash Institute for Democratic Governance and Innovation and John F.Kennedy School of Government，Harvard University during March 31–April 2，2008，Cambridge，Massachusetts，USA.http://www.innovations.harvard.edu/cache/documents/1034/103461.pdf.Accessed 30 Dec 2017

[12] The Deepening Relationship Between Science and Technology and Society（2018）.http://www.mext.go.jp/

component/english/_icsFiles/afieldfile/2011/03/03/1302821_001.pdf.Accessed 23 Jan 2018

［13］Latour, B.: On actor-network theory: a few clarifications.Soziale Welt 47（4）, 369-381（1996）

［14］Lohan, M.: Constructive tensions in feminist technology studies.Soc.Stud.Sci.30（6）, 895-916（2000）

［15］Adler, P.S.: Technological Determinism（2018）.http://www-bcf.usc.edu/~padler/.Accessed 2 Oct 2018

［16］Marx, L.: Technology: the emergence of a hazardous concept, technology and culture（2010）.http://faculty.georgetown.edu/irvinem/theory/Marx-TC-2010-51.pdf.Accessed 21 Feb 2018

［17］Ellul, J.: The 'Autonomy of the technological phenomenon.' In: The Technological Condition: An Anthology（2018）.http://www.nyu.edu/projects/nissenbaum/papers/autonomy.pdf.Accessed on 12 Feb 2018

［18］Edward, H.:Digital public administration and e-government in developing nations:policy and practice（2013）

［19］Surry, D.: Diffusion theory and instructional technology（2018）.http://ascilite.org/archivedjournals/e-jist/docs/vol2no1/article2.htm.Accessed 2 Feb 2018

［20］Pinch, T.J., Bijker, W.E.: The social construction of facts and artifacts from.In: The Social Construction of Technological Systems（2018）.http://sciencepolicy.colorado.edu/students/envs_5110/bijker2.pdf.Accessed 02 Feb 2018

［21］Latour, B.: On actor-network theory.A few clarifications plus more than a few complications（2018）.http://www.bruno latour.fr/sites/default/files/P-67%20ACTOR-NETWORK.pdf.Accessed on 21 July 2018

［22］http://faculty.georgetown.edu/irvinem/theory/Cressman-ABriefOverviewofANT.pdf.Accessed on 22 Sept 2018

［23］Mützel, S.: Networks as culturally constituted processes: a comparison of relational sociology and actor-network theory.Curr.Soci.57（6）, 871-887

［24］Adam, A., Gluch, P., Julin, J.: Using actor-network theory to understand knowledge sharing in an architecture firm（2018）.http://publications.lib.chalmers.se/records/fulltext/202355/local_202355.pdf.Assessed on 22 July 2018

［25］Rogers, E.: Diffusion of Innovations（1995）

［26］Surry, D.W.: Diffusion theory and instructional technology（1997）.http://www2.gsu.edu/~wwwitr/docs/diffusion/.Accessed 12 Mar 2018

［27］http://www.oecd.org/env/cc/2956490.pdf, and http://www.academia.edu/1053409/TECHNOLOGY_AND_INNOVATION.Accessed 21 Feb 2018

［28］http://mediaif.emu.edu.tr/pages/atabek/GCS7.html.Accessed 7 Jan 2018

［29］http://www.nap.edu/openbook.php?record_id=1101&page=1.Accessed 17 Mar 2018

［30］http://www.innovation-america.org/tracking-technological-evolution.Accessed 17 Mar 2018

［31］http://www.stanford.edu/class/polisci211z/2.3/Lieber%20IS%202000.pdf.Accessed 5 Jan 2018

［32］http://www.sscnet.ucla.edu/polisci/faculty/trachtenberg/guide/jervissecdil.pdf.Accessed 9 Feb 2018, p.194

［33］http://slantchev.ucsd.edu/courses/pdf/lynn-jones%20-%20offense-defense%20theory% 20 and %20 its %20 critics.pdf.Accessed 2 Feb 2018，p.667

[34] file：///C：/Users/USER/Downloads/2539240.pdf.Accessed 14 Jan 2018，pp.61-62

[35] https：//www.theguardian.com/technology/2008/feb/21/computing.supercomputers.Accessed 24 Sept 2018

[36] https：//www.britannica.com/topic/Intel#ref338628.Accessed 28 Aug 2018

[37] Rise of a Technological Powerhouse.www.taiwan.gov.tw/ct.asp?xItem=44954&ctNode=1906&mp=999，and https：//www.taiwan.gov.tw/.Accessed 13 July 2018

[38] Chengappa，B.M.：India-Taiwan relations：shifting strategic priorities.In：Vinod，M.J.，Ger，Y.，Kumar，S.S.Y.（eds.）Security Challenges in the Asia-Pacific Region，p.131.Viva Books，New Delhi（2009）

[39] Mann，D.：An introduction to TRIZ：the theory of innovative problem solving.Creativity Innov.Manage.10（2），123-125（2001）

[40] Smart，J.：A brief history of intellectual discussion of accelerating change.http：//www.accelerationwatch.com/history_brief.html.Accessed 24 Dec 2017

[41] Toffler，A.：.Future Shock.Random House，Inc.，New York（1970）

[42] http：//www.forbes.com/sites/gregsatell/2013/03/07/how-to-manage-innovation-2.Accessed 9 Dec 2017

[43] Maital，S.，Seshadri，D.V.R.：Innovation Management，vol.29

[44] Dodgson，M.，Gann，D.，Salter，A.：The Management of Technological Innovation，vol.3

[45] Maital，S.，Seshadri，D.V.R.：Innovation Management，vol.59

[46] http：//www.galsinsights.com/the-innovation-s-curve/.Accessed 15 Apr 2017

[47] http：//www.galsinsights.com/the-innovation-s-curve/，and http：//innovationzen.com/blog/2006/08/17/innovation-management-theory-part-4/.Accessed 1 June 2017

[48] Perez，C.：Technological revolutions and techno-economic paradigms.Working paper on technology governance and economic dynamics，vol.20（2009）

[49] Joseph Alois Schumpeter（1883—1950）was an economist and one of the 20th century's wellknown intellectuals.He is best known for his 1942 book "Capitalism，Socialism，and Democracy"

[50] http://www.eclac.org/publicaciones/xml/2/33282/chapterIV_2008-118-SES.32-INGLESWEB-OK.pdf.Accessed 20 Dec 2017

[51] Desha，C.，Hargroves，K.C.：Informing engineering education for sustainable development using a deliberative dynamic model for curriculum renewal.In：Proceedings of the Research in Engineering Education Symposium，Madrid（2011）

[52] http：//in3.dem.ist.utl.pt/laboratories/pdf/5_6.pdf.Accessed 24 Feb 2018

[53] http：//in3.dem.ist.utl.pt/laboratories/pdf/5_6.pdf.Accessed 14 Mar 2018

[54] http：//in3.dem.ist.utl.pt/laboratories/pdf/5_6.pdf.Accessed 23 Mar 2018

[55] https：//www.forbes.com/sites/carolinehoward/2013/03/27/you-say-innovator-i-say-disruptorwhats-the-

difference/#1567dc4a6f43.Accessed 28 Dec 2017

［56］https：//www.activategroupinc.com/2015/09/is−there−a−difference−between−innovation−anddisruption/. Accessed 13 Aug 2017

［57］http：//www.telegraph.co.uk/sponsored/business/the−elevator/12168170/business−innovationversus−disruption. html.Accessed 14 Aug 2017

［58］https：//economics.mit.edu/files/1785.Accessed 2 June 2017

［59］https：//seanmalstrom.wordpress.com/2010/11/02/the−end−of−the−schumpeter−prophecy/.Accessed 26 Nov 2017

［60］http：//newsfeed.time.com/2010/05/27/the−50−worst−inventions−of−all−time/.Accessed 1 June 2017

第2章

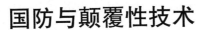

国防与颠覆性技术

2.1 背 景

许多世纪以来，如现在所理解的有组织的战争，对于人类来说是一个陌生的概念。[①] 在石器时代，当战争（或战斗／小规模战斗）是为了食物、资源或生存而战斗时，这种战斗与今天人类所从事的战争有很大的不同。撇开大规模的军队和结构差异不谈，即使是用来攻击对手或自卫的基本工具也过于简单，并且是利用容易获得的资源精心打造的。自战前时期（通常被理解为第二次世界大战之前的时期）以来，战争文献越来越容易获得。现有的证据使我们推断，技术确实影响了那个时期的战争。从战前和战后的历史来看，技术已经成为过去几十年国防战略中错综复杂的一部分，并在形成军事理论和战争规则方面发挥了重要作用。更重要的是，技术似乎一直是决定战争结果的中心，它的存在常常塑造历史进程。技术的发展影响了各种冲突的结果。

需要指出的是，要认识到技术对作战过程产生了重大影响。影响战争的不仅仅是武器或武器系统，此外外围技术的发展在决定战争结果方面起到主要作用。技术在决定道路进程中起着重要的作用，使我们能够建造道路、车辆和通信设备。广泛地说，基础设施一路走来，显示出组织、后勤、情报、战略甚至战斗结果的特征[2]。不同类型的技术发挥着不同的作用，它们对战争的影响也不同。例如，小武器、轻武器和地雷是战术武器，而核武器和弹道导弹防御系统是战略武器。

因此，出现的问题是，技术能否影响未来战争。历史上，有好几个例子支持这一争论。对日本使用核武器加快了第二次世界大战的结束，这有利于美

---

① 关于战争的详细历史记载，请参阅[1]。

国。1991 年的海湾战争也是技术与战术创新相结合的一个很好的例子。它证明了电子战的重要性，并最终决定了战争的结果。战略技术的发展和研究与相关技术的进步密切相关。例如，闪电战是德国军队在第二次世界大战期间使用的一种战术战争。它是一种创新方法，利用空中支援与机械化步兵之间的协调和快速移动来获得速度。还有许多其他例子证明，从武装冲突开始以来，技术一直在影响着战争的方式。如今，前所未有的技术变革已经影响到生活的各个领域，并因此对国家安全产生了重大影响。核武器、军事平台的发展、情报收集和反恐，都是当今技术发挥核心作用的例子。技术武器的发展越来越快，这已经改变了现代战争及其在全球的传播[3]，特别是 1750 年在沃兹。火药的发明者不为人知，但人们普遍认为它起源于大约 10 世纪的中国。发现最早的塑料炸药是阿尔弗雷德·诺贝尔于 1875 年发明的格里尼特炸药。20 世纪早期飞机和潜艇的出现，以及后来几年的核武器的出现，使现代战争以难以想象的方式形成。

马是骑兵的脊梁。骑在马背上的士兵，在战场上进行机动作战并击败步兵。到了第一次世界大战，马上骑兵被逐步淘汰，装甲坦克在战场上的机动能力占主导地位。同样，在战场上使用热气球进行侦察①的任务也被飞机所取代，这些飞机被设计用于监视和侦察等。当无人系统被引入执行情报、监视和侦察（ISR）等活动高耐久性任务时，技术发生了进一步的转变。一支现代化的武装力量采用了一系列广泛的技术，这些技术要么经过长时间的发展，要么在陆地、海洋、空中和太空的防御行动中突飞猛进。这些技术包括但不限于机器人技术、无线通信、密码学、激光、火箭、雷达和遥感。然而，最重要的事实是，各种各样的发展现在正准备改变军事技术的基本轮廓。无人驾驶和越来越自主的机器人系统指数级增长、数据挖掘技术的威力、增材制造和定向能武器的潜力，可能会极大地改变关键军事竞争中的攻防平衡[4]。

技术影响战争的事实从它在两次世界大战中所起的作用就可以看出来。在第一次世界大战期间，坦克改变了战场的面貌，并继续主宰着战场，直到无人（空中和地面）系统的发展。分散在广阔地理区域的行动需要改进部队内部的通信，这推动了通信技术的创新。因此，出现了许多新的战争学科，如网络中心战、指挥、控制、通信、计算机、情报、监视与侦察（C⁴ISR）、信号情报（SIGINT）、通信情报（COMINT）、电子情报（ELINT）、图像情报（IMINT）、

---

① 热气球在军事上的第一次大规模使用发生在美国内战时期，1861 年夏天，萨迪厄斯·S.C.洛教授成立并组织了联邦陆军热气球军团。

电子战等。这些发展现在已经准备好改变军事领域的技术，并被归为颠覆性技术的范畴。① 此外，计算机科学、制造业、人工智能、生物技术、激光和网络空间领域，每天都在进行新的发展和创新。最终的结果包含了国防和军事领域的巨大应用潜力，从无人系统到数据挖掘、定向能武器到密码学等。这些改进和发展提高了世界各地军队的打击能力。

2.2　技术与战争

自使用石头、长矛、弓箭等原始进攻性武器自卫（防御盾牌）以来，人类已经走过了漫长的道路。同样，在古老文明中，军队使用的工具和技术也得到了发展。历史上，在战争中，拥有技术优势的一方占优。在目前情况下，国防军队使用先进技术，如飞机、精确制导武器、无人飞行器和导弹系统，并且20世纪上半叶，大量的创新促进形成了两次世界大战期间所采用的作战方法。世界上出现了一些极其复杂的技术，如雷达、干扰机和核武器，这些技术在航空和能源等民用领域也有无数的应用。例如，在第一次世界大战期间，利用观察气球收集情报和发现敌方编队的情况非常显著。1917年，尼古拉·特斯拉根据电磁波的反射原理，奠定了现代雷达的基础。1940年，美国海军进一步发展了这项技术，用于定位敌方船只。第二次世界大战的结束使人们需要更好的战争技术，这反过来又加剧了国家之间在缩短时间框架内研发最佳技术的竞争，从而促进了卫星、通信技术、弹道导弹、喷气式飞机和其他对当今作战行动至关重要创新技术的兴起。

历史证据证明，军事优先事项在技术发展中起着重要作用。众所周知，军事需求会影响特定技术及其科学发展[5]。对用于军事用途的核武器、卫星和因特网导航系统的需要在这些领域发展中起了关键作用，它们随后被重新利用，并进一步创新，用于民用或者非军事用途，特别是在能源和航空部门（空中交通管制、核能、核医学）。技术的全面发展发生在一个完整的生物进化系统中，来自数学、科学和工程领域的专家在应用和基础研究方面进行合作，以缩小现有的差距。有些领域可能不直接适用于军事领域，但另一些领域对军事现代化进程至关重要。它们帮助维护军事力量和国家安全是任何社会的基本动力核心，为了生存，军事安全的优先事项继续影响研究计划。例如，数学虽然与军事应用没有直

---

① "颠覆性"一词意味着对一个事件、过程或活动有序进行的中断或扰乱。"颠覆性"也可能意味着混乱、混乱或结构的剧烈变化。简言之，它需要有一个不连续性。

接联系，但对于密码学来说是必不可少的。自第一次世界大战以来，由于其在安全通信中的应用，密码学领域引起了广泛的关注。由于国家安全的必要性，美国国家安全局已经进行了认真的尝试来削弱加密标准[6]或使用后门[7]来获得密文。在政府积极参与研发基础设施的过程中，军事和国家安全需求一直在指导着许多正在开发中技术的发展轨迹。

一些有关技术和战争的有趣命题包括：技术比任何其他外部力量更能塑造战争；反之，战争与非战争都塑造了技术。军事技术并不是决定性的，相反，技术打开了战争大门。最后，军事技术的这些特征在现代比以前更容易看到，尽管它们一直在起作用。有观点认为，技术决定作战（战争的进行过程）而不是战争。作战与战争之间的区别在于，战争是一个国家可能处于其中的条件，而作战是武装部队在战争中进行的活动。根据这一观察，技术定义、控制并限制了战争。它是战争的工具，比其他因素更能推动战争的变化。然而，很多技术可能会改变战争，它永远不会决定战争——无论是如何进行，也无论结果如何（这只是关于这个问题的众多观点之一）。正是技术开辟了新的战争领域。在 19 世纪，随着海军舰艇的出现，陆地战、水面战向海上转移。飞机的发明导致了进一步的发展，并开辟了空战的新领域，因为飞机在 20 世纪中叶左右被用于进行战略轰炸、空中支援和提供空中优势。太空与网络空间已分别成为军事用途中的第四、第五作战领域，二者均是 20 世纪后期科技发展的体现。此外，随着互联互通程度不断提升，如今各作战领域之间相互交织。太空对现代战争至关重要——它支持通信、导航、制图、海洋领域感知、战场领域感知，并且正逐渐也被用于弹道导弹防御。此外，如反卫星武器那样的技术应运而生，是充当战争推动太空资产威胁的关键。因此，从广义上讲，每种技术都可以塑造、定义、限制和控制一种新型的战争[9]。

战争的动力根据技术的发展而不断变化。这种相互依存关系是创新所形成突破性技术方式的主要原因之一，对此，军事战略家在广泛的科学领域中必须密切关注。虽然世界大战的结果是由武器的工业化大规模生产决定的，但是创新将指导武装部队的未来。在偏远地区快捷迅速地部署是当下的需要。军事机构已预见到这一点，这从国家对研发制度化及其与产业整合的信任中可以明显看出。在武装冲突的历史上，战争工具在不同的时间、不同的地方发展了起来，但在现代全球化的世界中，已经有了一种制度化、合理化的机制，可以不断地、系统地创新军事技术[10]。

2.3 国防领域的颠覆性技术

"颠覆性技术"一词①起源于商业世界，用来解释技术表现对决策过程影响已成为最广为接受的学术词汇之一。技术的双重用途性质及其在商业和军事领域的可互换使用，使军事技术容易受到颠覆。由于商业生态系统和军事生态系统在消费和效用方面是不同的，对颠覆性技术概念模型的分析，尤其是从军事技术的角度进行分析是需要修正的。商业部门的创新是由需求预测推动的，因为技术服务于消费群体，而消费群体通常分布在全球各地。此外，产品被大量生产，并保持大量库存。另外，军事技术的消费者主要是武装部队，并且鉴于技术的致命性，军事硬件的出口受到严格的军备控制制度的管制。由于军事技术的消费者数量有限，军事硬件的生产是根据所产生的确切需求进行的，不为现成采购保留库存。此外，独立研究由各国政府提供大量资金，而商业部门的研究由私营机构在各自业务领域的努力和投资指导。例如，为了开拓新市场和保持竞争优势，印度制药行业的研究由雷迪博士的实验室或 Ranbaxy 公司进行，另外，出于安全原因，国防研究主要属于政府机构的范围，如国防研究与发展组织，在它们自己的实验室或由这些机构资助的大学进行研究。

颠覆性技术是那些具有革命性的技术，它们突然地、意料之外地从市场上取代了一种已有的技术。在最近的一段时间里，出现了许多颠覆的例子，如数码相机取代了胶卷相机，②移动电话取代了有线电话，便携式计算机设备取代了台式机。在国防和安全领域，颠覆性技术是一种技术发展，它在一两代人内显著改变了冲突的规则或行为。这种变化迫使国防机构的规划过程适应自身，并根据事态发展调整其长期目标[11]。国防机构根据本土技术基础或国防预算，通过采购获得技术建立其能力。任何技术上的突破都将迫使其军事领导对改变作战行为的发展保持警惕。例如，信息和通信技术（ICT）日益增强的影响，为现代战争带来了网络中心的概念。武装部队正在致力于提高战略和战术行动的灵活性，这是通过利用信息和通信技术整合平台和克服地理限制而实现的。

技术的空前增长速度使我们很难分析技术对组织核心职能的风险和影响。例如，半导体制造的发展速度通过提高效率和大幅减小器件尺寸来取代现有的平

---

① "颠覆性"一词意味着对一个事件、过程或活动有序进行的中断或扰乱。"颠覆性"也可能意味着混乱，或结构的剧烈变化。简言之，它是一个不连续性的。

② 例如，柯达公司在数码摄影行业的主导地位已经丧失。

台。因此，就军事而言，在实施基于当前技术的预测变化时，相同的技术已经演变成更复杂的形式，从而使已实施的变更过时。由新美国安全中心发布的有关颠覆性技术和美国国防战略的报告，已将这一动态的进化过程和军队无法跟上进展的步伐确定为挑战。① 此外，全球化现象导致军事技术进一步扩张，并由于获得更多机会和多样化的市场而使获得技术相对具有成本效益。当今世界之间的联系更加紧密，因此，一个创新的想法或在一个小领域的突破能够引发全球科技行业的重大颠覆。颠覆的两个主要驱动因素——技术的不断发展和全球化世界的日益互联——缩短了决策者、国防计划制订者、研究组织和机构应对不断变化的颠覆性轨迹所必须应对的时间框架技术。

在概念生态系统的背景下，教授克莱顿·克里斯滕森认为颠覆性技术需要应用于国防分析技术。社会影响、颠覆性技术或创新从根本上改变了人类交流和互动的模式。②

对于防御应用，颠覆性技术可以是进攻性的、防御性的或"衍生性的"。技术的进攻性应用提供了"变革性"的新能力，而防御性应用表明，这种能力的开发是为了应对别人的优势。然而，技术在其功能上很少如此明确，而且往往起着双重作用。商业开发具有军事用途的技术可以被称为"衍生产品"。③

科学和工程领域的研究导致了新技术的出现。虽然新技术的颠覆性潜力最初可能并不明显，但当技术以创新的方式应用或组合时，它会产生颠覆性的效果。然而，在某些情况下，一项科学或技术的突破可能会催生出另一种颠覆性技术，这种技术能够极大程度地改变现状，甚至导致现有基础设施的淘汰。④ 一个新的术语是"改变游戏规则"技术。它被定义为技术或技术集合，应用于相关问题，从根本上改变了竞争对手之间军事力量的对称性。

2.4　新兴技术和新技术

总而言之，术语"新兴技术"被理解为"颠覆性技术"。"颠覆性"一词意味着不连续性，因此，通过替代和有效地中止早期技术而用于作战的新技术可以称为颠覆性技术。然而，这往往是用一种极其简单的方式来看待新技术的引进和

---

① 新美国安全中心（CNAS）改变游戏规则。

② 评估社会破坏性技术变革：编号211。

③ 美国国防部文件编号A524679。

④ 第11届预测委员会。

军事领域中现有技术的替代。有时也会因为非技术原因引入新技术。这里并不是讨论技术，而是归纳背后的"政治"目的；然而，为了保持广阔的讨论背景，有必要提到"技术优势"可能不都是军事技术被吸收到系统中的情况。

"新兴技术"正在全球范围内受到相当大的关注，不只在国际安全领域，在经济和商业领域也是如此。这些技术有可能改变"游戏规则"，无论这种"游戏"是安全参与者之间的军事力量平衡，还是现有公司和市场新进入者之间的竞争优势平衡。这些技术处于初级发展阶段，具有相当大的不确定性，这就提出了问题："它们未必真实的技术保证会实现吗？如果实现了，需要多长时间"[13]，在文献中，"新兴技术""新技术"和"颠覆性技术"有时可以互换使用。

颠覆性技术甚至可以改变可用基础设施的状态，从而导致其消亡[14]。在军事背景下，必须了解颠覆性技术可以被视为现有技术或作战技术延伸的地方。例如，超音速飞机的感应促进武装部队的作战理论思维方式发生变化，导致各种空中平台用于战斗的方式发生"颠覆"。但是，实际上，现有飞机速度的简单提高是否被称为"颠覆性"？将这种变化描述为技术的增强比颠覆性的特性更为准确。

在冷战时期，人们发现了各种军事技术突破性发展。许多被开发的技术也有主要的民用设施（现实的数据），但主要是以军事形式开发使用。重要的是要认识到，从第二次世界大战到冷战期间，主要军事技术开发项目的重点是核项目。当时的超级大国（美国和苏联）主要议程是开发能够为其核武库增加更多"力量"的技术。雷达、计算机、网络、卫星导航系统（如全球定位系统）和各种侦察机制在这一时期取得了突出的地位。其中很少有技术可以归类为新技术，很少是现有技术的升级版本，也很少是颠覆性技术。如今，可以说，电磁频谱的全面开发已经具有颠覆性。

任何技术的成熟通常都会经历非常复杂的过程。面临的挑战是将科学发现转化为可行且有用的技术模块，然后将其引入并作为军事系统的一部分进行操作。工业革命时期（1760—1830 年）之后，各个民用和军事领域取得了重大技术突破，这些年来，技术突破也使军事技术发生了根本性转变。在 21 世纪，军事技术的提升更多是通过升级现有技术，并通过信息技术工具与现有系统并置来实现的。随着 IT 领域中新应用程序的开发，军事技术领域也见证了其并行发展。因此，在当前情况下，很难区分升级技术和颠覆性技术。

对任何军事技术效用的评估大多发生在战争期间。为了理解颠覆性技术的影响，已在重大战争、战争时期、战争时代的背景下确定了它们的作用。在第一次世界大战和第二次世界大战期间，各种技术进入了战场，其中一些最终改变了战争本身的概念。由于这些战争是长期的，军事领导层有足够的机会来检验引进技术的效果，并在需要时进行变革。相比之下，现代战争只持续几天。虽然在冷战时期，各种新的军事技术确实让人感觉到它们的存在，但其主要亮相是在1991年海湾战争期间。随后，在"9·11"事件之后，阿富汗和伊拉克的冲突也见证了新技术的部署，特别是机器人技术。不幸的是，在和平时期，也曾出现过某些技术的错误展示。1999年5月7日对中国驻贝尔格莱德大使馆的所谓"意外轰炸"事件（中国驻南联盟大使馆被炸事件）便是一例——这场导致三名记者遇难的空袭，意外曝光了美军联合直接攻击弹药（JDAM）的实际应用。从本质上讲，这种武器弹药系统比从飞机上投下的常规炸弹有更大的优势。此外，民用领域的颠覆性技术间接增强了特定的军事能力。例如，前面提到数码摄影在很大程度上取代了使用"胶片"进行摄影的概念，尽管后者已经流行了近150年。数字图像的存在使军队和通讯社能够实时传输图像。这种能力对分享适时的情报也有重要意义。

2.5 颠覆性军事技术

一般来说，21世纪的技术发展表明，很难明确界定哪些现有军事技术可以直接被潜在的颠覆性技术所取代。然而，过去也有一些例子显示了颠覆性技术的涌入。下面讨论一些历年来对军事思想、理论、政策和实践产生重大影响的案例。

2.5.1 坦克

第一次世界大战（1914—1918年），也称大型战争，被认为是最近历史上最致命的冲突之一，几乎杀死了900万~1000万名战斗人员。也有人说，在这场战争之前，军事战术几乎没有使用智能技术。在战争的后期，新的军事技术开始出现在战场上。一种最强大的进攻性武器（甚至可以称为武器平台）被称为坦克，它在这场战争被引入并仍然存在，甚至与21世纪的战争息息相关。

在第一次世界大战开始之前，坦克的概念已经被提出了将近十年，它可以拥有装甲、火力和全地形机动能力。然而，正是这场战争的真正开始，才促进了对其发展的紧迫性。其核心思想是开发一种发动机驱动的机器，带有装甲防护罩和履带，能够穿越战壕并提供火力支援。英国和法国对这一军事平台进行了初步研究。该车最初绰号为"小游民"，于1916年8—9月在威廉·福斯特公司生产。1916年2月2日，该车首次向英国陆军呈现，1917年4月法国人部署了他们的第一辆坦克。然而，最终还是法国人对这个平台表现出了更多的兴趣，并选择生产更多的坦克[15]。

在第一次世界大战期间，根据当时的实际情况，各国认识到技术所起的作用是很重要的。这是一场旷日持久的战争，对军事领导层提出了不同的挑战。具有讽刺意味的是，在那些日子里，军队中的技术机构并不受重视，他们的活动往往被持有传统观念的参谋忽视，他们相信个人战斗的英雄主义在大多数军队中，统治集团是骑兵或步兵，而技术人员则是从炮兵，工程师和机械化运输车辆中随机抽取的。前者对技术的了解不够深入，不信任技术专家，以及少数偶数参与到机械运输车辆相关的工作人员中随机抽取的[16]。

迄今为止，用于军事发展的一般方法是增加现有武器装备，以便武装更多的士兵。为此，枪支、机关枪和其他武器的生产已经增多。壕沟战是战争初期的主要挑战。面临的挑战是寻找可以摧毁沟渠壁垒的工具。装有机枪的轮式机动车已经使用了一段时间，并且同其他改装车一起在战场上投入使用，但收效甚微。

当时的军事要求是一种可以突破战壕挑战的装备。庞大的军队被困在战壕面前几乎停滞不前。因此，在第一次世界大战中，坦克被引进是因为它的特定作用是突破火炮和机关枪火力所覆盖的障碍。坦克被视为现代骑兵的等价物[17]。

第一次世界大战期间，坦克和天然气（化学武器）两大突破性技术被引进。德国人在第一次世界大战中首先使用天然气作为武器。对于第一次世界大战中使用坦克战役的具体细节，历史学家有不同的看法。康布雷战役（1917年11月20日—12月7日）发生在英国，因最初使用坦克战斗而获得赞誉。有人不同意，并声称实际上是法国部队在战场上部署了许多坦克，比英军早了几个月[18]。有证据表明，这些坦克首先是出现在英方开始行动的[19]1916年9月15日索姆河战役中。其中一些坦克坏掉或沉入火山口，被坍塌的掩体或被其使用人员掩埋，但也是胜利[20]。据记载，在康布雷战役中，共动用了378辆坦克。在半数被击毁或损坏前，他们帮助英军前进了5英里。关于怎样使用这些武器最好，是作为"步兵支援部队"还是"全机械化军队"的争论不断。最重要的是，英国指挥官支持坦克在形式和用途上不断发展，同时与步兵一起使用[21]。因此，可以有把握地说，坦克在第一次世界大战期间进入了战场，并为其所有者提供了惊喜和技术优势。从那时起，坦克不仅为其拥有者提供了军事上的优势，而且还提供了心理上的优势。

2.5.2 运输系统

部署军事力量的速度和效率是决定其相对于对手的军事优势的一个重要因素。例如，南北战争期间，铁路运输的发展和建立如火如荼，尤利西斯·格兰特将军在内战中使用铁路运送军队和物资是巨大的战术优势，使他能迅速、持续地将战斗力输出到南方军队[22]。总的来说，铁路自第一次世界大战（1914—1918年）以来在战争中发挥了重要作用是明确的，多年来，铁路已成为作战机械化的重要组成部分。自第一次世界大战以来，英、法、德铁路一直有效地承担着各种与战争有关的任务。在那个时代，铁路运输使其他用于作战的运输方式黯然失色。早在1833年，威斯特伐利亚人弗里德里希·威廉·哈科特（Friedrich Wilhelm Harkort）第一次明确提出了将铁路用于战略目的的建议。作为拿破仑战争的参与者，他后来对德国蒸汽机、液压机、炼铁和其他重要工业的发展表现出极大的兴趣和进取心。他曾提出，铁路能把大量军队运送到特定的地点，比公路行进快得多。他还做了一些计算，以显示实际节省的时间是多少，减轻通过铁路运输军队的负担[23]。

世界大战时期有关铁路和战争的文献，主要讨论铁路如何导致战争规模的巨大升级，以及如何被更多用于进行军事行动的战略方式[24]。近一个世纪以来，铁路一直是国家基础设施的中心部分，也是现代战争的重要工具。

同样，飞机是另一个重要的运输平台。然而，这项技术不应被视为取代铁路的技术。总的来说，这是一项颠覆性的技术，挑战了古老的运输理念。从战争的角度来看，它的效用远远超出了它作为运输平台的用途。它的发明使人类能够在战争中渗透到垂直的三维空间来控制战争。此外，运输机和直升机在乘客运输中发挥着固有的作用，在承担与战争有关的各种任务中也发挥着重要作用。总的来说，空中力量可以避免力量运行中可见的冲突[25]。虽然航空旅行使我们能够摆脱地球表面行动的限制，但它也吸引了全世界军事领导层的注意，这是实现战场优势的一种基本方式。甚至在动力飞行发明之前，人类就曾试图在战争中获得优势。最初，飞行的军事用途主要集中在侦察上，尤其是鸟瞰战场[26]。随着船只的发明，人类在海上的活动成为可能。多年来，海上运输技术已经发生了巨大的变化，即使在如今，这些技术也在不断地改进。空中军事力量在第一次世界大战开始时彻底改变了战争的概念。空中力量的机动性和火力最终挑战了当时普遍存在的战争理念，使其成为作战平台和机制中的佼佼者。空中力量的存在并没有颠覆任何技术，但它最终打乱了战争的概念本身。各国意识到，它们可以拥有空中军事平台来帮助它们作战。作战中发生的各种干扰不仅是因为海空平台的发展，还因为地面、海上支持系统和不同形式的武器系统的存在。雷达系统的出现，包括海空平台和声纳系统，使这些平台的运行发生了"翻天覆地的变化"。通信系统的发展，特别是安全（加密）通信的思想，使这些军事平台比传统的作战方式具有优势。

2.6 结　论

技术在决定战争的未来方面起着极其重要的作用。历史证明，创新促进军事力量增强。正常情况下生活各个领域的新思想或知识的产生直接或间接地影响作战方法。创新也促进技术、产品、工艺和服务的发展。

众所周知，某些技术出人意料地取代了军事领域的现有技术，因此它们被称为颠覆性技术。这些技术在从情报收集到实战贡献的各个军事相关领域产生了持久的影响。当可用的解决方案不足时，人们更需要颠覆性创新，因为军事领导层希望开发新技术，为应对新出现的威胁提供创新的解决方案。重大的技术颠覆有力量改变战争的性质，正因为如此，各国都会研究出发动战争的新理论。

 参考文献

［1］Sabin，P.，VanWees，H.，Whitby，M.（eds.）：The Cambridge history of greek and Roman warfare. Cambridge University Press，Cambridge（2007）

［2］Van Creveld，Martin：Technology and War，p.311.Brassey's，London（1991）

［3］http：//www.bbc.co.uk/history/worldwars/war_tech_gallery.shtml.Accessed 24 June 2017

［4］Brimley，S.，FitzGerald，B.，Sayler，K.：Game Changers：Disruptive Technology and U.S.Defense Strategy，p.7（2013）

［5］http：//www.uow.edu.au/~bmartin/pubs/01tnvs/tnvs02.html

［6］Kaufman，C.R.P.：Network Security.Pearson Education，Delhi（2005）

［7］Gargiulo，J.：S-Box Modifications and Their Effect in DES-like Encryption Systems.https：//www.sans.org/ reading-room/whitepapers/vpns/s-box-modifications-effect-des-like-encryption-systems-768（2002）. Retrieved 12 Feb 2014，from SANS Institute InfoSecReading Room

［8］Roland，A.：War and Technology.http：//www.fpri.org/articles/2009/02/war-and-technology .Accessed 30 June 2017

［9］http：//www.fpri.org/articles/2009/02/war-and-technology

［10］http：//www.fpri.org/articles/2009/02/war-and-technology

［11］Ruhlig，K.，Wiemken，U.，Fraunhofer：Disruptive Technologies，Widening the Scope（2006）

［12］https：//www.google.com/search?q=impact+of+system+reinforced+overturned+linkages+changed+unchan ged+radical+innovation&sa=X&tbm=isch&tbo=u&source=univ&ved=2ahUKEwiynd3s2uTdAhUYSX0KH

cAzCGwQ7Al6BAgGEA0&biw=1366&bih=619#imgrc=fctDG4ZvOdSAaM and http：//innovationzen.com/ blog/2006/08/11/innovation-management-theory-part-3/.Accessed 12 Aug 2018

［13］ James，A.D.：Emerging Technologies and Military Capability，PolicyBrief，pp.2.SRajaratnam School of International Studies，Singapore（2013）

［14］ Persistent Forecasting of Disruptive Technologies：Committee on Forecasting Future Disruptive Technologies；National Research Council，p.11.The National Academics Press，Washington，D.C.（2010）

［15］ Watson，G.：World War One：The Tank's Secret Lincoln Origins（2014）.http：//www.bbc.com/news/uk-england-25109879.Accessed 10 May 2014.http：//europeanhistory.about.com/od/worldwar1/a/World-War-Ones-New-Weapons-Gas-And-Tanks.htm.Accessed 20 May 2014

［16］ Macksey，K.：Tank Warfare，pp.25-26.Rupert Hart-Davis Ltd.，London（1971）

［17］ Simpkin，R.：Tank Warfare，p.33.Brasseys Publishers Ltd，London（1979）

［18］ Hammond，B.：Cambrai 1917：The Myth of the First Great Tank Battle.Orion Publishing（2009）

［19］ Matt，B.：How Britain Invented the Tank in the First World War.8 Jan 2018.https：//www.iwm.org.uk/history/ how-britain-invented-the-tank-in-the-first-world-war.Accessed on 30 Aug 2018

［20］ http：//www.bbc.co.uk/history/worldwars/wwone/gallery_tank.shtml

［21］ Wilde，R.：World War One's New Weapons：Gas and Tanks.http：//europeanhistory.about.com/od/ worldwar1/a/World-War-Ones-New-Weapons-Gas-And-Tanks.htm

［22］ Keefe，J.C.：Disruptive Technologies for Weapon Systems：Achieving the Asymmetric Edge on the Battlefield. WSTIAC Q.7（4），1-7（2007）

［23］ Pratt，E.A.：The Rise of Railpower in War and Conquest 1833—1914，p.2.P.S.King & Son Ltd.， London（1915）

［24］ Wolmar，Christian：Engines of War，p.xi.Public Affairs，New York（2010）

［25］ Singh，J.（ed.）：Air Power and India's Defence，p.8.Knowledge World，New Delhi（2007）

［26］ A Brief History of Air Warfare.http：//www.historyofwar.org/articles/wars_airwar.html.Accessed May 2013. And Keefe，J.C.：Disruptive Technologies for Weapon Systems：Achiev-ing the Asymmetric Edge on the Battlefield.WSTIAC Q.7（4），1-7

第二部分

在所有和平选择无法解决问题的情况下，战争被视为最后的手段。只是战争哲学广泛地提出了这样一种思想：战争在道德上可以被证明是正当的。有人认为，战争必须由当局合法发动，并应作为自卫的手段。以无辜平民为目标是不正义的，不相称地使用军事力量可以被避免。应该避免额外损害，任何战争的基本目标都应该是恢复和平。但据观察，坚持正义的战争哲学对人类是一个很高的要求。尽管如此，在全球范围内，仍然有各种各样的努力来确保避免侵犯人权。一些领导人也因多年来犯下的各种战争罪行而受到惩罚。与战争伦理有关的问题确实在各种场合得到了真正的解决。然而，战争总是会偏离正义，因为战争的重点总是不惜一切代价取得胜利，所以，有些规则、规范在各个方面始终是次要的。20世纪和21世纪的冲突表明，由于士兵、非国家行为者和非战斗人员之间的界限模糊，在各种情况下平民伤亡变得不可避免。这使各国政府更多地依赖技术来打仗。

历史证明，传统上，技术主宰一切战争。众所周知，先进的各种武器和武器系统，主导了战争的发动方式，而各国也相应地发展其战争理论。然而，在正义战争政策背景下，使用技术的地缘战略背景通常是基于军队过去在已知前线和敌人之间进行战争的时期。通常，根据威胁的性质和当时的地缘战略现实，人们对道德和文化的看法不同。始终存在对交战规则进行选择性解释的可能性，并且提供了适当的辩护来维护个人、团体或国家的利益。与此同时，每一次行动都对当时发动战争的技术应用有很大偏离。广义上讲，这些策略是基于特定技术制定的。但是，仅仅因为可以使用各种军事技术进行战斗而假设在战场上会使用每种技术都是不正确的。某些允许我们制造颠覆性武器（如核武器）的技术，比起可用于战斗的技术，更倾向于作为技术威慑。同时，当特定技术具备能力并达到成熟水平时，武器的确会被开发用于部署或威慑。

美国国防部（DoD）的《四年防务评论》（2006 QDR）确定了敌人可以用来挑战其军事能力的四种策略：传统策略（常规战争）、非常规策略（暴乱）、灾难性策略［（质量）破坏性恐怖袭击］和颠覆性策略（技术突袭，如网络攻击或反卫星袭击）。实际上，任何特定颠覆性技术的出现都有可能改变战争的整体格局。它还可能影响传统，模糊规则，甚至涉及核战略，具体取决于技术类型。在军事领域，新技术最终将替代或升级旧技术。但是，不应将每种新技术视为颠覆性技术。现代技术确实为军事领导提供了多种选择，不一定每种新技术都会颠覆现有技术、武器系统。一旦颠覆发生时，它将影响原先制定的军事战略，并改变战斗中技术使用的方式。

颠覆性武器如何发生，是否有任何科学方法来了解出现颠覆新技术的可能性？要注意，如果发生军事技术颠覆，则应谨慎研究技术颠覆的整体影响。这是因为各种可能的技术颠覆都可能对军队产生直接或间接的影响。许多未来颠覆性技术有可能来自非军事用途。目前，最好的选择可能是从对整体技术颠覆所做的预测中识别出最合适的（对军队而言）。众所周知，明确防御问题通常可以指导军事技术的发展。因此，一种方法可能是广泛推论未来的战略关注，并据此估算技术需求。可以根据现有的军事技术和武器系统进行这种评估。可以使用各种技术进行评估，例如外推，与专家讨论（Delphi 技术），进行模拟练习和文献调查。此外，重要的是要考虑到现有技术专长的质量、现有的创新、研发体系以及任何此类评估的预算支持。目前的预测方法大致可分为四类：判断法或直觉法、外推和趋势分析、模型、场景和模拟。[1] 从军事指挥官和决策者的角度来看，分析和确定过去和现在可能影响军事技术领域未来变化的技术方面至关重要。目前，有一些基于专利发展路径评估、K-Core 分析和主题建模分析更细致的工具可用。此类技术有助于分析重要高频被引专利与技术颠覆性之间的复杂关系。[2]

技术预测并不是要准确地预测未来，而更多的是要最大程度地减少意外。在此，估算应该是关于技术发展的可能趋势。主要是在冷战时期（例如 20 世纪

① 持续性破坏性技术预测，国家科学院未来破坏性技术预测委员会，美国国家科学院出版社：华盛顿特区，2010 年，第 3 页。

② Abdolreza Momenia 和 Katja Rostb，"通过专利开发路径和主题建模识别和监控可能的颠覆性技术"，《技术预测与社会变革》，第 104 卷，2016 年 3 月，第 26 页。

70—80 年代），各种技术创新基本上源自成熟的"技术集群"以及国家和公司实验室。[①] 如今，情况有所不同，世界各地的公共和私人领域都进行了科学研究。不只在发达国家的实验室中诞生新技术。这使评估新颠覆性技术发展和影响的任务变得更加困难。军事规划人员担心新技术的出现，这些新技术可能会引发安全政策和军事理论的突变，以及出乎意料的变化。

预测颠覆性技术是一个困难的建议。每种预测技术都可能有一些局限性，因此，任何预测都更多的是关于呈现可能的趋势。这项工作不是关于采用某些特定技术来预测颠覆性技术。关于颠覆性技术是否作为全面军事体系结构重要领域的争论不断。目的是强调一些新兴技术，它们被认为可能是军事颠覆性技术。根据该主题的各种可用预测、文献中的讨论，以及作者与专家的互动，确定了这项工作可能使用的颠覆性技术。本部分的后续章节将介绍下列技术：高超音速武器、新材料、3D 打印、取之不尽的能源、下一代基因组学、人工智能、大数据、云计算、物联网（IoT）、区块链。

---

① 持续性破坏性技术预测，美国国家科学院，未来破坏性技术预测委员会，美国国家科学院出版社：华盛顿特区，2010 年，第 1 页。

第3章

高超音速武器

声音的特性使人类着迷了很长时间。艾萨克·牛顿爵士的《自然哲学的数学原理》（1687），被认为是第一篇关于声音理论论文。从那以后，科学家一直在研究声音的速度，牛顿估计的声音速度比实际速度要低 15% 左右（声速[①]的标准值是根据 1963 年的实验确定的）。1947 年 10 月 14 日，在查克·耶格尔（Chuck Yeager）驾驶的贝尔 X-1 型载人飞机中，声屏障被首次打破。由此开始了超音速飞机的时代。实际上，以超音速[②]移动物体的速度比声音传播速度快。许多现代军用飞机以超音速飞行，枪支发射的子弹也是如此。在执行部分任务期间，航天飞机还以超音速飞行。即使是载客飞机，在 1976—2003 年也曾以超音速飞行。伦敦至纽约的航班超音速飞行需要 3 个小时，而常规航班的常规飞行时间为 8~9 个小时。

自飞机发明以来，速度一直是各种飞行器（航天器、无人飞行器、导弹等）发展的重心。多年来，飞行平台（有人驾驶或其他方式）高速移动方面取得了重大进展。除速度外，机动性也是设计任何飞行器的重要因素。21 世纪初，近代机器的进化过程取得了重大突破：2004 年 11 月 16 日，美国著名航天局：国家航空航天局（NASA）驾驶 X-43A 飞机的速度是声速的 9 倍[1]。当任何飞行平台达到如此高的速度时，它们就被称为高超音速飞行器。

从理论上讲，比声速高 5 倍的速度属于高超音速。高超音速一词由 1946 年在加利福尼亚理工学院（Caltech）的空气动力学工程师钱学森（Hsue-shen Tsien）提出[2]。本文主要在其与军事相关的背景下讨论高超音速平台。

---

① 声速是声波在弹性介质中传播时每单位时间传播的距离。该速度取决于空气的温度，在 15℃（在海平面）下，约为 1225km/h，而在干燥空气中（如在 20℃下）则为 1236km/h。广义上讲，可以说 3 秒内覆盖了 1 千米的距离。

② 超音速是物体超过声速（1 马赫）的行进速度。

3.1　关于高超音速

21 世纪正面临各种不对等威胁。甚至有卡车被改装为杀人武器的情况，如在法国尼斯（2016 年 7 月 14 日），一辆改装后的卡车被蓄意驾驶在人群密集的地方，炸死 80 多人。此外，全世界在世界贸易中心目睹了历史上最残忍的恐怖袭击之一，其中恐怖分子将客机变为武器。即使是卫星配备了钨棒等武器，进行动能轰炸或无动力轨道打击，也可以转化为武器平台。另外，像纳米或微型卫星这样的小型卫星也有可能被用作空间地雷来破坏目标卫星。除了这种武器平台，有时导弹不携带任何特定的弹头，而只携带金属碎片来打击目标，可以称为动能武器。这种武器可以从导弹发射井或其他平台发射。正常情况下，人类乘坐的车辆也可以被视为武器平台。即使是超音速飞机也可以载人，尽管并不总是如此。以高超音速或超高超音速飞行的平台（通常在太空中）被称为航天器或太空飞机 / 航天飞机。有时它们也可以进行载人航天。

在有关高超音速的任何讨论中，平台和武器一词都可以互换使用。高超音速系统和导弹之间的界限很窄。当前，高超音速技术的战略用途主要是在导弹领域，而对开发将被人类占领的高超音速军事平台的关注则较少。然而，众所周知，私营工业正在开发用于人类旅行的太空飞机，以促进太空旅游。为了解高超音速平台的概念设计，需要对影响飞行器气动性能的各种几何构型参数进行详细评估[3]。

高超音速平台

任何在空气中运动的东西都会受到空气动力学的影响，空气动力学的规则解释了空中平台是如何飞行的。声速随周围空气的温度而变化。声波在较热的空气中移动更快。在温度较低的大气层中，打破声音屏障所需的速度会降低。

高超音速飞行是研究以空气动力学加热为主的速度飞行问题。通常，高超音速是马赫数为 5（马赫数为 1 等于空气中的声速）或更高，并且与发动机设计紧密相关。它也与大约十亿赫兹的声频有关[4]。速度范围可进一步分为两部分。马赫数在 5 和 10 之间的速度被简单地称为 "高超音速"，而马赫数在 10 到 25 之间的速度称为 "超高超音速"。表 3.1 提供了各种速度 "类别" 上的一些有用细节。

表 3.1　速度分类

速度状态	马赫数	千米/时	应用
亚音速	<0.8	<980	商用飞机、涡轮风扇、涡轮喷气式飞机
跨音速	0.8~1.2	980~1470	喷气式飞机，巡航导弹
超音速	1.2~5.0	1470~6150	飞机、巡航导弹、反导系统
高超音速	5.0~10.0	6150~12300	再入飞行器，短程弹道导弹，高超音速巡航导弹，高超音速飞机，洲际弹道导弹，助推滑翔飞行器 a
高高超音速	10.0~25.0	12300~30740	再入飞行器，洲际弹道导弹，先进的高超音速飞行器，助推滑翔飞行器
超声波	>25.0	>30740	再入飞行器

源数据来自于网络

　　a 助推滑翔轨道是一类航天器制导和再入轨道，通过在高层大气中采用空气动力升力，涵盖了亚轨道空间飞机和再入飞行器的范围。助推滑翔比纯弹道的射程大约增加一倍。基本的空气动力学概念已被用于生产可操纵再入飞行器（MARV），以提高某些导弹的精度。来源基于互联网上的可用信息。

　　高超音速平台根据使用的发动机类型有两大类。因此，如果吸气式和火箭式系统以 5 马赫或以上的速度运动，都会被归类为高超音速系统。非火箭基础系统涉及高速推进，这促进了超燃冲压发动机作为一种先进吸气式冲压发动机的概念发展。各种高超音速平台在高空都需要有足够的热防护。

　　广义地说，具有高超音速吸气式推进系统的飞行器具有各种优势，如远程快速响应、提高的机动性、更好的生存能力和确保进入太空的优势。从历史上看，火箭助推器一直被用于推进高超音速飞行器，用于太空发射、远程弹道飞行和防空拦截导弹。吸气式推进系统有望为在大气层内以高超音速持续加速飞行提供一种手段。高超声速推进系统可分为液体和固体燃料火箭、涡轮喷气发动机、冲压发动机、导管式火箭①、超燃冲压发动机和双燃烧冲压发动机（DCR）[5]。

---

　　①　固体推进剂冲压发动机是一种混合式推进系统，由带有进气管的固体推进剂火箭发动机组成。火箭发动机含有一种低氧化剂含量的固体推进剂，在燃烧时，释放出一种富含燃料的气体进入加力燃烧室。导管式火箭发动机（DRE）比传统固体火箭发动机具有更高的比冲，是下一代导弹冲压发动机最有前途的推进系统之一。资料来源：互联网上的资料。

所有现有的高超音速系统都使用液体或固体火箭作为其推进系统。与液体燃料火箭一样，固体燃料火箭将燃料和氧化剂分别装在液体燃料箱中，或在固体推进剂药柱内组合，在高压室中燃烧产生热气体产物，这些产物通过排气喷嘴膨胀产生推力。这两种火箭系统都有缺点。液体发动机通常使用低温或有毒的可储存推进剂，而固体推进剂系统通常不能节流或停止以及重新启动。纯火箭发动机的一些缺点主要在于运载所需氧化剂的效率问题，它可以通过使用导管火箭来解决。使用纯吸气式发动机可进一步提高效率。[6]

高超音速一词基本上与速度有关。然而，还有其他一些方面，如运输介质的特性、环境温度和海拔高度等，都可以改善平台的性能。多年来，科学家们一直致力于将高超音速技术应用于导弹研制领域，如巡航导弹、弹道导弹和助推滑翔导弹。在这方面，大量的工作正在进行，例如弹道式前锥的设计和测试、改进再入飞行器的动力学、识别智能材料和开发特定的软件应用程序。目前，军队更多地从提高武器能力的角度来看待高超音速技术，而不是让快速移动的飞机用于部队运输或作为高超音速载人战斗机。

表 3.2[7] 提供了与其他现有飞行器相比的高超音速速度的大致概念。

表 3.2　高超声速

现代客机	以每小时 550 英里 （885 千米/时）的速度飞行	每分钟约 9 英里
战斗机（马赫数为 2 时）	每小时 400 英里（640 千米/时）	每分钟约 6.5 英里
高超音速飞行器	超燃冲压动力导弹	每秒 1 英里
	例如，高超音速技术飞行器 –2（HTV–2）	每秒 4 英里

源数据来自网络

3.2　发展进程

高超音速通常被认为是 21 世纪的技术。但是这项技术的发展远远早于现代飞机的发展时期，也就是 20 世纪 30 年代，有三个人的创新思想间接地为高超音速飞机的发展播下了种子。建立现代火箭技术的主要思想源自一位名叫康斯坦丁·齐奥尔科夫斯基（Konstantin Tsiolkovsky，1857—1935）的俄罗斯教师。他的大部分工作是在 1903 年进行第一次飞机飞行之前完成的。

第二个人是美国人罗伯特·戈达德（1882—1945）。他向全世界介绍了如何使用液体燃料和火箭的多级技术。即使在今天，他的一些创新也被用于火箭技术。第三个人是罗马尼亚出生的德国科学家赫尔曼·奥伯思（Hermann Oberth，1894—1989）。他的想法与其他两个相似，其建造了一个液体燃料火箭（1929 年）。他是德国军事团队的一员，该团队开发了各种火箭系统，如二战期间使用的 V−2 导弹。1942 年，V−2 被发射到 176 千米（约 109 英里）的高度，成为第一个进入太空的人造物体（通常认为太空的起始高度为 100 千米）[8]。

对德国政府来说，火箭研究是第二次世界大战期间重点关注的领域。自 1932 年以来，德国一直在支持火箭研究。到 1941 年，德国科学家制定出了一种称为"复仇 1 号"（Vergeltungswaffe−1）或"V−1"的方案，以测试导弹性能。在几次发射后，它们确实成功地瞄准目标。事实上，早在 1933 年 12 月，德国就用聚合系列的第一枚 A−1 火箭展示了他们的军事力量[9]。该综合方案旨在发展远程导弹。在第二次世界大战期间，这一系列的 A−4 导弹被认为是游戏规则的改变者，因为没有可防御它的系统。A−4，俗称 V−2（Vergeltungswaffe−2），是世界上第一种远程弹道导弹。如果垂直发射，该导弹能够运载一吨重的有效载荷，作战距离为 332 千米，飞行高度为 88 千米（远程弹道的最大高度），最大飞行高度为 206 千米。V−2 的最高速度约为每秒 1600~1700 米。通常，在相应高度上的声速预计为每秒 295 米左右[①]。原本导弹的速度是声速的五倍。因此，A−4 或 V−2 被认为是第一枚以超音速飞行的导弹。然而，导弹以远高于音速的速度飞行的成就，没有单独的命名法。因此，超音速一词或任何其他合适的词当时并没有被创造出来。德国人在设计中使用钢材，而空气动力加热在整体设计中只发挥了有限的作用。那时很可能没有考虑开发热保护技术的必要性。

1938 年，奥地利的 Eugen Sanger 和他的妻子数学家 Irene Bredt 提出了第一个超音速设计概念。他们把对名为 Silbervogel（"银鸟"）的飞行器极具影响力的设计研究，当作对超音速单级入轨（SSTO）飞行器要求的首次详细查验。他们的设计有开发出能以 3.5 马赫速度行驶的飞行器的潜力。随后，纳粹在第二次世界大战中的失败实际上结束了这一发展计划。但是，这个概念仍然存在。第二次世界大战结束后，桑格（Sanger）和布雷德（Bredt）为法国政府工作。全球范围内军事领域对他们的概念都非常感兴趣，虽然设计（实际上是他们的想法）仅停

---

① V−2 的最高速度为每秒 1600 米（Dornberger，V−2，第 xix 页），而海军研究实验室，上部（参见 Ley，Rockets，第 596 页）给出了每秒 1700 米的速度。该数据引自理伊所著的《火箭》，见该书 596−597 页；有关高度的声音速度为每秒 295 米，数据来源 Kuethe 和 Chow 所著的《基础》第 518 页（赫本海默提及）。

留在设计阶段，很久以后，科学界才意识到这种设计可能没有用，因为它在大气层再入阶段并未满足加热需求。然而，当时他们的工作成果如此令人瞩目，以至于约瑟夫·斯大林（Joseph Stalin）（1929年至1953年曾是苏联的领导者）实际上试图争取他们为苏联工作，但没有成功[11]。

3.3 高超音速技术的发展

多年来，高超音速技术的发展遵循一种简单逻辑方法，那就是分析各种飞机和导弹技术的早期发展。由于高超音速技术即将超过5马赫的速度，因此，谨慎地检查什么时候、怎样打破声屏障以及取得该领域的进一步发展是明智的。

没有确切的证据表明首次突破声屏障是什么时候。飞机的发明及在进一步发展的过程中，人们意识到螺旋桨飞机在俯冲中能够达到音速。如在2马赫水平，F-104战斗机和载客飞机是最好的例子。单引擎超音速洛克希德F-104星际战斗机于1956年首飞，1958年至2004年服役。载客式商用客机1969年首飞，1976年至2003年服役。洛克希德SR-71Blackbird（远程战略侦察机）突破3马赫瓶颈，并在1964—1998年为美国空军服务。SR-71以3.2马赫的速度爬升到85000英尺（25千米）高。重要的是要注意从4马赫或4.5马赫起，挑战变得非常严峻，并且由于飞机结构出现各种问题。尽管高超音速状态从5马赫开始，但需要理解的是要达到4马赫也面临着类似的技术挑战。没有涡轮喷气发动机能达到这种速度，这就是为什么有必要使用冲压喷气发动机或火箭发动机。要达到4马赫，有必要使用冲压发动机或火箭。X-7是20世纪50年代的冲压喷气试验台，在1958年达到了4.3马赫的速度。5马赫速度是高超声速状态的下限。20~25马赫的速度包括从轨道重新进入卫星的远程弹道导弹速度。值得一提的是，X-15飞机可以达到6.72马赫的速度。该飞机于1970年退役。那些飞行高度超过80千米（263000英尺）的飞行员在2005年（飞行35年）被授予宇航员之翼称号。尼尔·阿姆斯特朗（Neil Armstrong）是这样一名飞行员。[①]1959年9月17日，带有B-52的同温层X-15战机从加利福尼亚爱德华兹空军基地起飞，机翼下携带一架火箭驱动的实验飞机X-15，飞行高度为45000英尺（14千米）。这是X-15的首次飞行，最终逐步突破4马赫、5马赫和6马赫的速度，从而开创了超音速飞行时代。[12]

---

① 从理论上讲，按照国际空间飞行的定义，飞行必须超过100公里的高度才能获得这个称号。只有两名X-15飞行员越过了这个高度。

军事技术专家在 20 世纪 50 年代中期意识到了再入大气层的问题，当时美国空军正在开发 Atlas ICBM，目的是提高将核弹头运送到莫斯科的能力。人们意识到，在没有任何保护的情况下，弹头掉回大气层时会像流星一样发热。这促进了隔热罩的发展，以保护导弹免受强烈的空气摩擦而发热。随着解决空气摩擦发热问题的技术愈加成熟，它为其他几项举措打开了大门，比如发展战略导弹和载人航天计划。[13]

高超音速革命，特别是在第二次世界大战结束之后，发生在美国实验室。传统的联邦—工业伙伴关系协助了这项技术的发展。美国空军、海军、国家航空咨询委员会（NACA）及其后继国家航空与航天局（NASA）负责投资（财务）、研究、创新、测试和开发各种技术，从而促进了高超音速飞机、武器的开发[14]。从 1930 年至今，针对结构、材料、推进、空气动力学、控制和传感器提出了各种想法和设计。该技术的发展涉及多个层面。并且一些突破在更早的时候已经实现。在太空领域，科学家们早在一段时间之前就已经取得了成功，研发出了能够实现可控大气层再入的技术和程序。而且，随着对弹道导弹的射程和再入速度要求的提升，许多投资都用于开发再入系统。火箭的发展是第二次世界大战后的重点。有人认为，只有火箭发动机才能推动飞行器以马赫数 4 或 5 的速度行驶。另外，由于已经找到了与空气动力加热相关的问题的解决方案，因此，许多注意力（包括研制资金）都用于火箭的研发。

同时，创新的纯气吸式发动机——超燃冲压发动机也展示了其高超音速飞行的能力。超燃冲压发动机或超音速燃烧冲压发动机在涡轮喷气发动机无法达到的范围内工作。就超音速燃烧冲压发动机而言，最初的军事、政治和财政支持较少。超燃冲压发动机的燃烧是在超音速气流中进行的，并且要求将零氧化剂与燃料一起携带。这是因为来自大气的氧气被用作氧化剂。目前，美国、俄罗斯、中国和印度这四个国家已经成功开发了超燃冲压技术。这项技术具有多种优势，如无需旋转部件，因此比涡轮喷气发动机更易于制造。此外，与火箭发射相比成本更低，因为其不使用氧化剂，直接减轻了重量。然而，由于中等的推重比，该技术存在一些问题。同样，在更高的高度，由于缺少氧气，发动机性能也会受到损害，为开发超燃冲压发动机技术——以及更早之前，作为超燃冲压发动机开发基础的冲压发动机技术——设计了各种项目，其中一些项目得到了成功。本文的目的并不是要确定和讨论所有这样的项目，其中许多细节可以在其他文献中找到。

高超音速武器及其相关技术的整个发展过程表明，这是一个复杂而富有挑战性的过程。1950—1960 年以来，美国一直在对这些发展进行重大投资。然而，即使到 2019 年，这类武器也远未配发武装部队。

3.4 发射系统和武器

由于高超音速领域仍处于发展过程中，因此各种发射平台和武器系统处于不同的发展周期。有些处于发明水平，而另一些处于绘图设计阶段。

当武器安装在特定结构上时，这种结构称为武器平台（武器交付系统）。武器的形状和大小各异，如从小子弹到爆炸装置再到炸弹、导弹。子弹可以从手枪、步枪或大炮发射。一般情况下，任何标准导弹（或炸弹）都可以是常规变体，也可以从导弹发射井（地下/地面）、特制枪支（或其变体平台）、飞机、轮船或潜艇发射。通常，高超音速武器作为一种导弹种类，可以从陆、空、太空和海基平台发射。通常，武器投放到目标上涉及三个操作阶段：①获取目标；②操纵以释放武器；③释放后的出口机动。高超音速武器也是如此，在运载平台的设计阶段，需要考虑极高的速度以及其他特征，如性能、运载精度和操纵运载剖面[15]。

特别是对于导弹等远程武器，最合适的发射选择是地面发射平台。此类平台包括地下导弹发射井、标准发射设施（LF）和移动发射器，例如基于卡车或基于铁路的发射平台。如地下导弹发射井，需建造一个地下垂直结构来存放导弹以及随后的发射。这种导弹是中程或洲际弹道导弹。机动运载火箭用于发射地对地或地对空导弹。由于高超音速武器在助推阶段类似于弹道导弹，更好的选择是使用地基发射平台发射。此外，还可以使用水基平台，如垂直发射系统（VLS），通常由海军用于导弹发射（包括水面舰艇和潜艇）。然而，需要指出的是，潜艇平台（用于高超音速武器）的开发还需要一些时间。在空中平台领域，也需要更多的工作。目前，使用轰炸机向目标发射高超音速武器是可能的。然而，在以战斗机为平台的情况下，还需要解决各种挑战，包括弹头的集成。利用天基平台向地面目标发射高超音速武器，在理论上确实可行。然而，这类提案并不具有成本效益，这可能是各界对开发此类技术不感兴趣的原因之一。广义地说，高超音速武器可以是任何能够以高超音速打击目标的武器。在巡航和弹道模式下都有可能达到高超音速。此外，其正在发展成为助推滑翔武器，也可用于反弹道导弹结构领域。

导弹根据辐照度、弹头运载能力、速度、精度和发射剖面进行分类。巡航导弹①以恒定速度飞行，用于打击地面目标。经过一段时间，在巡航武器领域大

① 特定车辆、船舶或飞机的速度通常略低于最高速度，这既舒适又经济。"船由一对 425 马力的柴油机驱动，以 28 节的巡航速度前进。"该机巡航速度高达 530 千米/小时，最高时速 560 千米/小时。

量技术得到发展。现代巡航武器可以在亚音速、超音速和高超音速区域飞行。美国国防高级研究计划局（DARPA）可能从 2000 年开始就在从事高超音速巡航飞行器（HCV）的研究。这种飞行器可以携带 12000 磅的有效载荷，包括普通航空飞行器（CAV）、巡航导弹、小直径炸弹或其他弹药。国防高级研究计划局（DARPA）试图在 2011 年驾驶有史以来最快的飞机。该机构的猎鹰高超音速技术飞行器 –2（HTV–2）的设计可以允许在不到 60 分钟的时间内飞到世界任何地方。这种能力意味着一架能以 13000 英里 / 小时的速度飞行的飞机诞生，而且，这项试验可能取得了部分成功，此外没有更多细节。这类技术的任何成功都将允许在不到一小时的时间内对世界任何地方进行军事打击[16]。此外，还有人提议开发第三种高超音速技术飞行器（HTV–3），重点是使用可重复使用的材料。关于这个提议的资料不多。

弹道[9]导弹在其大部分飞行路径上都有弹道，无论它是否是武器运载工具。弹道导弹主要按射程分类，如中程弹道导弹（IRBM），射程为 3000~5500千米，洲际弹道导弹（ICBM）的射程超过 5500 千米[17]，导弹运动经过三个阶段，即助推阶段、中段阶段和终端阶段。

助推滑翔的概念源于增加弹道导弹射程的想法。然而，在一段时间内，助推滑翔被认为是弹头机动。这种导弹可以在低得多的高度飞行，从而在相当长的时间内可避免雷达探测。此外，这个概念还取决于高超音速飞行重返地球大气层过程中产生的升力。高超音速导弹的重要性也在发展有效的导弹防御系统方面得到了印证。为了拦截导弹，高超音速导弹的效能正在被测试。同时，由于速度的原因，高超音速武器可能使传统的弹道导弹防御方案（如陆基拦截系统）无法运作，同时能够躲避预警雷达。

然而，助推滑翔可能成为最有效的武器。但是还存在着非常复杂的风险，因为没有可靠的方法来区分助推滑翔武器和弹道导弹。

例如，弹道导弹是完全可以预测的：当它发射时，可能的着陆区是已知的。但是，助推滑翔武器是不可预测的，因为它可以在中途机动。这就产生了这样一种可能性，即向朝鲜发射的武器可能会被中国误解为朝着中国方向发射，也可能被解读为向伊朗发射武器。这就是目的地模糊[18]。

许多国家，如美国、俄罗斯、中国和印度，都在投资发展高超音速武器。投资的性质因国而异，取决于各国的技术熟练程度、战略需要和资金支持。

3.5 大国投资

这些国家高超音速程序的一些可用细节将在下面讨论。附录提供了这些投资的缩略图。

3.5.1 美国高超音速武器计划

国防高级研究计划局（DARPA）是美国政府国防部的一个机构。这是负责研究和开发武装军队的新兴技术。他们的猎鹰项目（美国大陆的部队应用和发射）与美国空军合作，是他们实行快速全球打击项目的一部分[19]。这个项目的目标是建立一个系统来发动空袭，通过使用常规武器精确打击全球任何目标。

该计划的一部分是开发可重复使用的快速打击高超音速武器系统（HWS），现在更名为高超音速巡航飞行器（HCV）。另一部分是开发能够将HCV加速到巡航速度以及将小型卫星发射到地球轨道的发射系统[20]。最初的想法是在Blackswift项目（2007）下提出的。目标是开发一种战斗机大小的可重复使用的无人飞机，它可以6马赫的速度飞行。然而，由于2010年前后的资金问题，该项目被搁置（参考文献同上）。目前在猎鹰计划中进行的研究主要集中在X-41通用航空飞行器（CAV）的开发上，这是一种用于高超音速洲际弹道导弹和巡航导弹以及可重复使用或者消耗性（一次性的）发射系统的空中平台。

高超音速领域与美国自20世纪50年代以来的各种想法和项目有一些重合。然而，"高超音速"一词直到20世纪70年代才成为通用术语。因此，很难清楚地追溯能够以5马赫速度移动的平台或武器相关的各种实验历史以及更尖端的数据。这导致自20世纪50年代以来，技术研究的重点一直在垂直发射火箭系统和航天飞机设计间摇摆不定。

在过去五年中，这方面开展了各种项目。下面将讨论其中一些项目。

超速飞翔

超速飞翔是一种备受关注的下一代高超音速飞机所用的技术，由劳伦斯·利弗莫尔国家实验室（LLNL）开发，这项技术既有民用的，也有和军事用途有关的。飞船设计的目的是运送人员或货物，并用于打击敌人的目的。它被认为是一个经济实用的概念。"超速飞翔"将以10马赫（每秒3千米）的速度飞行，其运载的载荷大约是同等起飞重量的亚音速飞机的两倍。轰炸机版本的"超速飞翔"（尺寸相当于F-22，但不需要任何空中加油就能到达更远距离）可以从高度和速度上运送其有效载荷，这将超越目前所有的防御措施。

超速飞翔飞机的其他潜在应用包括：

● 空间升力作为两级入轨空间发射系统的第一级。理论上，这种发射可以携带大约两倍有效载荷。

● 客机——商业超桨客机或商务喷气式飞机可以在 2、3 小时甚至更短的时间内到达地球上的任何目的地，具体时间取决于起飞地点。

● 货机载货能力显著提高，特点是能够允许每天多次出港。

大多数高超音速设计都依赖火箭发动机，而高超音速推进器在使用吸气式发动机方面有一个主要优势，就是这种发动机天生比火箭发动机效率高。此外，使用这种发动机大大简化了设计，降低了技术风险并节省了成本。

美国国防部高级研究计划局（DARPA）从 LLNL 获得了超速飞翔概念，并于 2002 年与美国空军 X-41 通用航空飞行器结合，形成了猎鹰计划。波音 X-51（或 X-51 Waverider）是一种无人驾驶的研究用超音速燃烧冲压发动机，搭载在 aB-52H 发射架上，设计飞行马赫数为 5，飞行高度为 70000 英尺（21000 米）。这项技术很可能用于高速打击武器（HSSW），一种速度 5 马赫以上的导弹计划在 20 世纪 20 年代中期被投入使用[21]。在 2013 年的测试中，X-51 以 5 马赫（X-51 乘波高超音速超燃冲压发动机）飞行，并收集了飞行数据。然而，他们的想法是开发一种能够实际运输装备的飞机。目前，美国国防部国防高级研究计划局（DARPA）正在合作，并计划在 2023 年前制造这种飞机[22]。

先进的高超音速武器

为打击具有时效性、高价值目标，发展常规快速全球打击（CPGS）能力，美国国防部已将先进高超音速武器（AHW）计划概念化。该 AHW 技术演示项目由美国陆军空间和导弹防御司令部（USASMDC）、陆军战略司令部（ARSTRAT）管理。AHW 的设计目标是 6000 千米的航程，飞行时间为 35 分钟，达到 10 米以下准确度，制定这一方案的必要性源于国防部 2006 年四年期防务审查报告。这份报告强调，如果威慑失败，需要"迅速和大规模的全球打击"能力来遏制侵略，并为政府提供更广泛的常规选择。

AHW 的概念是从助推滑翔飞行器演变而来的。高超音速助推滑翔飞行器用于扩大弹道导弹的射程。事实上，高超音速助推滑翔武器的概念已经有近八十到九十年的历史了。用火箭发射能够以高超音速进行长距离滑行的再入飞行器（RV）的想法，可以追溯到 20 世纪 30 年代。最近一段时间，在乔治·W. 布什（2003）政府启动了 CPGS 计划之后，发展 AHW 的努力开始了。最初，高超音速技术飞行器-2（HTV-2）进行了两次飞行。在 2010 年至 2011 年，这些努力并不是非常成功，因此对两次飞行的原型 HTV-2 的研究过早结束。然而，这些试验足以提供有关飞行空气动力学和弹壳高温效应的数据。现在这个计划取消了，重点集中在 AHW 上。AHW 于 2011 年 11 月成功完成测试；但第二次测试（2014 年 8 月）因增压器问题而失败[23]。助推滑翔武器具有很高的机动性，在接近目标时可以避免飞越第三方国家。因此，可以说，这种武器并不是升级的而是首创的。

美国国防部高级研究计划局—美国空军战术助推滑翔（TBG）计划旨在开发和演示实现未来可在空中发射、战术射程高超音速助推滑翔系统的技术。TBG 计划将重点放在以下三个主要目标上[24]：

（1）运载工具可行性：具有宽广的运行范围所需的空气动力和空气热性能、可控制性和鲁棒性的运载工具概念。

（2）有效性：在相关操作环境中必须有效的系统属性和子系统。

（3）可负担性：降低演示系统和未来操作系统的成本并增加其价值的方法。

TBG 正在使用在 HTV-2 计划期间获得的知识和信息（数据），发展地面开发和飞行测试以及各种其他关键技术。

2016 年 9 月，美国政府与洛克希德·马丁公司（Lockheed Martin）签约（价值 1.47 亿美元），以制造能够达到 20 马赫的速度飞行的飞行器。TBG 将是空中发射的助推滑翔武器系统。这个想法是开发一种高速传送系统，可以在一小时或更短的时间内轰炸数千千米外的目标。研发对抗助推滑翔系统的对策是困难的，而且它们也很难被击落。它们的高速和不同的发射剖面缩短了反应时间，使其成为现有的、移动较慢的拦截导弹的棘手目标[25]。

高超音速吸气式武器概念（HAWC）计划是 DARPA 和美国空军的另一个联合项目。该方案的重点是开发一种空射高超音速巡航导弹系统并开发和演示为此目的所需的关键技术。该方案旨在分析、设计和开发以下技术：

- 先进的飞行器配置能够实现高效的高超音速飞行。
- 碳氢化合物超燃冲压发动机驱动的持续高超音速巡航。
- 高温巡航热应力的管理方法。
- 合理的系统设计和制造方法。

还可以预料，根据该计划开发的各种技术也可能与未来可重复使用的高超音速飞机平台有关，如情报，监视和侦察（ISR）以及太空通道等[26]。为了在 HAWC 计划的第二阶段进行研究工作，美国政府正在其主要研发公司中进行竞标。2016 年 11 月，这份价值 1.747 亿美元的合同被给予了雷神公司，主要是研制开发高超音速巡航导弹系统，用于未来的进攻性打击任务[27]。

2018 年，美国继续在高超音速领域发展的计划被认为是具有局限性的。因此他们已经开始就未来发展方向签署主要合同。美国空军已经向洛克希德·马丁公司（Lockheed Martin）签署了两份价值最高 14 亿美元的高超音速武器合同。第一份合同于 2018 年 4 月宣布，将 9.28 亿美元用于研发高超音速常规打击武器（HCSW）。另一项合同价值高达 4.8 亿美元，涉及设计空中发射的快速反应武器（ARRW，有史以来最危险的太空武器）。还有消息称，预计美国各机构将加快步伐，利用现有的最佳技术，尽快为作战人员提供高超音速能力。2018 年 6 月 28 日，由五角大楼政府官员和空军、海军、陆军和导弹防御局官员组成的联合小组签署了一份关于共同开发高超音速助推滑翔技术的协议备忘录[28]。

3.5.2　俄罗斯和高超音速武器

自冷战时期起，俄罗斯一直在投资开发高超音速技术。20 世纪 80 年代中期，苏联开始了一个名为"信天翁"的项目研究高超音速武器。这是对美国战略防御计划（SDI）即星球大战计划（Star Wars Program）概念化以及他们在 70~80 公里高空进行的两次试验的直接回应。然而，由于一些技术困难，该项目被关停。20 世纪 90 年代中期，俄罗斯科学与生产协会（NPO）重新启动了同一项目的开发，并将其更名为"4202"[29]。

虽然关于俄罗斯高超音速飞行计划的公开资料不多，但非官方消息来源证实，在 2000 年恢复了同样的试验，2004 年 2 月 18 日的一次战略演习中就包括一枚后来被确定为新型高超音速飞行器 UR-100NUTTH 导弹的测试。它可能不是 1990 年飞行过的"信天翁"；但尽管如此，这两者肯定是有关联的。根据一些文件，还可以推断，2001 年 6 月可能进行了一次试验，然后在 2011 年 12 月 27 日进行了另一次高超音速导弹试验。根据这些实验测试以及相关的非官方文档，可以找到 Yu-71、4202 和 370 项目（这是一个大型建筑项目）之间的关联。此外，基于 2014 年 6 月，KBKhA 设计局曾下令对延长所用火箭发动机使用寿命进行探索的事实，也可以追溯 4202 项目与 UR-100NUTTH 导弹（于 2004 年测试）之间的联系。其在 UR-100NUTTH 导弹中的应用达到了 42 年[30]。

目前，可以推测俄罗斯似乎正在实施一项重大的高超音速计划。有媒体报道说，这项计划可能正在为俄罗斯海军舰船研制高超音速巡航导弹，其中一个例子就是目前正在研发的第五代赫斯基导弹潜艇。作为俄罗斯的下一代核攻击艇项目，该项目有望成为 955A 型 Borei 级弹道导弹核潜艇的继任者，该潜艇将战略潜艇和多功能潜艇的关键要素结合在一起。同时，这艘艇可能会装备一种新型的超音速巡航导弹，称为 3M22 锆石。[31] 预计该导弹将在 2018 年投入使用。很显然，整个项目将需要几年的时间才能成熟。滑翔打击飞行器和机动弹头的开发是高度优先项目[32]。并且对开源信息的广泛搜索表明，俄罗斯在高超音速平台和武器的开发方面几乎没有什么重要的项目。目前，它们都处于不同的发展阶段。以下是其中一些项目的摘要。

锆石

如果 2017 年的试验成功，俄罗斯的 3M22 锆石高超音速巡航导弹预计将于 2018 年投入生产。作为 3K22 锆石系统组成部分的高超音速导弹将在 2022 年年底前进行大修时纳入 11442 "奥兰"级战斗巡洋舰（北约：基洛夫级）核动力项目。其姊妹舰"纳希莫夫海军上将"目前也在进行改装，很可能是俄罗斯第一艘在 2018 年重新服役时装备新导弹的军舰。这些导弹将取代两艘安装有 390 英里射程的 P-700 Granit 超音速反舰导弹武器的巡洋舰。

锆石的射程预计约为 400 千米，其高速（超过 6 马赫）有望将使用现有导弹防御技术进行拦截变得困难[33]。除了俄罗斯的下一代"赫斯基"级核攻击潜艇外，预计这些武器还可以在俄罗斯现有的常规和核潜艇舰队（如 855M "亚森"级项目）或其较老的装备（971 Shchuka-B 级潜艇）上找到一席之地。此外，预计俄罗斯将在新生产的图波列夫 Tu-160M2 Blackjack 和发展中的图波列夫 PAK-DA 隐形轰炸机上使用高超音速导弹。远程轰炸机和高超音速巡航导弹的结合将对美国及其盟国构成威胁。上述两类轰炸机也可能配备锆石导弹，并进行后续测试[34]。

Yu-71 或 "4202 计划"

俄罗斯一直在努力开发新型的 Yu-71 飞行器，但有几份报告表明，他们在这方面未能取得成功。Yu-71 飞行器最近一次测试于 2016 年 4 月 19 日进行。Yu-71 是一个秘密的导弹项目（代号为 "4202 计划"），预计速度可达每小时 11200 千米（每小时 7000 英里）。这种武器的机动性很强，很难被瞄准。它可以轻易地避开敌人的导弹防御系统[35]。这种武器可以安装在俄罗斯新型超重型热核洲际弹道导弹 RS-28 Sarmat 上。发射井式洲际弹道导弹可拥有 10 枚重型或 15 枚（或 16 枚）轻型弹头，一旦投入使用，将有可能摧毁得克萨斯或法国大小的地区。一些专家估计 RS-28 最多可携带 3 个 Yu-71 HGV[36]。

Yu-74

该系统的标准规范以及测试的其他技术细节被认为是绝密的。据报道，这些滑翔机是为装载到俄罗斯的 RS-28 Sarmat（北约分类为 SS-X-30）上而开发的，它是一种最先进的重型液体推进洲际弹道导弹，目前正在开发供俄罗斯军队使用。每枚"萨马特"弹道导弹将能够在一小时内击中 6.2 千英里半径内的任何目标。每架 Yu-74 滑翔机都可以装备核弹头、电子战（EW）应用或假目标模拟器[37]。

15Y71

俄罗斯已经测试了这种激进的新型高超音速核弹头的原型。该国军方于 2016 年 10 月 25 日对"产品 4202"进行了测试。4202 是一个能以 15 马赫的速度飞行的高超音速武器。这种超音速弹头也被称为 15Y71，是该武器的第一次完全成功的试验。4202 高超音速武器的设计目的是取代传统的洲际弹道导弹上的弹头。在进入稠密的大气层之前，这种弹头直接在目标上方执行复杂的机动任务。这使得任何反导弹防御系统都难以拦截它[38]。

有报道称，俄罗斯可能会在 2018 年年底或 2019 年年初在萨马特重型洲际弹道导弹上部署其"阿凡加德"高超音速助推滑翔飞行器。

3.5.3 中国高超音速项目

众所周知，我国多年来一直在发展各种先进武器。自 1985 年以来，我国导弹部队一直由中国人民解放军第二炮兵部队（SAF）或第二炮兵军（SAC）指挥。最初，我国主要在中程导弹上建立了核威慑力量。随后，通过开发洲际导弹扩大了威慑力。2015 年 12 月 31 日，我国当局将第二炮兵部队重新任命为中国人民解放军火箭军（PLARF）。此外，解放军火箭部队从一个独立的分支机构提升为第四个兵种，与 PLA、PLAN 和 PLAAF（陆、海、空）并驾齐驱。将中国人民解放军二炮部队重新组建为单独一支军队的决定表明，中国对建设现代导弹部队尤其关注[39]。

美国安全分析家认为，我国正在开发各种现代武器，并将其作为一项长期战略的一部分，该战略可称为"反访问区域拒绝"（A2-AD）[40]。实施这种战略需要对各种导弹进行投资，包括巡航导弹和弹道导弹。在这些现实的背景下，重要的是要看中国对高超音速武器的兴趣。同样，由于我国正接近成熟并可能引入高超音速导弹，因此很明显，我们将建立专门处理各种导弹的独立军事部门。

在全球范围内，已经有许多我国教授和科学家（包括我国公民和华人）多年来一直在研究高超音速问题。许多我国科学家作为这一主题主要作者的各种技术出版物的出版，表明他们在开发这项技术及其应用方面取得了广泛进展。我国科学家的此类出版物表明，他们正在研究"轨迹优化""制导系统""控制设计""最佳滑行条件"的问题。已经发现这项研究主要在 2000—2010 年期间进行。实际的实验可能也会随后开始[41]。

我国在高超音速滑翔机方面进行了重大投资。这些飞行器被称为高超音速滑翔飞行器（HGV），能够达到马赫数为 10 的速度。它们是理想的攻击弹药，可用于打击各种坚固目标，例如军舰、指挥和控制设施、通信链路、机库和情报设施。中国飞行器被称为 WU–14 滑翔机或东风 –ZF。迄今为止，我国已进行了 7 次高超音速试验，其中 6 次已经成功。这些测试已在 2014 年 1 月至 2016 年 4 月进行。在不到两年的时间内进行了 7 次测试，表明中国致力于这项技术的开发。我国的第十研究院（又称"临近空间飞行器研究院"）隶属于中国航天科工集团，该院是负责高超音速飞行器（HGV）研发的唯一机构。据外国军事机构推测，我国使用的是中程弹道导弹（MRBM）运输机竖立发射器（TEL）[42]。目前还不知道东风 –ZF 使用的是不是超燃冲压发动机技术；然而，我国已经宣布自己现在是第二个拥有这种技术的国家。这些测试还没有正式发布，但一些迹象表明，该项目可能是在 2011 年左右开始的，测试在 2014 年完成[43]。

东风 –ZF HGV 也有能力在反舰弹道导弹上发射，以打击海军目标。例如，装备东风 –ZF HGV 的东风 –21 可将导弹射程从 2000 千米扩大到 3000 千米以上。东风 –21 预计将是一个固体燃料火箭发射平台。然而，对失败的 HGV 试验的评估表明，东风 –21 也可能是使用液体燃料的发射平台。可以明确的是，东风 –31 是液体燃料洲际弹道导弹。液体燃料的使用有望补偿滑翔机在加速到高超音速时的重量带来的负面影响。另外，液体燃料发射平台也有可能协助使用核武器和常规导弹有效载荷。东风 –ZF 系统预计能在 1 小时内击中世界各地的目标。它还能够躲避各种现代弹道导弹防御系统。预计 DF–26（DF–2 的下一个版本）可能在未来成为东风 –ZF 的一个平台[44]。

中国航空航天空气动力学研究院在 2018 年 8 月的第一周测试了星空 2 号"乘波者"实验飞行器。"乘波者"是一种高超音速飞行器，利用自身飞行产生的冲击波作为升力面，以提高升阻比。它可以携带常规或核有效载荷，也可以简单地充当一个动能杀伤飞行器。据报道，"星空 2 号"首次由固体推进剂火箭搭载升空。分离后，它以每小时 7344 千米的速度滑回地球，沿途表现出高度的机动性[45]。该项目的可能性始于 2014 年。值得注意的是，这样的项目在非常有限的时间内取得了重大进展。过去从未公开讨论过该项目的我国这次非常成功，甚至提供了测试视频。

3.5.4　印度的超音速计划

印度是高超音速领域一个较新的参与者，与上述国家相比，印度的计划与规模要小得多。与其他国家一样，印度的计划也仍处于机密状态，仅提供了一些有限的信息。在印度，国防部、国防研究与发展组织（DRDO）和另一个名为 BrahMos Aerospace（与莫斯科的合资企业）的私营部门机构正在开展高超音速研究。DRDO 的原型被称为高超音速技术"恶魔层"飞行器（HSTDV），布拉莫斯航空航天公司（BrahMos Aerospace）正在开发布拉莫斯 II。

DRDO 正在开发一种叫做 Shourya 的导弹，一种地对地弹道导弹，而布拉莫斯是一种巡航导弹。Shourya 是一种紧凑、细长、具有两级和固体燃料的地对地导弹。这种导弹的研制是作为 K-15 项目开始的，并于 2004 年 10 月 27 日进行了首次飞行试验。据悉，这种导弹支持一系列单一弹头配置，它重 180~1000 千克，可以携带核武器和常规武器弹头。于 2008 年 11 月 12 日，这枚导弹进行了一次低空试飞（马赫数为 6，高度为 50 千米）。据悉，这枚导弹在第三次试验（2011 年 9 月）中达到了马赫数 7.5 的速度，随后被配发到武装部队。这种导弹可以从安装在卡车上的发射井和发射筒发射，也可以固定在地面上。有报道称，Shourya 的海上版是在水下发射的 K-15 导弹，正安装于海军的核动力潜艇"阿里汉特"上。然而，在这个问题上没有明确的说法。布拉莫斯 II 是一种高超音速巡航导弹，目前正在研制中。最初，这种导弹的射程预计不到 300 千米（马赫数为 7）。然而，自从印度成为导弹技术控制制度（MTCR）的成员国以来，[①]导弹射程范围逐步扩大。布拉莫斯 II 可能是俄罗斯研制的一种高超音速反舰导弹的变种。

印度的计划预计还需要几年的时间才能实现。2017 年 12 月，BrahMos Aerospace[②] 的首席执行官曾提到，当时印度布拉莫斯巡航导弹的实时速度马赫数为 2.8。据他所说，只有在 2019 年或 2020 年左右，印度才能达到马赫数为 3.5 的速度。预计到 2022 年，这一速度将达到马赫数为 5，更重要的是，目前布拉莫斯发动机的配置将无法承受超过马赫数为 5 的速度。下一阶段（高超音速阶段）将需要开发超燃冲压发动机（超音速燃烧），这将需要 7 到 10 年的时间来开发。

到目前为止，印度只能自夸拥有世界上最快的超音速巡航导弹"布拉莫斯"。印度已经对这种导弹进行了各种成功的试验，在 2018 年 5 月 21 日和 22 日以及 2018 年 7 月 16 日[47]，也进行了成功的试验，以确保导弹能够列

---

① 导弹技术管制制度限制导弹和相关技术的扩散，这些系统能够携带 500 千克的有效载荷至少 300 千米。

② 2017 年 12 月 5 日，印度孟买 Godrej 航空展期间，BrahMos 航空航天公司 MD 兼首席执行官 Sudhir Mishra 先生与媒体互动。

装到陆军的军械库中。印度计划向越南等对这项技术表现出需求的国家出售布拉莫斯导弹。同样，像巴西和委内瑞拉这样的国家也希望他们的武器库存中有这些导弹。

3.6　威慑困境

冷战时期的核遗产正日益受到严格审查。在冷战对峙期间，核威慑是支配华盛顿和莫斯科之间政治和军事关系压倒一切的核心战略概念[48]。威慑在学术界和决策界被用来指代一个过程、一种条件或情况。威慑是行为人影响一个或多个行为人按照第一个行为人的意愿行事的心理途径。各类文献对威慑的理论概念有大量的关注。为了描述和分析威慑的概念，提出了各种逻辑论据。然而，1968—1990 年斯坦福大学政治学教授、国际关系领域最受尊敬的学者之一亚历山大·L. 乔治（Alexander L. George）强调，威慑的成功实践不一定源于对理论的仔细研究[49]。怎样才能计算出要阻止什么呢？首先，威慑在旁观者眼中是他们认为会发生的事情。如果他们要处理的是社会生存问题，他们就必须做出最坏的假设[50]。

可以说，在第二次世界大战后，核威慑的概念于 20 世纪 50 年代开始建立起来，当时可能是苏联第一次不能占领西欧，因为他们很可能会面对核攻击形式下不可承受的代价。从那时起，核威慑的可信度突飞猛进。关于威慑的重要性以及威慑机制应该如何发展，一直存在很多争论。认识到威慑机制在现实中是如何运作的也很重要。今天，在美国和俄罗斯等大国中，至少在原则上减少核武器的数量是可以接受的。然而，一些小国发现，核武器实际上是生存的工具。

在 21 世纪，虽然发生全球核战争的可能性较小，但区域面临的挑战越来越大。1991 年海湾战争之后，影响主要是一些较小的国家，已经意识到自身是弱小的，因为它们没有能够攻击远距离目标的导弹，也不具备研究核、生物、化学（NBC）武器的能力，不能攻击距离更远的目标。萨达姆·侯赛因和穆阿迈尔·卡扎菲等领导人告诉他们的追随者，只有具有能够威胁美国及其盟国的能力，第三世界才能有免受美国及其盟国对当地的侵略做出强有力反应的前景。此外，第三世界的学术界和军事评论员也注意到弹道导弹和核生化武器的潜在威慑价值[51]。很明显，叙利亚受到美国甚至俄罗斯的突袭只是因为他们没有核武器和导弹能力。很可能是由于缺乏这种能力，他们才在当地使用化学武器，而不是将其作为威慑美国的武器。相比之下，朝鲜凭借其导弹和核能力能够遏制全球强国。

威慑能力不是一成不变的，而是不断发展的，这主要取决于技术的发展。核威慑有助于保持和平。拥有核武器能力的国家数量有限，预计在不久的将来，核武器国家的数量不会增加。每一个核武器国家都在建立自己的威慑机制，这些机制是基于它们对威胁的看法。图 3.1[①] 描绘了世界上拥有核武器的国家中的核威慑力量二元体。

目前，只有五个国家根据《不扩散条约》（NPT）机制获准拥有核武器。另外，这些国家也是联合国安理会常任理事国。多年来，人们一直努力（核武器裁减机制）在全球范围内缩小核武器库的规模，但收效甚微。

3.6.1　核竞争

不同国家拥有的核武器在规模上存在重大差异（见表 3.3）。

大致而言，表 3.3 中是核武器国家间的核竞争对比。可能需要注意的是，为了简单起见，法国和英国被视为西方国家（与美国相同），但都是被动参与者，因此没有单独提及。

表 3.3　核竞争

NWS 名称	核三位一体	高超音速飞机利益及投资
俄罗斯	到位	是
美国	到位	是
中国	到位	是
印度	进程中	是
巴基斯坦		
朝鲜		

此表基于文献中的可用信息进行绘制。

所有核武器国家都在努力发展核三位一体（有些国家已经建立），以加强其威慑机制，有些国家还投资发展弹道导弹防御计划。因此，总体而言，各国发展洲际弹道导弹、潜射弹道导弹和拦截导弹方面正在取得各种进展。

高超音速技术的武器化通常在常规武器领域进行。然而，由于拦截弹道导弹很困难，预计这些武器将降低弹道导弹防御计划的优先度。因此，这项技术的

---

① 基于阿克顿[52]。

成熟可能会对目前的核威慑概念提出挑战。这项技术会成为一种颠覆性的技术吗？事实上，它确实具备颠覆性技术的所有要素；然而，只有时间才能证明这种可能性。

高超音速技术有能力使现有的反导技术失效。然而，如果得到有效的发展，那么这项技术可能会挑战核威慑本身的概念。为了解更多有关现代核武器的知识进行核试验，至少是由成熟的、负责任的核武器国家来进行，似乎也不太可能。在这方面，可以说，当代核武器是过去的产物，有点类似于第二次世界大战时期的核武器。对于现在而言早期的核武器类似于古时的弓和箭！

在第二次世界大战后，人们在核武器的背景下对威慑理论，特别是战略领域的威慑理论，进行了相关辩论。人们认为，在冷战时期，核威慑对于维持和平仍然是有益的，即使在冷战后时代，核威慑仍在全球范围内有效。但是，就其威慑潜力而言，核武器也有保质期，不能被视为具有永久威慑潜力的武器！目前，可能有一种观点认为，对高超音速武器没有紧急的任务需要。然而，空间武器（针对空间目标）、天基武器（针对地球目标）和高超音速武器（从地球或空中发射）有可能对人类和关键基础设施造成重大破坏。对拥有国来说，阐明这种武器在目前情况下的威慑潜力仍是重要的。目前，并不是所有拥有高超音速武器技术的国家都有发展高超音速武器的能力。因此，拥有高超音速武器，可以为发展这种技术的国家提高现有核威慑潜力。

广义而言，核武器和威慑理论带来的作战困境已经存在了几十年。核武器威胁更大的罪恶——核毁灭的道德困境也是如此。了解到这种威胁令人发指的性质，许多过去有军事经历的人、政治领导人、战略研究界的成员、知识分子和反核活动人士都对如今存在的核武器表示关切[53]。然而，核武器国家不太可能放弃它，因为对大多数国家来说，威胁是真实存在的，它们别无选择，只能保留核武库。也许如今，压倒性战略优势可能不像冷战时期那样有效。然而，毫无疑问，各国将作出更好的选择以提高其核武器的杀伤力。也许21世纪的困境会迫使拥有高超音速武器能力的国家确定一种威慑机制，包括高超音速武器在内。然而，现在这种机制的确切性质还为时过早。只有当这种武器与它们的作战状态长期存在时，核理论才可能会被改写。

3.7 对 策

但很明显，各国热衷于设置反治措施来抵消这一技术，特别是在高超音速导弹系统实现全面作战状态之前。一个既有高超音速导弹部署，又有高超音速导弹防御能力的国家，肯定比对手有优势。此外，没有自己的高超音速项目，但拥有这种能力对手的国家也会愿意开发或者获得这种技术。目前，各国已经开始寻找软、硬两种选择作为防御机制。

目前一种防御系统正在被开发，以击败高超音速助推滑翔和机动弹道导弹。由美国空军赞助的研究发现，高超音速武器（比如速度大约为 8 马赫）属于现代防空系统抵御。这些导弹是专门为防御具有高超音速终端速度的战术弹道导弹设计的[54]。此外，还可能有多边国家和联合国的支持，以把控这项技术的进展。同样，在弹道导弹防御（BMD）领域的研发，可以找出一种对抗这种技术的方法。此外，可以考虑各种方法来抵消它们的影响。

由于高超音速武器系统飞行有关的速度因素，需要有精准的技术选择来探测和跟踪高超音速武器。目前，五角大楼正在评估一个建立天基监视网络的方案，以填补美国目前防御系统中的盲点，这些防御系统旨在对抗模式飞行为可预测拱形的弹道导弹。但是，拥有任何基于地面的雷达网络在经济上不可实现，因此需要对基于空间的系统进行理论建设。目前的想法涉及开发大型和小型卫星群，因为地球同步轨道上的任何预警卫星都将毫无用处。对于高超音速飞行器，存在能见度问题。特别是，从高轨道卫星上跟踪它们是很困难的。它们也没有弹道导弹那样有明显的亮度，其亮度调低了十倍或以上，因此需要在近地轨道上建立星群[55]。

3.8　结　论

人类的野心总是希望技术能够以惊人的速度攀升。1969 年 3 月 2 日，协和式超音速客机（以约 2 马赫的速度飞行）进行了首次飞行。如今，协和飞机的可能继任者从伦敦飞到纽约预计需要一个小时左右（与之前的三个小时相比）。速度是飞机飞行的重要方面，并且在商业上也有重大意义。目前的重点是提高武器及武器平台的速度能力。50 多年来，人类已经意识到高超音速武器背后的科学，也成功地开发出了能够以 5 马赫以上速度飞行的机器。并且随着如今高度集中的研发和适当的投资，一些国家已经取得了重大进展，有望将高超音速武器引入其军事武库。有了这一点，高超音速武器的时代可以说真正到来了。

高超音速飞行器的设计是复杂的多学科挑战。因此，目前只有少数国家在投资开发此类平台。这些国家已经在包括弹道导弹在内的领域确立了优势，同时它们也被证实是拥有核武器能力的航天国家。而且，很明显，面临重大安全挑战的国家正在研制这种武器。

在军事技术这个领域里，每次战略成功，总有相应的对抗对策。例如，为了消除电子对抗措施（ECM）对电子传感器的影响，而设计各种各样的电子对抗措施（ECCM）。另一个有趣的例子可能是隐形技术。特别是在冷战时期，拥有现代隐形战机的国家（美国）被认为具有战略优势。然而，后来这项技术有了更多的改进，以克服各种缺陷。此外，少数其他国家开发了反侦查能力。这样的例子可能很多。从本质上讲，军事技术领域始终是一个动态的领域。在这种情况下，高超音速飞机被视为"新隐形"（速度被理解为新的隐形技术）[56]。高超音速武器也被称为"改变游戏规则的武器"。一旦这些武器全面投入使用，它们可能会挑战（或扩大）核威慑背后的现有理念。现有的导弹防御体系不能仅仅因为这些导弹的速度而抵消任何高超音速导弹的威胁。目前，美国正在努力针对这些武器制定对策。美国意识到，在没有强大的高超音速防御系统的情况下，它们很容易受到中国远程战术高超音速武器的攻击。目前，关于该技术的使用效率，问题多于解决方案。各国能否拥有利用它们来抵抗大规模杀伤性武器（WMD）？这些武器的整个研制过程能提供或已经提供的附带利益是什么？既然所有发展这种技术的国家都是核武器国家，他们会限制自己以常规方式使用这些导弹吗？这些导弹会有攻击反卫星武器的能力吗？这些导弹会带来什么样的规则变革？

俄罗斯、中国和美国是世界上的三个主要大国。这些大国对战略、技术和经济优势的争夺总是有目共睹的。未来，俄罗斯和中国有可能携手合作，成为推动世界发展的核心力量。预计高超音速武器的"政治"将主要由这些力量主导。高超音速武器被认为是破坏稳定的武器。目前还没有任何国家将这项技术完全用于军事目的。然而，它们的出现已成定局。目前，尽管这项技术还处于发展阶段，但美国、中国和俄罗斯似乎在进行某种竞赛，以便尽早将这些武器投入其军事武库。这种技术（公开或秘密）扩散的机会看起来很渺茫，因为这些国家不愿放弃他们的技术优势。高超音速领域的技术开发非常具有挑战性，耗时长、费用贵。此外，将核弹头用于高超音速导弹需要新的设计并生产合适的核弹头。同时，这些国家也热衷于发展反高超音速技术。

总体而言，预计高超音速武器系统的存在可能导致交战规则（ROE）的改变。高超音速导弹出现在各国的核三位一体结构中，将改变现有核威慑机制的面貌。在不久的将来，这些武器很可能成为决定性力量。

附　录

高超音速武器

表 3.4 ~ 表 3.6 提供了三个主要国家投资发展高超音速武器的各种方案的资料。这些资料是根据网上的各种资料收集的，有些主要资料已在其他地方被引用。

注意

就现有的信息而言，俄罗斯的情况明显非同寻常，而且缺乏具体细节。因此，这里提供了一些额外的数据，以更好地说明问题。

表 3.4　中国高超音速武器

项目 / 导弹	类型	国家	速度	测试时间	结果
东风 –4	洲际弹道导弹	中国	被东风 –31 代替		
东风 –31[a]	洲际弹道导弹	中国		1999 年 8 月 2 日	成功
东风 –31[b]	洲际弹道导弹	中国		2000 年年初	
东风 –31[c]	洲际弹道导弹	中国		2000 年 11 月 4 日	
东风 –5	洲际弹道导弹	中国		1971—1980 年	
东风 –41	洲际弹道导弹	中国	10 马赫	2012 年 7 月 21 日	
武 –14/ 东风 –ZF	助推滑翔	中国	10 马赫	2014 年 1 月 9 日	成功
武 –14/ 东风 –ZF	助推滑翔	中国	10 马赫	2014 年 8 月 7 日	成功
武 –14/ 东风 –ZF	助推滑翔	中国	10 马赫	2014 年 12 月 2 日	成功
武 –14/ 东风 –ZF	助推滑翔	中国	10 马赫	2015 年 6 月 7 日	成功
武 –14/ 东风 –ZF	助推滑翔	中国	10 马赫	2015 年 11 月 27 日	成功
武 –14/ 东风 –ZF	助推滑翔	中国	10 马赫	2016 年 4 月	成功
武 –14/ 东风 –ZF	助推滑翔	中国		2017 年 11 月两次	成功

a 行动部署于 2006 年开始。

b 东风 –31–A 和 B 也已开发和改进。

c 据推测，这将被 DF–41 取代，DF–31A 将被 DF–31A 取代，但 2015 年已经有人用微型飞行器版本的 DF–5A 进行测试。

表 3.5   俄罗斯高超音速武器

项目 / 导弹	类型	国家	速度	测试时间	结果
"拉莫斯" II	巡航	俄罗斯		预计：2020 年	
R–36M[a]	洲际弹道导弹	俄罗斯		1963 年 9 月 26 日	失败
R–36M	洲际弹道导弹	俄罗斯		1963 年	成功
R–36M（SS–18）	洲际弹道导弹	俄罗斯		发射测试：1971 年	
R–36M（SS–18）	洲际弹道导弹	俄罗斯		实际飞行测试：1973 年 2 月至 1975 年 10 月	1977 年部署，但在 1984 年被 Mod 3 & 4 取代
R–36M（SS–18）	洲际弹道导弹	俄罗斯		1973—1975 年	由于严重的设计缺陷被 Mod 4 取代
R–36M（Sarmat）	洲际弹道导弹	俄罗斯		2016 年 8 月 10 日	成功
Yu–71	助推滑翔	俄罗斯	5 马赫	2011 年 12 月 27 日	
Yu–71	助推滑翔	俄罗斯	5 马赫	2013 年 9 月 26 日	据说不成功
Yu–71	助推滑翔	俄罗斯	5 马赫	2014 年 9 月（未确认）	据说不成功
Yu–71	助推滑翔	俄罗斯	5 马赫	2015 年 2 月 26 日	据说不成功
Yu–74	助推滑翔			2016 年	据说不成功[b]

表 3.6   美国高超音速武器

项目 / 导弹	类型	国家	速度	测试时间	结果
高速打击武器（X–51）	巡航	美国	5 马赫	2010 年 5 月 26 日	成功
高速打击武器（X–51）	巡航	美国	5 马赫	2011 年 6 月 13 日	部分成功

a 在两个表面防护层 LC–67 1 和 LC–67 2 以及六个筒仓上进行了 R–36 测试：两个筒仓分别在 LC–80, LC–140, LC–141, LC–142 上。

b http://www.globalsecurity.org/wmd/world/russia/objekt-4202.htm and http://www.military-today.com/missiles/ss18_satan.htm。

项目 / 导弹	类型	国家	速度	测试时间	结果
高速打击武器（X-51）	巡航	美国	5 马赫	2012 年 8 月 14 日	失败
先进高超音速武器	助推滑翔	美国		2011 年 11 月 18 日	成功
先进高超音速武器	助推滑翔	美国		2015 年 8 月 25 日	失败
"民兵"Ⅲ	洲际弹道导弹	美国	23+ 马赫	2017 年 4 月 26 日	
"猎鹰" 1 号 HTV	助推滑翔	美国	取消	取消	取消
"猎鹰" 2 号 HTV	助推滑翔	美国		2010 年 4 月 22 日	7600 千米部分
"猎鹰" 2 号 HTV	助推滑翔	美国		2011 年 8 月 11 日	7600 千米部分

R-36 是苏联在冷战期间设计的 ICMBs 和空间运载火箭。由于所有的 R-36 都是在乌克兰设计的，俄罗斯正计划用 RS-Sarmat 代替它们，它将能够容纳 24 个像 Yu-71、Yu-74 这样的高超音速飞行器。

R-36 导弹的进展如下：

• R-36M（SS-18 Mod 1）。这种导弹有一个带有爆炸当量为 18 吨的弹头或带有 8 个 MIRV（4×0.4MT 和 4×1MT）的弹头。它的射程为 11200 千米，CEP（落点误差半径）为 700 米。1974 年至 1983 年期间共部署了 148 枚导弹；

• R-36M（SS-18 Mod 2）。该导弹的弹头具有 10 枚 MIRV，爆炸当量（与同重量 TNT 炸药的威力）为 0.4 吨。它的射程为 1020 千米，CEP 为 70 米。1976 年至 1980 年仅部署了 10 枚此类导弹；

• R-36M（SS-18 Mod 3）是 Mod 1 的升级版，搭载了一辆单次发射车辆，爆炸当量为 25MT。该导弹的射程为 16000 千米，CEP 为 700 米。它是在 1976 年至 1986 年被部署；

• R-36MUTTKh（SS-18 Mod 4）。"UTTKh"代表"改进的战术和技术特征"。该导弹引入了重量更轻的 MIRV 弹头。西方情报机构怀疑它可以携带多达 14 枚 MIRV，但俄罗斯人对此表示否认，称 Mod 4 能够携带 10 枚独立弹头，爆炸当量为 0.5 吨。该导弹的射程为 11000 千米，CEP 为 370 米。它被大量部署。1979 年至 2005 年共部署了 278 枚导弹；

• R-36MUTTKh（SS-18 Mod 5）。这种导弹只有 20 吨的弹头。它的航程为 16000 千米，CEP 为 200 米。自 1986 年以来就已部署。总共部署了 30 枚导弹。他们都于 2009 年退役；

• R-36M2 Voevoda（SS-18 Mod 6）。它于 1988 年首次部署。它被部署在单弹头和 MIRV 混和中，爆炸当量为 0.75~1MT。该导弹的射程为 11000 千米，CEP 为 220 米。总共部署了 58 枚导弹。该导弹仍在俄罗斯战略导弹部队中服役。

 # 参考文献

［1］http：//www.livescience.com/37022-speed-of-sound-mach-1.html#sthash.MBP21t9w.dpuf.Accessed 2 June 2016

［2］Heppenheimer, T.A.: Facing the Heat Barrier: A History of Hypersonics, p.9.Washington, DC, NASA History Division（2007）

［3］Sreekanth, A.K.: Aerodynamic Predictive Methods and their Validation in Hypersonic Flows, DRDO Monographs Series, p.2.DESIDOC, New Delhi, 2003

［4］Young, D.F., Munson, B.R., Okiishi, T.H., Huebsch, W.W.（eds.）.: A Brief Introduction to Fluid Mechanics, p.95.Wiley, New Jersey（2010）

［5］Waltrup, P.J.（1992）.The dual combustor ramjet: a versatile propulsion system for hypersonic tactical missile applications.In: AGARD, Airbreathing Propulsion for Missiles and Projectiles, pp.1-11

［6］Van Wie, D.M., D'Alessio, S.M., White, M.E.: Hypersonic Airbreathing Propulsion.Johns Hopkins APL Technical Dig.**26**（4）, 430~431（2005）

［7］What It Takes to Build a Hypersonic Vehicle.At http：//www.sippican.com/us/news/features/2015/webt-hypersonic.html.Accessed on 25 Aug 2016

［8］http：//www.ck12.org/book/CK-12-Earth-Science-For-High-School/section/23.2/.Accessed14 Nov 2016

［9］https：//en.wikipedia.org/wiki/V-1_flying_bomb.Accessed 12 Apr 2016 and http：//ethw.org/V1_and_V2_Rockets.Accessed 10 Mar 2016

［10］Heppenheimer, T.A.: Facing the Heat Barrier: A History of Hypersonics.NASA History Division, Washington, DC, p xiii, Sept 2007

［11］Hallion, R.P.: The History of Hypersonics: or, 'Back to the Future-Again and Again'.In: 43rd AIAA Aerospace Sciences Meeting and Exhibit.The American Institute of Aeronautics and Astronautics, Inc., Jan 2005

［12］http：//www.criticalpast.com/video/65675021470_X-15_Edwards-Air-Force-Base_B-52-Stratofortress_in-flight, and also, What It Takes to Build a Hypersonic Vehicle.At http：//www.sippican.com/us/news/features/2015/webt-hypersonic.html.Accessed 25 Aug 2016

［13］http：//www.livescience.com/39829-fastest-military-airplanes.html.Accessed 12 Nov 2016, and also,

Heppenheimer, T.A.: Facing the Heat Barrier: A History of Hypersonics, pp.1-4.NASA History Division, Washington, DC, Sept 2007

[14] From Max Valier to Project PRIME（1924—1967）.In: The Hypersonic Revolution: Case Studies in the History of Hypersonic Technology, vol.I, p.vi.Air Force Historical Studies Office, Washington, DC

[15] http://www.globalspec.com/reference/37701/203279/chapter-5-weapon-delivery-systems.Accessed 22 Dec 2016

[16] http://www.globalsecurity.org/space/systems/hcv.htm, http://www.sanluisobispo.com/news/local/article39160353.html#storylink=cpy and http://latimesblogs.latimes.com/technology/2011/08/vandenberg-launch-hypersonic-technology-vehicle-falcon.html.Assessed 9 May 2017

[17] https://fas.org/nuke/intro/missile/basics.htm.Accessed 20 Nov 2016

[18] Hypersonic Missile Developments Raise Regulatory Concerns.At https://www.flightglobal.com/news/articles/hypersonic-missile-developments-raise-regulatory-con-418984/.Accessed 12 May 2017

[19] US Looks for Answers After Hypersonic Plane Fails.12 Aug 2011.http://www.space-travel.com/reports/US_looks_for_answers_after_hypersonic_plane_fails_999.html.Accessed on 26 Sept 2018

[20] The Info List—Force Application and Launch from Continental United States.http://www.theinfolist.com/php/SummaryGet.php?FindGo=Force%20Application%20and%20Launch%20from%20Continental%20United%20States.Accessed on 25 Sept 2018

[21] All details of this programme are at https://str.llnl.gov/str/Carter.html, and at http://www.Globalsecurity.org/military/systems/aircraft/hypersoar.htm, and at http://www.af.mil/AboutUs/FactSheets/Display/tabid/224/Article/104467/x-51a-waverider.aspx.Accessed 10 Jan 2017

[22] http://www.washingtontimes.com/news/2015/jun/2/air-force-aims-new-hypersonic-aircraft-2023-scient/.Accessed 6 Dec 2016

[23] http://www.army-technology.com/projects/advanced-hypersonic-weapon-ahw/.Accessed 2 Jan 2017.See also, Acton, J.M.: Hypersonic Boost-Glide Weapons.Sci.Glob.Secur.**23**（3）, 191-219

[24] http://www.darpa.mil/program/tactical-boost-glide.Accessed 2 May 2017

[25] Mizokami, K.: Lockheed to Build a Mach 20 Hypersonic Weapon System.21 Sept 2016.At http://www.popularmechanics.com/military/research/a22970/lockheed-hypersonic-weapon/.Accessed 27 Sept 2016

[26] Gustafson, M.: Hypersonic Air-Breathing Weapon Concept（HAWC）.At http://www.darpa.mil/program/hypersonic-air-breathing-weapon-concept.Accessed 14 Jan 2017

[27] https://www.govconwire.com/2016/11/darpa-picks-raytheon-for-175m-hypersonic-air-breathing-weapon-phase-ii-research-contract/.Accessed 4 Dec 2016

[28] Wall, M.: US Air Force Zooms Ahead on 2 New Hypersonic Weapons Plans.20 Aug 2018.https://www.space.com/41546-united-states-air-force-hypersonic-weapons.html.Accessed on 15 Sept 2018

[29] Sudakov, D.: Russia Successfully Tests its First-Ever Hypersonic Weapon, 28 Oct 2016.http://www.pravdareport.com/science/tech/28-10-2016/136013-hypersonic_weapon-0/.Accessed on 25 Sept 2018

[30] Russian Hypersonic Vehicle—More Dots Added to Project 4202.http://russianforces.org/blog/2014/08/russian_hypersonic_vehicle_m.shtml.Accessed on 25 Sept 2018

[31] http://www.nationalinterest.org/blog/the-buzz/breaking-russia-tests-new-hypersonic-cruise-missile-15527.Accessed 5 Feb 2017

[32] http://freebeacon.com/national-security/russia-tested-hypersonic-glide-vehicle-in-february/.Accessed on 3 Feb 2017

[33] http://tass.ru/armiya-i-opk/3217394.Accessed 10 May 2017

[34] http://nationalinterest.org/blog/the-buzz/russias-lethal-hypersonic-zircon-cruise-missile-enter-15909.Accessed 10 May 2017

[35] https://sputniknews.com/military/201506281023954331.Accessed 11 May 2017

[36] http://thediplomat.com/2016/10/russia-test-fires-nuclear-capable-hypersonic-glider-warhead/.Accessed 10 May 2017

[37] https://sputniknews.com/politics/201606111041185729-russia-hypersonic-glider/.Accessed 11 May 2017

[38] http://rbth.com/defence/2016/10/31/russia-successfully-tests-new-hypersonic-warhead_643865.Accessed on 10 May 2017

[39] Cordesman, A.H.: The PLA rocket force: evolving beyond the second artillery corps (SAC) and nuclear dimension, 13 Oct 2016.At https://www.csis.org/analysis/pla-rocket-force-evolving-beyond-second-artillery-corps-sac-and-nuclear-dimension.Accessed 25 Jan 2017

[40] Kazianis, H.J.: China's Carrier-Killer Missile.31 Oct 2013.At http://www.washingtontimes.com/news/2013/oct/31/kazianis-chinas-carrier-killer-missile/.Accessed 14 Jan 2017

[41] Lin, J., Singer, P.W.: Hypersonic Gliders, Scramjets, and Even Faster Things Coming to China's Military, 25 Aug 2014.At http://www.popsci.com/blog-network/eastern-arsenal/hypersonic-gliders-scramjets-and-even-faster-things-coming-chinas.Accessed 25 Jan 2017

[42] http://www.nextbigfuture.com/2016/05/chinese-hypersonic-weapons-development.html.Accessed 24 Jan 2017

[43] http://www.popsci.com/chinese-hypersonic-engine-wins-award-reshapes-speed-race.Accessed 23 Jan 2017

[44] http://carnegieendowment.org/2014/11/21/new-high-speed-arms-race and http://freebeacon.com/national-security/russia-tests-hypersonic-glide-vehicle/; see also, https://jamestown.org/program/updated-chinese-hypersonic-weapons-development/.Accessed 24 Jan 2017

[45] https://sputniknews.com/military/201808041066957109-china-waverider-test-video/ and Mollman, S.: China just tested a hypersonic weapon the US can't defend against, 07 Aug 2018.https://qz.com/1350327/

china-tested-a-hypersonic-weapon-the-us-cant-defend-against/.Accessed on 02 Sept 2018

[46] The Hindu, Chennai, 24 Sept 2011.Also see, http://www.indiandefencereview.com/spotlights/indias-multifunction-missile-for-credible-deterrent/; and https://www.quora.com/Military-Technology-Which-countries-have-developed-fully-functioning-Hypersonic-Missiles-What-is-the-ongoing-development-How-do-other-Hypersonic-missiles-fare-compared-to-Shaurya.Accessed 12 Jan 2017.See also, Roett, R., Westchester, G.P.: Latin America and the Asian Giants, The Brookings Institution, Westchester Publishing Services, Washington DC (2016)

[47] The Hindu, 16 July 2018

[48] Dunn, L.A.: Beyond the Cold War Nuclear Legacy: Offense-Defence and the Role of Nuclear Deterrence? IFRI Secur.Stud., Winter 2001.At https://www.ifri.org/sites/default/files/atoms/files/Prolif_Paper_Dunn.pdf. Accessed on 2 Sept 2018

[49] Cimbala, S.: Deterrence and friction: Implications for missile defence.Defence Secur Anal **18**(3), 202 (2002)

[50] Admiral Stansfield Turner, "The Dilemma of Nuclear Weapons In The Twenty-First Century", *Naval War College Review*, Spring 2001, Vol.LIV, No.2, p.16

[51] Payne, K.B.: Deterrence and US strategic force requirements after the Cold War.Comp.Strategy **11**(3), 269-282 (1992)

[52] Acton, J.M.: Technology, Doctrine and the Risk of Nuclear War.Carnegie Endowment for International Pace. At https://www.amacad.org/pdfs/James-Acton-Technology-Doctrine-and-the-Risk-of-Nuclear-War.pdf. Accessed 2 Jan 2017

[53] McGwire, M.: Dilemmas and Delusions of Deterrence.World Policy J.1(4), 745-767 (1984)

[54] Review and Evaluation of Air Force Hypersonic Technology Program, p.58.National Academics Press (1998) www.nap.edu/catalog/6195.htm.Accessed 12 Feb 2015

[55] Erwin, S.: U.S.Would Need a Mega-constellation to Counter China's Hypersonic Weapons, 08 Aug 2018. https://spacenews.com/u-s-would-need-a-mega-constellation-to-counter-chinas-hypersonic-weapons/. Accessed on 23 Aug 2018

[56] http://www.economist.com/news/technology-quarterly/21578522-hypersonic-weapons-building-vehicles-fly-five-times-speed-sound.Accessed 9 Feb 2017

第4章

新材料

4.1 引 言

材料一直是人类文明和社会进步的基本要素。各种材料对整个人类社会，尤其是国防机构产生了巨大影响。自古以来，人类的进步一直依赖于对可用材料的创新使用。被称为三个时代的考古学体系描述了社会的进步，它简洁地解释了这一现象。三个时代[1]是将人类史前史分为三个连续的时间段，分别以其各自的工具制造技术命名：

- 石器时代
- 青铜时代
- 铁器时代

这个体系是描述人类社会进步的应用结构。自史前以来，"材料"一直在塑造人类社会的进步中起着至关重要的作用，这一点很重要。钢铁时代也可能成为描绘人类社会从史前时代到现代时代体系的一部分。

数百年来，由于各种原因，人类一直在进行战争。战争的原因之一是获得对自然资源的控制权。据观察，国家的生存取决于对自然资源的持续获取和有效利用。从维持合理的人口到农业生产和工业发展，一切用水都是必不可少的。同样，粮食、矿藏、林业资源和石油储藏为国家发展提供了经济基础。因此，各种自然资源的重要意义使对它们的争夺变得更加政治化，引发公众争议，有时甚至导致州内或州间冲突[2]。①

---

① 作者曾与人合著了一本关于这一主题的书，题为《战略材料：印度的资源挑战》，五角大楼出版社，2014年。本章是根据本书中介绍的工作编写的。Springer Nature Singapore Pte Ltd.2019 A.Lele，《用于军事和安全的破坏性技术，智能创新，系统和技术》。

76

对自然资源的控制是过去引发战争的关键因素之一。一项对现代战争起因的研究指出，在 1878—1918 年间，20 场主要战争中有 14 场出于重大的经济原因，通常与资源冲突有关。工业的兴起导致了对原材料的争夺。也有类似太平洋战争的案例，这可以归因于智利希望在硝酸盐贸易中获得份额。他们为了控制鸟粪矿而与玻利维亚和秘鲁交战（太平洋战争，1879—1884）[3]。1990 年海湾战争是最好的例子。① 美国声称这场战争与他们的联盟主义是一致的。但所有这些从本质上表明，对资源的"管理"是一门困难的艺术，"管理不善"甚至可能导致战争。值得一提的是，特殊类型的资源不仅需要用于国家的社会经济发展，还能保证国家具备发动战争的潜力。为了开发和制造各种类型的军用五金件，需要以不同类型的天然材料为原料。

两次世界大战都证明了运输设施的重要性。武器与战争有明显的内在联系。无论是准备战争还是进行战争，矿物和金属的价值都是显而易见的。钢铁、铜、铅、锌、煤炭、石油、钨、亚铬酸盐、锰和各种其他金属、矿物质对军队有重要作用[4]。许多世纪以来世界的每一个角落都在争夺供应源。这使各国确保能在国内开发矿产资源，并有进口这些材料的途径，有固定的进口来源地。在 21 世纪，国家对战争的要求可能会随时间发生变化。但是，基本方向保持不变。技术的发展已成为各种技术的关键部分，战争战术的变化也导致对材料的依赖性增加。

了解和理解先进材料与国防军事相关性的一种方法是，确定这种材料可能有用的领域。广义地说，采用先进材料可以有两个目的：一是根据要求替代现有材料，二是确定此类材料的新应用领域。

如今，军队确实在进行物质需求计划。但是，这种计划主要是在国防工业和设备维修车间进行的，其目的是确保生产所需材料的供应。另外，各种国防研究与开发组织也在研究过程中使用不同类型的材料。一些组织甚至可能在为国防事业而努力开发新材料。同时，军队可能不了解非军事部门中材料的研究与开发。只要对民用领域的研究和创新有所了解，开发出的某些先进材料就可能在适当的时间用于军事防御。广义上，高级材料被定义为"对所有新材料和现有材料的修改，以在应用中强化一个或多个至关重要的特性"[5]。这些材料也可以表现出全新的特性。

---

① 卡特主义是美国总统在 1980 年 1 月 23 日发表的国情咨文中宣布的一项政策，声明美国将在必要时动用军事力量，以捍卫其在波斯湾地区的国家利益。这一理论是对苏联驻阿富汗部队对中东石油自由流动构成威胁的回应。

因此，本章对国外先进材料（有时称为新材料）领域的发展进行了假设，如其可在国防领域中的应用。

通常，国防工业所需的材料被称为战略材料。它们以自然形态存在于世界各地，不按政治界限划分。世界上很少有资源丰富的地区，从地球（或从海床、深海）中提取这些物质很困难，需要大量的财力和技术投资。在一段时间内，工业化国家在"管理"材料以满足其需求方面相对成功。但是，开发新材料的过程与之不同，这取决于新材料能否引发颠覆性创新。

本章不对任何材料科学进行详细分析。这种分析需要检查材料（在特定应用中）的性质和性能，然后将其与原子结构联系起来。目前的科学和技术发展水平无法制造出任何完美晶体，科学家正在研究如何弥补晶体材料中的缺陷。正在进行的各种研究活动涉及科学、工程和医学领域中先进材料的所有实验和理论方面，包括合成、制备、加工、光谱表征、物理性质鉴定，对各种无机和有机材料、金属、半导体、超导体、陶瓷、玻璃、铁电体、低钾和高钾电介质、溶胶-凝胶材料、液晶、生物材料、有机物和聚合物及其在电子、光学、光子学和生物器件中的应用[6]。

4.2　先进材料

多年来，在材料科学领域，先进材料一直引发争论和研究。一些全球性的研究实验室也在开发各种工业应用新材料，并试图找到它们在社会中的用途。微纳米技术领域也出现了各种突破，对材料科学中现代研究的方面产生了重大影响。从军事角度来看，人们正以极大兴趣研究新材料领域的各种发展，特别是为了替代现有材料。在某些情况下，新材料的开发取决于现有战略材料的供应。

先进材料工艺，如上所述，是指在分子和原子尺度上创造材料，以促进技术进步、开发更有效的产品、创造新的制造技术或改善人类的生活体验。人类总是需要更好的（在大多数情况下是成本效益高的）材料[7]。

根据其化学组成和原子结构，固体材料被方便地分为若干基本类别。虽然也有一些中间体表现出结构和性质组合后的特征，但大多数材料都属于一种独特的类别。工程材料的利用取决于化学结构和原子结构。此外，为确保使用最节能的材料，还需要考虑电气、热学、光学、机械和磁性等因素。除了这些基本类别之外，还有其他分类，如重要的工程材料被分为复合材料、半导体和生物材料。也有先进的材料用于高科技（high tech）。最近，一种被称为智能（或智能化）材料的最先进的材料已经与纳米工程材料一起被开发[8]。

　　根据工业用途和材料分类，固体主要分为三类：金属、陶瓷和聚合物。复合材料是上述三种基本类型中的两种或以上的组合。这些组合是有用的，因为它们通过调整某些特性和增加应用领域来提高材料的灵活性和范围。材料科学的焦点一直是使复合材料比传统材料更坚固、更轻或更耐用。除此之外，另一个分类是在高科技应用中使用先进材料，如半导体、生物材料、智能材料和纳米工程材料[9]。

　　技术的最新进展有赖于先进材料的进一步开发和应用。所有这些进步都依赖于由材料组成的设备、产品和系统。从广义上说，目前使用的材料包括纯元素形式，如铜、银、镍；合金和化合物的形式，如钢、黄铜；还有复合材料的形式，如玻璃纤维、木材。材料的选择取决于多个方面，但最重要的是形状的复杂性和材料的性能。这些性能反过来又与其微观结构有关。鉴于现有的材料太多，材料科学中最困难的任务之一是从已有的成千上万种材料中选择合适的材料[8]。

　　先进材料成为各种技术发展的重要组成部分。最近出现的创新技术类型包括各种先进材料和制造工艺。金属和合金、聚合物和复合材料、有机和有机金属材料、陶瓷和生物材料都被用来进一步改善医疗、能源、营养、电子、制造、自动化、信息管理和环境。必须指出的是，所有这些企业和机构都与国防军队直接或间接相关。先进的材料被设计成具有颠覆性的特性，但它们最终会与其他技术相结合，创造出具有变革性的产品。例如，计算机芯片需要将多种先进材料与设计工程、纳米级制造和信息管理结合，以制造常规的电子产品。

　　同样，塑料的使用是一个正在进行大量研究的领域。塑料一般分为两类：热塑性塑料或热固性塑料。如今进行的塑料回收研究更关注热塑性塑料。环氧树脂、酚醛树脂、聚酯和有机硅等热固性材料并没有发生太大变化，因为它们的结构复杂，不易回收。不过，目前正在探索几种方法来解决这一问题[10]。

　　此外，增材制造（3D 打印）也正在见证各种材料的重大研究试验。由于增材制造技术的发展，金属、陶瓷、复合材料和生物材料的打印应用正在不断增加。

　　材料科学的分支学科包括生物材料的研究、电子科学和计算机科学、电子和磁性材料、法医工程、玻璃科学、冶金等。上述讨论表明，针对材料科学的广阔范围及其各种主题和结构的复杂性进行全面研究，已经超出了这项工作的范围。还有许多领域尚未被探索，大量的研究正在这些领域同时进行。因此，本章的重点被缩小到更直接的关注点，即材料科学的应用进步。到目前为止，考虑到军队现代化的方式，军队的材料需求具有排他性。某些材料的各种独特特性直接影响作战平台和武器系统的性能。例如，能够提供隐形能力的材料可能是军方独有的。此外，鉴于其应用的敏感性和关键性，某些材料的开发和生产存在一定保密性。在这一背景下，以下段落着重介绍了一些先进、新型的战略材料，分享一些可能影响未来国防体系科学技术进步的成果。比如先进的、新的、战略性的材料将在下文中讨论。这些选题是在广泛的媒体、新闻和文献调查的基础上进行的。

4.3 重要战略物资缺乏

以下是对一些先进材料及其各种应用的初步调查和阐述。因为这种材料在国防领域很有用，所以它们也被称为战略材料。从军事角度来看，各种国防研究和生产机构使用的材料类型因其重点、产品和性质而异。这些材料有能力突破目前生产武器和武器运载平台的材料使用模式。

4.3.1 石墨烯

石墨烯被认为是比钢更坚固、比铜更好的导体。顾名思义，石墨烯是从生产铅笔用的石墨中提取出来的。像石墨一样，石墨烯完全由碳原子组成，1毫米的石墨含有大约300万层石墨烯。石墨是一种三维晶体排列，而石墨烯是一种只有一个原子厚度的二维晶体。石墨烯比铜导电性好。它的强度是钢的200倍，但比钢轻6倍。因其只吸收2%的光几乎完全透明。它不透气，甚至像氢或氦这样轻的气体也无法从中穿过，如果需要，可在其表面添加化学成分来改变它的性质。石墨烯的分离实验已给出充分的证明，相关科学家因此获得了2010年诺贝尔物理学奖。

石墨烯是一种透明的导体，它可以代替触摸屏中的铟电极。由于石墨烯很轻，可以将其集成到复合材料中，以消除闪电对飞机机身的影响。它也是防水的，非常适合用于储氢罐。ICT行业面临的主要挑战是如何在现有CMOS的限制之外，寻找信息处理和存储的替代方案。有迹象表明石墨烯是"超越CMOS"元件的主要候选材料，尽管石墨烯具有革命性的性质，但它是传统CMOS技术的补充。如今，对其进一步研究和试验正在进行中，以在电子、能源、健康和建筑等工业部门中得到应用。通常，一种新材料从学术实验到生产应用需要大约40年。然而，石墨烯在10年内，已经从实验室走进了工业试验室，现在也有了试验产品。根据Badische Anili und Soda Fabrik（巴斯夫公司）发表的报告，石墨烯市场在2015年间可能达到15亿美元，2025年将达到75亿美元[11]。重要的是石墨的现状，因为石墨烯的原料就是石墨。在印度，材料科学还没有将石墨当作一种战略材料。然而，石墨被美国和欧盟称为"供应关键矿物"和"战略矿物"。与其他各种材料一样，中国对全球石墨供应控制得很紧，控制着 70% 以上的石墨供应。

过去，我国曾通过配额限制石墨出口，导致石墨价格上涨。此外，出于环境方面的考虑，我国最近下令对国内两个最大的石墨产区进一步开采石墨实施限制[12]。这种供应短缺带来了机遇，为其他国家大举进入我国市场敞开了大门。

石墨烯面临的主要挑战是处理其高度易燃性的问题。实际上，燃烧的波动性限制了它大规模商业化的能力。为克服这一问题，研究人员开发了一种方法，旨在将氧化石墨烯转化为不易燃的纸质石墨烯薄膜，这种薄膜对于大规模生产来说是安全的[13]。

石墨烯拥有多个使用行业，如航空航天、汽车、能源、涂料、医药、电子、3D 打印、化工等。电子行业需求的膨胀可能会推动石墨烯市场的增长。石墨烯由于其特性，成为传统硅基器件经济高效的替代品。它还具有能量收集特性[14]。

虽然需要进一步的测试来确定这种材料的有效应用范围，但各种已被观察到的特性证明其发展前景良好。近年来，石墨价格已经开始大幅上涨。任何与石墨烯相关的重大技术突破都将给石墨定价政策带来更大压力。因此，重要的是确保石墨业务不被操纵和联盟化。

4.3.2 硅烯

硅烯是一种化合物，是硅树脂的同素异形体，具有类似石墨烯的性质。硅和碳具有相似的结构形式，因此，硅烯和石墨烯的二维结构被认为非常相似。硅烯与石墨烯在稳定性、原子结构、电子性能和器件工艺等方面都不同。自 2009 年以来，石墨烯的这种类似物引起了越来越多的关注。与石墨烯相比，硅烯具有如下优点：①具有更强的自旋轨道耦合作用，可在实验可及温度下实现量子自旋霍尔效应；②能隙的稳定性更好，这对于在室温下工作的有效场效应晶体管（FET）是必要的；③更易谷极化且更适合谷电子学研究[15]。然而，它也相对不稳定，目前的探索正在研究如何将它与石墨烯一起使用。由于技术进步缓慢，再加上基础潜力带来的无限机会，目前的研究沿着无法逾越的悬崖前进。自 2012 年以来，已经进行了几项实验，以检验在其他衬底上合成硅烯的可能性。矽烯和锗烯等二维材料兴起的原因是空位和显著带隙的形成，这有助于它们从半金属过渡到半导体。石墨烯主要呈现出类似金属的特性。一些理论研究集中在硅烯和锗烯的空位结构、能量学和输运[16]。郭等人系统地研究了硅中单空位和双空位的迁移行为[17]。硅烯与体硅的同素异形亲和力，以及与石墨烯或其他二维半导体相比的低温合成，表明硅与无处不在的半导体技术能更直接地结合在一起[18]。然而，与石墨烯或其他二维半导体相比，硅烯更可取的是它的低温合成，它能与半导体技术更直接地集成[18]。尽管最近在硅的外延合成及其电子性质的研究取得了进展，但由于其空气稳定性问题，迄今为止还没有关于实验性硅烯器件的报告[18]。

4.3.3 锗烷

虽然石墨烯被工业专家认为是未来的电子材料，但硅和锗是现有的材料。重要的是，60年的努力已经被投入到开发相关技术中去，用它们来制造芯片。因此，目前的研究是利用现有技术，找出具有优越性能的硅和锗的独特形式，并以较低成本获得新材料的好处。根据理论计算，电子通过锗烷的速度是通过硅的10倍，是通过传统锗的5倍。这种速度测量称为电子迁移率。由于其高移动性，锗烷有望在大功率计算机芯片中承载更大的负载[19]。

研究人员已经报道了第一个用这种材料制造的场效应晶体管，强调了它电子和光电性潜能[20]。实验室里的科学家①已经成功地将锗沉积在原子薄层上，其性能几乎比硅提高了10倍，因此它比石墨烯等下一代材料更容易制造，可以用于下一代快速紧凑的计算芯片。它也可以用于制造节能处理器，并且对其大规模生产比现有的芯片便宜。也有人称这种材料适用于光学，可用于制造下一代光电子器件和先进的传感器。除了以锗为基料而非碳类石墨烯外，这两种材料之间最大的区别在于，锗烷常规半导体制造设备生产上更具潜力。

4.3.4 磷烯

磷烯是一种从磷中获得的单层或多层半导体材料，由于其可塑性的适用性，近年来成为一种受到国际关注的材料。磷烯作为一种材料具有独特的性质，这使它在晶体管、电池和光电等应用中非常有用[23]。从2014年首次制造，出现了对磷烯的大量研究。其价值源于磷光体的独特性质，例如其"皱褶层结构"。"磷烯具有广泛可调的带隙、强的面内各向异性和高载流子迁移率，是从电子、光电和自旋电子器件到传感器、致动器和热电器件，再到能量转换和存储设备的众多基础研究和应用的中心"。[24]磷烯是磷的四种同素异形体之一。一个多世纪前，布里奇曼首次发现了它[25]。像石墨和它的层状对应物一

---

① 哥伦布州立大学的研究人员。科林·约翰逊[21]。

样，磷烯也属于"范德瓦尔斯材料"的范畴。然而，磷烯与石墨烯的区别在于，它不像石墨烯那样形成平层。相反，它们形成了皱褶的蜂窝结构层，以微弱的范德华力结合在一起。由于其独特的拓扑结构和扶手椅（AM）和 Z 字形（ZZ）方向的差异，磷烯表现出强烈的面内各向异性，在这两个主要方面上的性质截然不同。各向异性强烈地反映了，在有效质量中，与 AM 方向相比，ZZ 方向上的空穴有效质量增加了 8 倍[27]。与各种磷同素异形体相比，黑磷在环境压力下具有最稳定的晶体结构。但高水平的反应性导致的环境退化仍是一个主要的问题[28]。

4.3.5 锑烯

石墨烯的成功及其广泛适用性激发了人们对全新的 2D 材料家族的研究。"石墨烯是一种零间隙的半金属，限制了它在电气技术中的使用"[29]。黑色磷——磷的同素异形体在 0.1~1eV 范围内存在能隙（在某些光电应用中被首选）；但是，它显示出很高的反应活性，并且与水接触后会降解。在元素周期表的氮族中还有一种元素锑。锑烯[30]是具有二维结构的锑的同素异形体，类似于石墨烯。这个名字是锑和石墨烯的结合，其命名的灵感来源于二者结构上的相似性。锑本身是具有四种同素异形体的准金属[31]，是一种由元素形式产生的生物多维晶体，由于其潜在的应用多样性，近来引起了科学界的关注。使锑与其他 2D 晶体不同的原因是"强自旋轨道耦合及其性能从单层到多层系统的急剧发展"[32]。理论计算指向适用于光电应用的结构带隙。实验证明，单层或少数层的锑片在折叠纳米操作中显示出机械稳定性，不会降解黑磷[33]。其独特的结构和化学特性使其成为一种非常有趣的元素，可用于光电子和热电子应用。迄今为止的研究表明，分离的带扣锑烯具有稳定的几何构型。分子轨道图揭示，由局部 σ 键和孤对组成的 HOMO 在占据轨道状态下相对移动。双层锑锭具有金属行为，在准 2D 层之间散布了大量电荷[34]。

4.3.6 锡烯

锡（来源于拉丁词根 stannum，这也使其元素化学符号为 Sn）是石墨烯的最新近亲[35]。三十多年来，科学家一直在努力开发室温超导体材料，这种材料能以零电阻的方式传导电子，而且不需要繁琐的、耗能的超级冷却。现在，研究人员预测，一种叫做锡烯的新材料（锡的拉丁语单词 tin 和单词 graphene 中的后缀的组合）由一个原子厚的锡片组成，它可以起到室温超导体的作用，用于生产更快、更高效的微芯片。

这种新材料引起了许多人的期待。斯坦烯是由美国能源部（DOE）的SLAC国家加速器实验室和斯坦福大学的研究人员发现的，它将取代现代计算机芯片中的铜线，彻底改变计算机技术。它可以提高计算机运行速度，降低未来几代计算机芯片的功耗需求。如果科学家目前的假设被正在进行的试验证实，那么这种材料可能会改变信息通信技术的面貌[36]。这种材料在高速光电器件中也可能被应用[37]。然而，除了应用的可能性外，从锡烯转化为最终可用产品之间存在着许多技术障碍。要测试这种材料的适用性参数并证明它的实际价值，还需要几年的研究。

4.3.7　超材料

超材料是奇异的复合材料，其表现出的特性优于天然材料的可用特性。与在化学水平上构造材料（即规范）的过程相反，这些材料是在宏观水平上用两种或更多种材料构造的。它们的定性特征之一是电磁响应，该电磁响应是通过将两种或多种不同材料以指定方式组合而引发的。这种响应扩展了电磁模式的范围，因为它们在自然界中不存在。尽管没有对"超材料"进行探索，但科学家已经对超材料的应用进行了60多年的探究，其研究可以追溯到20世纪40年代。

超材料被定义为具有人造三维周期性细胞结构的宏观复合材料，旨在产生对特定目标有两个或更多响应的优化组合（自然界中不存在）（Rodger M.Walser，得克萨斯大学奥斯汀分校，1999年）。随后，金属材料的概念进一步发展，现在被认为是一类新型的有序复合材料，表现出自然材料缺少的优异性能。虽然超材料最初的定义包含更多的材料特性，但随后的大多数科学活动都集中在它们的电磁特性上。

研究人员目前正在探索如何更好使用这种人工类型物质。超材料中元素的组合（而非元素本身）决定了材料的特性。研究人员发现，通过按某种方式组合某些材料（例如以某些图案和形状排列的金和铜）可以将这些材料的特性结合起来。换句话说，与自然物质不同，超材料的特性取决于形成其组成材料的特性，以及将这些材料组合的方式。当前学界正在对非常规的高级振动新型材料进行研究和设计。这些材料通常被称为机械超材料[38]。

自2000年年初以来，人们已经进行了使该技术商业化的尝试。当前，已经使用超材料构建了卫星天线，并且该技术为卫星通信行业的新市场打开了大门，也迎来了移动性的新时代。该技术将给出传统卫星天线无法实现的新通信方式。尽管没有科学家讨论使用这种材料使整个飞机或战车（理论上）不可见的可能性[39]。但是，根据目前的预测，它可能会很快超越卫星通信行业，其中超材料的应用获益最大。

4.3.8　二硫化钼（MoS$_2$）[40]

自 2004 年石墨烯的液相单层分离以来，石墨烯研究的迅猛发展推动了对二硫化钼（MoS$_2$）等替代二维材料的探索，二硫化钼（MoS$_2$）具有独特的物理化学性质，可用于各种用途，从尖端电子设备到纳米医学[41]。这是一种新型的二维半导体，在电子和光电器件中可能被应用[42]。MoS$_2$ 是一种无机化合物，是一种银黑色固体，作为钼的主要矿石——辉钼矿出现，相对不活跃[43]。这种材料目前在工业中使用，也被发现在 3D 打印技术中很有用。钼是由两种硫原子组成的。科学家一直在对其进行研究和实验，以提高其性能，因为它本身能提供石墨烯的优点，制造电子材料，如晶体管（它在待机状态下的能耗也比传统硅材料低 10 万倍）、整流器[44]。除了电子产品，这种材料也可以用于生产润滑油，因为它的低摩擦系数（低至 0.02）提供了更多的剪切强度。它还可以用来制造各种催化剂和化学品，比以前的催化剂和化学品的效率要高得多。

4.3.9　新型太阳能电池

太阳能电池是当前最"突出"的研究领域之一。有人认为，由于环境原因，有必要立即使用绿色能源生产。近年来，对绿色高效技术的需求激增。太阳能发电是主要选择，其原因显而易见。目前，全球正在酝酿各种研究思路，以使太阳能电池更高效。一些研究人员① 已经开发出了由含有铟、镓和氮的合金制成的半导体[45]。这项技术可以"将近红外到远紫外的全光谱阳光转换成电流"[46]。在这种特殊情况下，投入使用的战略性矿物是铟。从这个案例可以得出一个广泛的结论，即战略材料也可能与绿色技术相关。

半透明太阳能电池可以高效发电并引起广泛关注，并在未来的集成光伏、可穿戴电子设备、光伏汽车等领域显示出良好的应用前景。这种器件可以通过在新一代低成本太阳能电池包括有机太阳能电池（OSC）、染料敏化太阳能电池（DSC）和有机金属卤化物钙钛矿太阳能电池（PSC）中加入透明电极来实现[47]。

4.3.10　形状记忆合金[48]

顾名思义，这些金属能记住它们的形状。每种金属中的原子以一种称为相的特定模式排列。排列方式的任何变化都被称为相变，它会导致金属形状的改变。一般来说，金属不具有快速相变的倾向；然而，形状记忆材料的快速相变是

---

① 伯克利大学材料与材料研究所的研究人员。

可能的，这取决于这些材料所处的环境。与现有金属不同的是，其在加热或冷却时能改变数万次形状，而不会改变其原有性能。当金属处于初始阶段时，原子以一种称为"单斜排列"或"马氏体"的特殊排列方式组织起来。当金属被加热时，原子以柱状的形态运动，这种状态被称为"奥氏体"，彼此间无缝切换。为此，它们被称为"形状记忆"金属[49]。

它们对形状的记忆能力和恢复原貌的能力，使其成为未来战略产业的潜在材料，可以应用到很多地方，从电子、汽车、航空航天、生物医学、航天飞行器到喷气发动机等。例如，目前，马氏体金属是由镍和钛的合金混合物（也称为"镍钛合金"）制成的。由于其显著的机械和电学性能，可用于制造执行器。一根0.02英寸的镍钛合金丝能够吊起16磅的重物，并可承受50000磅/平方英寸的恢复压力。当电流通过这根电线时，内部会产生热量导致相变[50]。相关资料表明，它可以用于太空应用，如太阳能电池板和火星探测器的挡风玻璃雨刮器。在火星探测器中，太阳能电池板可以用该金属制作，电池板被电加热会移动，使电池板的表面积达到最大[51]。这类合金在汽车、机器人、航空航天和生物医学等领域都有应用。到目前为止，波音公司已成功地将这种材料以"V型"①的形式部署在其梦想客机787上，以减少机场噪音。此外，它在医学上被用作支撑血管和关节的超弹性支架[52]。有可能将这些材料与锌、金和铜的混合物合金化，通过增强其伸缩特性，这种金属可转化为"活性材料"。在进一步的研究中，这类材料应用潜力巨大。

4.3.11 自愈性人工材料

受自然和生物系统的启发，自愈材料能够在任何磨损情况下自行愈合（修复或恢复）的材料。其通过重新形成断裂分子键自愈，恢复在受损前的机械性能。一些自愈材料的制作需加入催化剂，或加入有助于愈合过程的外部介质，使其在大多数情况下都能起作用[53]。

基本材料类别包括塑料、金属、陶瓷、混凝土和聚合物。斯坦福大学化学工程系发明了一种自愈的人造材料，这种材料对压力很敏感，是塑料和镍纳米粒子的混合物[54]。当塑料诱导长纤维链通过氢键熔合在一起时，镍增加了其机械强度并诱发压敏属性，当这种材料被分割成片后，还可以重新压在一起进行重塑。这种材料可以在几秒钟内恢复到原来强度的75%，30分钟内可以恢复到100%，这种材料在未来会有巨大的优势。它可以用于假肢电子产品的涂层和许

---

① V形是一些喷气发动机喷嘴后缘的锯齿状图案，用于降噪。来自发动机芯部的热空气与通过发动机风扇吹入的较冷空气混合，成形边缘有助于平滑混合，从而减少噪音产生的湍流。

多国防设备。

已知第一种自修复材料是在 2001 年左右被制造的聚合物（由长的重复分子制成的塑料），它含有一种嵌入的内部黏合剂。此后，各种其他的自愈材料被试验和开发出来。自愈材料主要有四种：嵌入式愈合剂、微血管材料、形状记忆材料和可逆聚合物。

这种材料的潜力尚待开发；然而，可预见的现实是，这种材料将彻底改变未来的材料科学。自愈材料可能有各种各样的应用，从修复自身裂缝的桥梁和建筑物，到由形状记忆聚合物制成的汽车挡泥板，以使其在低速碰撞后自动弯曲成形。前一种自愈材料的应用可以是油漆和涂料，它们能更好地经受天气变化和各种表面磨损。更先进的自修复材料应用可以包括管道的自修复密封件和垫圈[55]。科学家确实设想过可以自我修复的人体替换部件。不过，实现的过程需要时间。

4.3.12 BAM（硼、铝和镁"陶瓷"合金）[56]

BAM 通常是一种陶瓷合金，由硼、铝和镁（$AlMgB_{14}$）以及硼化钛（TiB_2）组成。1999 年，美国能源部艾姆斯实验室（Ames Laboratory）在爱荷华州偶然发现了这种物质，当时高效电物质的研究刚刚起步。BAM 比钻石还坚硬，是迄今为止已知的最坚硬的材料之一。金刚石具有简单、规则、对称的晶体结构，而BAM 的晶体结构复杂，对称性差，原子少。

BAM 的自润滑性能优于聚四氟乙烯。研究人员认为，它的自润滑特性将极大地帮助切割金刚石的刀具进行作业。由于其硬度和自润滑特性，它可用于制造高效切削工具、机器中的移动部件、齿轮等，因为它将通过减少摩擦来提高能源效率和使用寿命[57]。BAM 的摩擦系数约为 0.02，可用于制造发动机壳体。BAM+ 硼化钛还可以作为泵叶片的涂层，降低能耗，提高效率。这种材料也有可能被用于医学植入物，如人工膝关节和髋关节置换术。这种材料在航空航天和国防领域也有应用潜力，主要是在步枪枪管、装甲刀片、喷嘴和弹药等领域[58]。

4.3.13 气凝胶

气凝胶①是一个术语，它包含了自 20 世纪 60 年代以来用于太空旅行的

---

① 对于这个部分，作者还访问了 https://www.wired.com/2007/08/aerogel-armor/ 以及 https://www.businessinsider.in/This-cloud-like-futuristic-material-has-been-skilling-its-way-into-your-life-since-1931/articleshow/48560390.cms 以及 http://illumin.usc.edu/126aerogel-the-insulative-freezed-smoke/ 以及 https://www.azom.com/article.aspx?ArticleID=6499 和 https://www.sciencealert.com/you-can-now-3d-print-one-of-world-s-lightest-materials-aerogel，于 2018 年 2 月 20 日访问。

一组特定材料。它们的结构类似于多孔的固体泡沫，在整个结构中具有高连通性，通常被称为冰冻烟雾。气凝胶最著名和最有用的物理特性之一是其难以置信的轻盈度，其密度通常在 0.0011~0.5g·cm^{-3} 之间，典型平均值约为 0.020g·cm^{-3}[59]。有两种主要的气凝胶，石墨烯气凝胶被称为气动石墨和硅气凝胶。虽然硅气凝胶是最常用的研究和使用样本，但科学进步已使 3D 打印航空石墨也成为可能。人们对这种材料感兴趣的原因是，仅 1 份气凝胶就可以支撑自身 900 倍的重量[60]。由于气凝胶的组成成分中几乎 99.8% 是空气，所以它不是热能的良导体，并且它对红外线几乎完全不透明。由于这些特性，科学家相信用气凝胶在极端气候条件下建造节能建筑将非常有用[61]。到目前为止，气凝胶已经被用于对火星探测器的绝缘处理，制造出轻质纤维和复合材料、抗反射涂层以及防弹装甲。对其的使用已经渗透到各个行业，而不仅仅是科学领域的使用。对于未来如何创新地使用它们，人们有着巨大的期望。考虑到最近能够 3D 打印航空石墨的现象，对这种材料的研究才刚刚开始，还有大量的东西有待探索。

4.3.14 凯夫拉

杜邦公司在 1965 年发现了凯夫拉①。此前，研究者只知道其原子间的化学键非常强，但无法将这些分子排列成大的结构（相对于分子的大小）来利用这种强度。凯夫拉（Kevlar）是一种通过聚合过程制成的合成塑料。聚合是指连接成长链分子。凯夫拉有多种用途，这是因为它的化学组成方式，及其纤维的编织方式。工业上使用的主要是 Kevlar 和 49 Kevlar。在结构上，它与另一种叫做诺美克斯的材料非常相似。这两种材料都是合成芳香族聚酰胺或简称芳纶的样本[62]。凯夫拉的抗拉强度是钢丝的 8 倍。目前，Kevlar 在工业中的用途多种多样。特别是在国防部门，它用于造船、飞机零件、防弹背心、防弹衣、

---

① 在这一部分，也提到了这些网站 http://www.explainthatsuff.com/kevlar.html 以及 https://www.scienceabc.com/innovation/what-is-kevlar-material-clothing-why-kevlar-armar-vests-bulletproof.html 以及 https://www.safeguardarmor.com/uk/articles/kevlar-uses/ 和 https://www.scientificsamerican.com/article/what-makes-kevlar-so-stro/ 以及 http://pubs.rsc.org/en/Content/ArticleLanding/2017/SM/c7sm00095b#!divAbstract 和 https://www.sciencedaily.com/releases/2017/11/171115155628.htm 以及 http://web.mit.edu/，访问时间为 2017 年 12 月 20 日至 27 日 https://www.chemistryworld.com/news/nanotubes-make-kevlar-armor-smarter/3007057。条款和 http://pubs.rsc.org/en/Content/ArticleLanding/2014/TC/C4TC00903G#!divAbstract；对于本节，网站在 2017 年 12 月 18 日至 24 日访问。

消防服等。凯夫拉能防弹是因其纤维的抗拉强度降低了子弹的速度，消耗其动能，使其失效。通过进一步的科学实验，中国科学家找到了一种方法，即通过连接碳纳米管和冲击响应聚合物来制造智能版的凯夫拉，使这种材料用途更广泛。用这种材料制成的防弹衣可以感知撞击的力量和位置，并能检测到它何时受到撞击[63]。最近的研究也促进了水凝胶的发明，这种水凝胶模仿了凯夫拉的特性。它被称 Kevlartilege，是以水凝胶为基础，将水加入到一个长而灵活的分子网络中而制成[64]。从目前工业上最常用的材料之一，到研究最多的材料之一，对凯夫拉的研究已经非常之多，至少可以说，它未来的应用前景也非常广阔。

4.3.15 多金属结核

多金属结核[①]是铁锰氧化物矿床，呈土豆状，表面多孔，颜色为黑色土黄色，直径范围为 2~10 厘米[65]。它们于 19 世纪末在北极的卡拉海［西伯利亚附近的海洋（1868 年）］被发现。在 HMS 挑战者号（1872—1976 年）的科学考察期间，研究人员发现它们存在于世界上大多数海洋中[66]。这些结核在海底 4~5 千米处发现，基本上是锰和氢氧化铁的同心层。这就是为什么它们被称为锰结核。据悉，这些结核要花几百万年才能形成一毫米。从战略角度来看，这些结核之所以重要，是因为它们对大多数国防工业都非常有用。大多数结核由 29% 的锰、6% 的铁、5% 的硅、3% 的铝和 1% 的镍等组成。这些结核是通过氢化过程、成岩过程或两者的复杂混合物反应形成的。在此过程中，金属以水柱状附到合适的核上。其在成岩过程中，通过固定作用，通过下层沉积物的孔隙供应物质。为了获取这些深海资源，在进行连续线斗（CLB）系统和水力采矿系统的试验中已经出现了几种创新的采矿技术。此外，还形成了其他组合，即多金属硫化物和富钴铁锰结壳[67]。深海世界还没有被开发，但它确实蕴藏着丰富的矿产资源，只要技术进步，这些资源就可以被开发利用。然而，这种开采的生态问题仍有待观

---

① 本部分还访问了这些网站，网址为 https://www.isa.org.jm/files/documents/EN/Brochures/ENG7.pdf 和 http://www.nio.org/?option=com_projectdisplay&task=view&tid=2&sid=15&pid=15 和 india-and-international-seabed-authority-for-exploration-of-polymetalli-nodules-contract-extended 和 http://www.moes.gov.in/programmes/polymetallic-nodules-programme-pmnhttps://qz.com/1024852/to-counter-chinas-rise-in-the-indian-ocean-india-must-dive-deeper/ 和 http://www.moes.gov.in/programmes/polymetallic-nodules-programme-pmn 和 http://ologic.panda.org/2014/07/25/whats-happening-polymetallic-nodules/；在 2017 年 12 月 20 日至 30 日访问了这些来源。

察和分析，环保人士对深海基地的稳定性、地理构造和对海洋生物的影响表示关切。尽管如此，印度政府在这个方向上迈出了重要的第一步，决定从其南端以75000平方千米的半径开始探索。为此，从印度地质调查局那里获得了深海勘探船"萨穆德拉·拉特纳卡尔"号。并且使用现有几种工艺可以从这些结核中提取关键矿物，例如铜矿工艺、硫酸浸出和冶炼。

4.4 结 论

由于全球矿物（材料）储量有限，及快速和随意的工业化进程，这些矿藏被过度使用，如今世界上不同矿物的脆弱程度各不相同。此外，少数国家对此类材料的垄断供应也使情况复杂化，并严重影响全球需求和供应政策。这些都让各区域通过选择替代品、回收材料和寻找创新解决方案来调节需求，以减少对特定矿物的依赖。如果以上所讨论的材料能成为现有材料有效发展和性价比高的选择，这些都可能发生重大变革。对于军队和国防工业来说，严重依赖外部机构（战略）材料是不利的，他们可能在自己的国家内推动创新。对于各种军用平台和武器系统的生产，材料的强度和重量非常关键。具有这些特性的新材料将给国防工业带来重大颠覆。

 参考文献

［1］Princeton University—Home.: Three-Age System.Accessed 2 Sept 2013.http：//www.princeton.edu/~achaney/tmve/wiki100k/docs/Three-age_system.html

［2］Hamilton，A.: Resource wars and the politics of abundance and scarcity.Dialogue **1**（3），27-38（2003）

［3］Acemoglu，D.，et al.: A dynamic theory of resource wars.Quart.J.Econ.（Oxford University Press）**127**（1），283-331（2012）

［4］Foster Bain，H.: World mineral production and control.Foreign Aff.**11**（4），706-710（1933）

［5］https://www.novapublishers.com/catalog/product_info.php?p-roducts_id=5951.Accessed 15 Nov 2017

［6］http://www.aspbs.com/sam/.Accessed 1 Jan 2014

［7］https://www.scitechfestival.org/mained_hs_resAdvMatl.asp.Accessed 15 Nov 2017

［8］Kakani，S.L.: Engineering Materials，pp.1-10.New Age International Publisher，Faridabad（2014）

［9］Mobasher Azmi，M.D.: Classification of Materials，Materials Science & Engineering.http：//mseru.blogspot.in/2010/06/classification-of-materials.html.Accessed 15 Nov 2017 and 2017; Tiwari，A.，Alenezi，M.R.，

Jun，S.C.（eds）.: Advanced Composite Materials.Scrivener Publishing LLC，Massachusetts，p.xv（2016）

[10] Seegopaul，P.: Advanced Materials Impact on 2015 Top Emerging Technologies，19 Mar 2015.https://www.pangaeaventures.com/blog/advanced-materials-impact-on-2015-top-emerging-technologies.Accessed 12 Nov 2017

[11] Graphene—The New Wonder Material，22 Nov 2013.http://www.theguardian.com/science/2013/nov/26/graphene-molecule-potential-wonder-material; Graphene: Wonder Material for Electronics，Computers and Beyond，15 Nov 2013.http://phys.org/print303720717.html; Graphene: 'Miracle Material' Will Be in Your Home Sooner Than You Think.http://cacm.acm.org/opinion/interviews/168536-graphene-miracle-material-will-be-in-your-home-sooner-than-you-think/fulltext.Accessed 28 Dec 2013; Novoselov，K.S.，et al.: A roadmap for graphene.Nature **490**，192–200（11 October 2012）

[12] Graphene，An Advanced Strategic High Tech Material.http://www.globalresearch.ca/graphene-an-advanced-strategic-rare-earth-material/5341866.Accessed 20 Dec 2013

[13] Graphene in 2017: Weekly Research Update，18 Apr，2017.https://www.azonano.com/article.aspx?ArticleID=4468.Accessed 21 Nov 2017

[14] Graphene Market—Global Industry Insights，Trends，Outlook，and Opportunity Analysis，2018–2026，July 2018.https://www.coherentmarketinsights.com/ongoing-insight/graphene-market-275.Accessed 19 July 2018

[15] https://www.sciencedirect.com/science/article/pii/S0079642516300068&grqid=4YjyVoOR&hl=en-IN.Accessed 27 Nov 2017

[16] http://aip.scitation.org/doi/full/10.1063/1.4980836.Accessed 23 Oct 2017

[17] https://doi.org/10.1039/c3nr02826g.Accessed 20 Nov 2017，Accessed 27 Nov 2017

[18] https://www.nature.com/articles/nnano.2014.325.Accessed 27 Nov 2017

[19] Germanane May Replace Silicon for Lighter，Faster Electronics，12 Apr 2013.http://www.kurzweilai.net/germanane-may-replace-silicon-for-lighter-faster-electronics.Accessed 15 Nov 2017

[20] Flash Nano: Germanane FET Shows Real Promise for Optoelectronics，13 Feb 2017.http:// nanotechweb.org/cws/article/tech/67839.Accessed 20 Nov 2017

[21] Colin Johnson，R.: Germanane Beats Grapheme，4 Oct 2013.http://www.eetimes.com/document.asp?doc_id=1263163.Accessed 7 Jan 2014

[22] Castellanos-Gomez，A.，et al.: Isolation and characterization of few-layer black phosphorus.2D Mat **1**（2014）.https://arxiv.org/ftp/arxiv/papers/1401/1401.4133.pdf and https://arxiv.org/ftp/arxiv/papers/1507/1507.00703.pdf.Accessed 12–23 Jan 2018

[23] http://onlinelibrary.wiley.com/doi/10.1002/adma.201602254/full.Accessed 17 Apr 2017

[24] https://www.nature.com/articles/s41699-017-0007-5.Accessed 24 Apr 2017

［25］Bridgman，P.W.: Two new modifications of phosphorus.J.Am.Chem.Soc.**36**，1344–1363（1914）

［26］Castellanos–Gomez，A.，et al.: Isolation and characterization of few-layer black phosphorus.2D Mat.**1**（2014）. https：//doi.org/10.1088/2053–1583/1/2/025001

［27］https：//www.nature.com/articles/s41699–017–0007–5.Accessed 2 Dec 2017

［28］https：//arxiv.org/ftp/arxiv/papers/1507/1507.00703.pdf.Accessed 10 Dec 2017

［29］https：//arxiv.org/ftp/arxiv/papers/1608/1608.06859.pdf.Accessed 23 Dec 2017

［30］http：//www.3rd1000.com/elements/Antimony.htm and https：//www.ncbi.nlm.nih.gov/pubmed/29076558 and http：//onlinelibrary.wiley.com/doi/10.1002/adma.201605299/full and http：//pubs.acs.org/doi/abs/10.1021/acs. nanolett.7b02111 and http：//www.ias.ac.in/article/fulltext/pram/089/01/0009 and http：//repository.kaust.edu. sa/kaust/bitstream/10754/626090/1/PhysRevApplied.8.044013.pdf and http：//pubs.acs.org/doi/abs/10.1021/ acs.nanolett.7b02111 and http：//pubs.acs.org/doi/abs/10.1021/acs.nanolett.7b02111.Accessed 2，3 Nov 2017

［31］http：//www.3rd1000.com/elements/Antimony.htm.Accessed 2，3 Nov 2017

［32］https：//www.ncbi.nlm.nih.gov/pubmed/29076558.Accessed 2 Nov 2017

［33］https：//arxiv.org/ftp/arxiv/papers/1608/1608.06859.pdf.Accessed 12 Nov 2017

［34］http：//www.ias.ac.in/article/fulltext/pram/089/01/0009.Accessed 3 Jan 2016

［35］Cesare，C.: Physicists Announce Graphene's Latest Cousin: Stanine，07 Aug 2015.https：//www.nature. com/news/physicists–announce–graphene–s–latest–cousin–stanene–1.18113.Accessed 20 Dec 2016

［36］Choi，C.Q.: Could Atomically Thin Tin Transform Electronics？4 Dec 2013.http：//www.scientificamerican. com/article.cfm?id=could–atomically–thin–tin–transform–electronics；Vincent，J.: New Wonder Material 'Stanene' Could Replace Graphene with 100% Electrical Conductivity，27 Nov 2013.http：//www. independent.co.uk/news/science/new–wonder–material–stanene–could–replace–graphene–with–100– electrical–conductivity–8967573.html.Accessed 2 Jan 2014

［37］Xiong，W.，et al.: Band Engineering of the MoS_2/stanine heterostructure: strain and electrostatic gating. Nanotechnology **28**（19）（2017）

［38］Advances in Mechanical Metamaterials.https：//www.frontiersin.org/research–topics/5028/advances–in– mechanical–metamaterials.Accessed 1 Nov 2017

［39］http：//phys.org/tags/metamaterials/；Clark，J.: Is the Army Testing An Invisible Tank？http：//www. howstuffworks.com/invisible–tank1.htm and http：//www.satmagazine.com/story.php?number=5592572. Accessed 2 Jan 2014

［40］Phys.org.New Transistors: An Alternative to Silicon and Better Than Graphene.http：//phys.org/news/2011– 01–transistors–alternative–silicon–graphene.html.Accessed 5 Jan 2014

［41］Moore1，C.，et al.: Industrial grade 2D molybdenum disulphide（MoS_2）: an in vitro exploration of the impact on cellular uptake，cytotoxity，and inflammation.2D Mat.**4**（2）（2017）

[42] http://www.nature.com/ncomms/2013/131023/ncomms3642/full/ncomms3642.html.Accessed 7 Jan 2014

[43] Sebenik, R.F., et al.: Molybdenum and molybdenum compounds.In: Ullmann's Encyclopedia of Chemical Technology.Wiley–VCH, Weinheim (2005)

[44] CLIMAX MOLYBDENUM.: http://pubs.acs.org/doi/pdf/10.1021/i650563a721.Accessed 5 Jan 2014

[45] Industrial Innovations.: New Materials: Industrial Innovations.http://industrial–innov.lbl.gov/II–materials.html.Accessed 5 Jan 2014

[46] http://newscenter.lbl.gov/news–releases/2002/11/18/an–unexpected–discovery–could–yield–a–full–spectrum–solar–cell/.Accessed 7 Jan 2014

[47] Tai, Q., Yan, F.: Emerging semitransparent solar cells: materials and device design.Adv.Mat.**29** (34) (2017)

[48] Redfern, S.: New shape–shifting metals discovered.BBC, 4 Oct 2013.http://www.bbc.co.uk/news/science–environment–4400101.Accessed 5 Jan 2014

[49] http://www.bbc.co.uk/news/science–environment–24400101.Accessed 7 Jan 2014

[50] TiNi Alloy.: Introduction to Shape Memory Alloys.http://www.tinialloy.com/pdf/introductiontosma.pdf.Accessed 6 Jan 2014

[51] Universidad Carlos Ⅲ de Madrid—Oficina de Información Científica.: Windshield wiper for Mars dust developed: actuator moved by materials that have shape memory.Science Daily, 24 Sept 2012.Web 8 Jan 2014.http://www.sciencedaily.com/releases/2012/09/120924101804.htm

[52] DoITPoMS, University of Cambridge.: Superelasticity and Shape Memory Alloys—Applications.http://www.doitpoms.ac.uk/tlplib/superelasticity/uses.php.Accessed 5 Jan 2014

[53] http://www.geek.com/science/geek–answers–how–do–self–healing–materials–self–heal–1577707/.Accessed 7 Jan 2014

[54] Google Books.: Self–healing Materials: Fundamentals, Design Strategies, and Applications.http://books.google.co.in/books?hl=en&lr=&id=4NH64BONX94C&oi=fnd&pg=PR5&dq=self+healing+materials&ots=L_Del6O1X3&sig=8fCfZn6AcSDRKAwXGqWcjtIa2Fw#v=onepage&q=self%20healing%20materials&f=false.Accessed 5 Jan 2014

[55] Woodford, C.: Self–healing materials, 31 Feb 2017, http://www.explainthatstuff.com/self–healing–materials.html.Accessed 17 Nov 2017

[56] Material slicker than Teflon discovered by accident.New Scientist, 21 November 2008.http://www.newscientist.com/article/dn16102–material–slicker–than–teflon–discovered–by–accident.html#.Usp3u9IW3QU.Accessed 5 Jan 2014

[57] Gajitz | Neat Gadgets, New Materials & Futuristic Technology.New Ultra–Slippery Alloy is Second Hardest Known Material.http://gajitz.com/new–ultra–slippery–alloy–is–second–hardest–known–material/.Accessed 5

Jan 2014

［58］Success Stories Ames Laboratory.Materials in Ames Laboratory.https：//www.ameslab.gov/news/inquiry/success-stories.Accessed 7 Jan 2014

［59］https：//www.azom.com/article.aspx?ArticleID=6499.Accessed 29 Jan 2018

［60］https：//www.sciencealert.com/you-can-now-3d-print-one-of-the-world-s-lightest-materials-aerogel.Accessed 27 Dec 2017

［61］http：//whatis.techtarget.com/definition/aerogel.Accessed 20 Dec 2017.

［62］http：//www.explainthatstuff.com/kevlar.html.Accessed 20 Nov 2017

［63］https：//www.chemistryworld.com/news/nanotubes-make-kevlar-armour-smarter/3007057.article.Accessed 28 Nov 2017

［64］http：//web.mit.edu/.Accessed 23 Dec 2017

［65］http：//www.nio.org/?option=com_projectdisplay&task=view&tid=2&sid=15&pid=15.Accessed 20 Dec 2017

［66］https：//www.isa.org.jm/files/documents/EN/Brochures/ENG7.pdf.Accessed 20 Dec 2017

［67］http：//ecological.panda.org/2014/07/25/whats-happening-polymetallic-nodules/.Accessed 20 Dec 2017

第5章

增材制造

多年来，计算机数控机床（CNC）[①]被认为是一种最好的生产工法，但现在已不是这样，因为3D打印技术（3D打印通常指的是增材制造）正在成为一种新兴技术，预计在未来几年，这种技术可能会成为主导技术。

数控铣削技术在20世纪50年代就已经存在，70多年来，数控技术被用来生产大量的大型、重型、精密加工的产品。这些产品适用于商业和工业设备、机器和发动机。一般来说，数控机床适用各种材料生产各种商品[1]。数控技术虽然已使用多年；但由于可靠和性价比高的替代品尚未出现，在一段时间内还会持续发挥它的作用。所以在数控技术的背景下开始讨论3D技术是很重要的，因为当3D技术完全成熟时，原则上它可能会颠覆现有的基于CNC技术的工业（包括军事）架构。

5.1 关于技术

增材制造（AM）是一种制造技术，通过逐层堆积等方式来制造实体产品。AM最常用的术语是3D打印[②]。它可能引发了一场新的工业革命，因为这项技术带来了巨大的经济效益和社会影响力[③]。用于印刷目的的材料可能因工艺和产品而异。

---

① 数控机床可以被认为是一台机器，在这里计算机执行预先编程的机器控制命令序列。一般来说，特定产品的自动制造是基于计算机辅助设计（CAD）软件创建的，然后由计算机辅助制造（CAM）软件控制制造过程。

② 火星市场洞察，火星发现区，多伦多，2013年12月，第5页。© 斯普林格自然新加坡私人有限公司，2019年 A.Lele，军事与安全颠覆性技术，智能创新，系统与技术132，https://doi.org/10.1007/978–981–13–3384–2_5。

③ 《经济学家》，2012年4月21日。

尽管"3D 打印"被认为是 AM 的同义词，但实际上有很多独特的过程，其分层制造方法各不相同。具体的加工工艺会因所使用的材料和机器技术的不同而有所差异。因此在 2010 年，美国材料试验协会（ASTM）为"ASTM F42 增材制造"制定了一套标准，将增材制造工艺范围分为 7 类①（增材标准三级制造技术，2012 年）。然而，这里的目的不是从一个非常狭隘的定义或道德角度来讨论 AM。因此，术语"增材制造"和"3D 打印"被互换使用。

5.1.1　3D 打印历史

第一代商业 3D 打印技术是 1984 年由查尔斯·赫尔发明的。他将其命名为"立体光刻技术"，并于 1986 年获得了该技术的专利。虽然光固化光刻系统当时已很流行，但是在 20 世纪 80 年代末，其他类似的技术如熔融沉积模型（FDM）和选择性激光烧结（SLS）也逐步投入使用。1993 年，麻省理工学院（MIT）申请了另一项技术专利，名为"三维打印技术"，它类似于二维打印机中使用的喷墨技术。

1996 年，有三种新产品问世：Stratasys 公司的 Genisys、3D Systems 公司的 Actua 2100 和 Z 公司的 Z402。2005 年，Z 公司推出了一款突破性的产品，名为 Spectrum Z510，这是市场上第一台高清彩色 3D 打印机。随后，又有一项突破（2006 年），启动了一个名为 RepRap 的开源项目，旨在开发一种可自我复制的 3D 打印机[2]。3D 打印也称为直接数字制造（DDM）。

尽管打印技术前景广阔，但其实用性仍值得怀疑。这可能有多种原因，包括成本高昂、专利及其他法律问题，以及软件方面的复杂性[3]。此外，打印过程耗时很长，即使是打印一个小玩具也需要很长时间。因此，总体而言，增材制造（AM）技术仍远未被消费者广泛接受。

直接数字制造的打印方法将通过创建一个实际上可以打印的数字文件来创建对象。这个印刷过程首先涉及使用计算机辅助设计（CAD）软件创建数字蓝图（二维表示）。这种形式是通过打印机输入，打印机从其底部开始逐层构建对象。将材料层（液体、粉末或长丝形式）放置在"构建区域"上并熔合在一起。此增材过程有助于最大限度地减少浪费，因为它仅使用制造组件所需的材料量。这种方法与传统的"减法"制造工艺不同，在传统的"减法"制造工艺中，材料被切

---

① 还原光聚合、材料喷射、黏合剂喷射、材料挤出、粉末床熔融、片材层压和定向能沉积。更多详情请参考 http://www.lboro.ac.uk/research/amrg/about/the 7 categories of additive manufacturing/，2017 年 11 月 2 日查阅。

成所需的形状[4]。3D 打印在实际应用中类似于 2D 打印技术。2D 打印领域的技术进步也促进了 3D 打印技术的进步。所以，3D 打印机与 2D 打印机有明显的不同。但是，它们确实依靠一些类似的伺服电动机和进给机构、激光器、喷墨打印头和电子控制器而完成打印任务[5]。因此，过去 15~20 年特定硬件的开发是 3D 打印技术逐步成熟的基础条件。当前，各种 3D 打印技术正在流行。有时，相应打印技术也被称为 3D 打印机的各种分类名称。一些最流行的 3D 技术（打印机）包括立体光刻（SLA），数字光处理（DLP），熔融沉积建模（FDM），选择性激光烧结（SLS），选择性激光熔化（SLM），电子束熔化（EBM）和叠层物体制造（LOM）。这些技术中一些涉及熔化或软化材料层，一些涉及黏结粉末材料，其他一些涉及喷射或选择性硬化液体材料。一些技术涉及使用高功率激光束作为动力源，在某些情况下需要使用电子束[6]。3D 打印机通过控制 3D 空间中"建材"的放置和黏附来制造物体。3D 打印机反复在薄层上输出对象的确切方式取决于它的特定技术[5]。

5.1.2　优点和缺点[7]

同任何其他技术一样，增材制造技术也有其自身的优势和局限性。3D 打印能够创建传统制造技术无法实现的非常复杂的结构。定制、快速生产和性价比高是 3D 打印的明显优势。通常，使用 3D 打印技术开发的产品是基于需求来设计和生产的。这可以大大减少多余的库存，因此，仓储成本最小。对 3D 打印的需求性增加，将提供更多工作机会，尤其是在 IT 行业。这项技术能够使用从金属到塑料再到复合材料的各种材料。在原材料方面节省了大量资金。总之，3D 技术是一种更精简、更绿色的技术。

在目前的产品中，这项技术也有局限性。尽管该技术可以增加与 IT 相关的工作，但同时会减少制造工作。对于某些经济体来说，这可能是一场灾难。目前，更多重点是生产具有塑料或陶瓷基料的产品，由于物流和技术原因，混合材料产品的三维打印有些问题，主要是电子元件、电路板等的打印进度有点慢。当前的重点仍然是使用塑料作为打印材料。然而，塑料并不是真正适用于许多物体的材料（与塑料有关的环境问题也很多）。在世界许多地方很难找到所需的打印材料。政策方面，有两个主要限制是显而易见的：一是版权问题，打印软件总是可以复制其他人设计的产品；二是很容易制作刀具、枪支等物品，但在这两种情况下，都没有可用的法律条文来处理这个问题。

CNC 和 3D 打印均具有使它们适合于特殊应用的优势。但是，根据目前的技术发展水平，CNC 技术确实比 3D 打印具有优势。目前从质量和经济方面来说，

CNC产品要优于3D打印产品。在某些情况下，已经观察到3D打印的零件的使用强度不具备在苛刻的环境中使用要求，包括飞机、车辆和生产机械（可能要注意的是，这在某种程度上是正确的，但在某些情况下，这种零件已经在使用了）。更重要的是，3D打印机无法满足关键任务中所需要的精度。即使使用以金属打印3D输出的选择性激光熔化（SLM）技术，3D打印也无法复制CNC机器的精度。例如，CNC铣削可以在每个轴上提供1微米的机械精度，但3D设备无法达到这样的精度。同样，3D打印机对于大型生产工作来说损耗太大。有观点认为，当前，世界上3D打印机和CNC机器还有足够上升的空间[1]。

5.2 应 用[8]

开发3D打印的初衷不是大量生产物品，而是拥有一种有助于快速开发原型的技术。这样的发展使主要工业组织的设计人员能够正确识别设计缺陷并迅速纠正。这有助于他们使用常规做法开始批量生产产品。即使到了如今，约有70%的3D打印市场仍在开发原型中。

多年来，3D打印的使用范围已经急剧增加，并且该技术已应用于各种行业。虽然有些技术还不完善，但它的使用前景却很广阔。消费品和医疗等行业是该技术的主要应用领域。其他行业，例如汽车行业、建筑行业也在这一领域进行了可观的投资。人们还发现该技术正在涉足其他领域，从电子产品消费到国防工业。

在商业领域，该技术已被广泛用于制造珠宝和定制时装。此外，智能手机外壳和各种时尚配饰也在用该技术进行原型制作和生产。在医学领域，牙科实验室正在大量使用该技术来生产牙冠、牙桥和植入物。助听器，人工器官和各种医疗设备等生产领域也在逐步使用该技术。此外，该技术还用于生成可抓取的三维物体，这些物体可用于外科手术计划，修复术及其相关应用。已经发现可以基于CT或MRI体积医学图像来产生3D对象。该技术在组织工程等领域也具有很大的潜力。

5.3 军事用途

预计3D打印技术将彻底改变军工复合体。它不仅被视为替代技术，更具有改变作战策略和战术的能力。

由于节省燃料到易于机动性等各种原因，全世界的武装部队大多选择轻型战斗系统。因此，最明显的3D打印物体用途是将其用于任何军事系统的生产，可以大大减轻其重量。虽然仅使用 3D 打印零件无法完全生产出主要的军事战斗平台，但是各种大型国防工业公司都对此进行大量投资，通过使用 3D 技术，飞机工业有可能在未来几十年取得更大的突破。

据观察，3D 打印的飞机部件重量减轻了约 65%，但又不影响传统机器零件的强度，这不仅有助于节省大量燃油，还减少了碳排放量。估算数据是：每减轻 1 千克的重量，航空公司在飞机的整个生命周期内就可以节省大约 35000 美元的燃油成本。对于空军来说，除成本外，在运输和储存航空燃料方面也具有后勤上的优势[4]。在不久的将来，极有可能制造出基于 3D 打印技术的战斗机或攻击直升机，这将提高弹药携带能力。特别是 3D 打印的无人机或无人作战飞机将取得重大突破，并且能够携带非常重的有效载荷。

目前，科学界正在研究下一代弹药概念。正在进行有关开发炸弹的研究，该炸弹可以通过在炸弹内而不是在机壳中使用 3D 打印的重构负载，再加上分散的爆炸量，而减轻其重量。将来，这些炸弹有望产生"可选择的效果"。这种研究表明，在任何指定的时间，同一种武器都会根据任务要求产生或小或大的爆炸效果。另外，下一个"炸弹之母"（可以进行 3D 打印）可能会更小，更细，更轻，但却有更大的威力[9]。

在军事领域，3D 技术虽被认为是一种相对较新的技术。但是，一些具有防御功能的产品已经上市。如美国的一家私人公司已经开发出了世界上第一款完全开放的 3D 打印枪，名为"解放者"。枪的 16 个部件中有 15 个是由 3D 打印技术制成的，机身可以在一夜之间被蚀刻[10]。

该技术的主要优势在于，可以在大规模生产之前按时按需生产原型以进行试验。这使军事技术人员能够以较低的成本快速进行试验和测试。甚至可以根据情况进行一些现场修改（本质上，将需要更改软件）。此外，还可以快速开发和实施作战平台的创新解决方案，提高其性能。据悉，英国皇家空军（RAF）通过 3D 打印为其"旋风"战斗机制造零件。这种设施使军队，特别是拥有较小机队和来自无法储存大量备件的小国军队，能够找到快速处理方案，解决与其需求的不可用性等相关的各种问题[11]。此外，在很多情况下，由于采用新技术或产品过时，设备制造商或相关大公司会停止生产旧产品的零部件；在这种情况下，3D 打印提供了合适的解决方案。总之，这种技术可以使后勤保障摆脱尾大不掉的问题。

另外，先进的军队将 3D 打印应用于士兵制服设计过程。评估表明，无论在战场上还是战场外，3D 打印都可以在士兵所穿的服装和盔甲的生产和研发中发挥重要作用。该技术可以减少服装生产所需的缝合工作，按照确切尺寸给士兵提供服装，而设计程序可以确定如何以最少的接缝和针数打印每件服装。这可以提高士兵的舒适度，尤其是在大雨和恶劣天气条件下执行漫长而艰难的任务时[11]。此类技术对军备打包和其他一些后勤要求也有很大帮助。此外，在执行特定任务之前，某些情况下根据需要和方便性，可以创建攻击地点的实际模型以推演任务执行。

3D打印在医疗领域逐渐推广使用，并且有望在军队中彻底改变医疗领域。预计武装部队将吸收许多已经用于民用医疗领域的3D技术实践。军事医疗队可以依靠这项技术进行牙齿护理、制造定制的身体部位（四肢、心脏瓣膜、假肢、助听器和其他替代器官），以改变医生使用的诊断和设备处理过程，他们还可以从这项技术中获得帮助，以实现医疗产品和药品的特制。

最令人惊喜的进步之一是3D打印合成皮肤的概念。到目前为止，这个想法正在接受临床测试。1990年后的各种冲突表明，即使到今天，仍有很多士兵遭受烧伤带来的痛苦，这种皮肤发育技术可能会成为一大福音[12]。然而，必须指出的是，尽管最近在3D打印方面取得了重大而令人兴奋的医学进步，但仍然存在重大的科学和法规挑战，并且该技术最具变革性的应用还需要时间发展[13]。如今，除医疗用途外，该技术也有望对食品行业产生影响，自然而然军人也会从中受益。食品工业可以根据口味、营养价值、成分等对食品进行定制[14]。在荒凉的地形上为士兵运送食物一直是武装部队的后勤噩梦，在这方面的任何技术突破都会带来巨大影响。另外，目前正在研究如何将3D打印技术应用在疫苗生产上。预计该领域的发展也将使武装部队受益。

21世纪，对小行星、月球和火星的研究有了新的发展。同时，正在计划对其他几个星球展开研究。目前，此类研究被视为人类对科学的追求。它们也被视为承担技术能力预测的研究。另外，需要更多地了解行星表面自然资源的可用性。如今，人类热衷于寻找从其他行星中提取自然资源的可能性。在其他星球上建立人类殖民地的想法开始扎根。那么，像月球这样的位置也被认为是远距离行星飞行任务的基地。这种投资的隐藏战略动机是显而易见的。天基战可能会在遥远（甚至不久）的将来成为现实。因此，太空将成为直接对抗的战场或投射威慑能力的区域。无论何种情况，3D打印与在太空中进行活动具有重大意义。这是显而易见的，因为重量问题，不可能将任何结构、建筑设备、工程设备甚至武器从地球运送到其他行星。因此，将需要原位打印。2016年6月，国际空间站（ISS）的工作人员已经3D打印了用于太空的工具。

NASA及其合作伙伴正在进行250万美元的竞赛，以建造3D打印的深空探索栖息地，包括该机构的火星之旅。多阶段挑战旨在提高为地球及其他星球创建可持续住房解决方案所需的建筑技术。NASA 竞赛分为两个阶段：3D 打印的栖息地挑战。第 1 阶段：设计竞赛要求参与者开发最先进的建筑概念，并于 2015 年完成。第 2 阶段：专注于制造结构部件的竞赛，已于 2017 年 8 月完成。基本上，NASA 渴望了解如何以最有效和可持续的方式使用先进的 3D 打印技术在火星上建房[15]。这一挑战的第一阶段已经成功完成。这些活动清楚地表明 3D 打印可能对包括未来科学和战略活动在内的各种活动起重要作用。

5.4　结　论

3D 打印技术已经开始让人感受到它的存在，但是要完全商业化还需要时间。目前，该技术主要用于民用领域和军事领域的原型制作。对于军人来说，由于该技术可以减少各种系统的物理尺寸和重量，因此有望推广使用。预计使用 3D 打印的组件可以减少后勤方面的挑战，并改善军队的前线部队与后勤人员的占比。随着 AM 技术的成熟，军队对工程师和后勤人员等支持服务的高度依赖将大大降低。

 参考文献

［1］Settling the Debate：CNC Machining VS.3D Printing.http：//buntyllc.com/settling-the-debate-cnc-machining-vs-3d-printing/.Accessed 2 Nov 2017

［2］http：//up.nic.in/knowdesk/3D-Printing-Technology.pdf.Accessed 10 Nov 2017

［3］Gilpin，L.：3D Printing：10 Factors Still Holding It Back，19 Feb 2014.https：//www.techrepublic.com/article/3d-printing-10-factors-still-holding-it-back/.Accessed 17 July 2018

［4］Jewell，C.：3-D printing and the future of stuff，WIPO Magazine，No 2，April 2013，pp.2-6

［5］Barnatt，C.：3D Printing：The Next Industrial Revolution，and May Be Freely Shared for Non-Commercial Purposes（Ch 1），pp.1-25（2013）

［6］Types of 3D Printers or 3D Printing Technologies Overview.http：//3dprintingfromscratch.com/common/types-of-3d-printers-or-3d-printing-technologies-overview/.Accessed Oct 26，2017；Jewell，C.：3-D printing and the future of stuff，WIPO Magazine，No 2，April 2013，pp.2-6

［7］Jewell，C.：3-D printing and the future of stuff，WIPO Magazine，No 2，April 2013，pp.2-6.https：//blog.inktonerstore.com/3d-printing-know-its-advantages-and-disadvantages/and http：//www.philforhumanity.com/3D_Printing.html and http：//cerasis.com/2014/07/25/3d-printing-manufacturing/.Accessed 3 Nov 2017

[8] Ventola, C.L.: Medical applications for 3d printing: current and projected uses.Pharm.Ther.39（10），704–711（2014）；Rengier, F., et al., 3D printing based on imaging data: review of medical applications.Int. J.Comput.Assis.Radiol.Surg.5，335–341（2010）；Andreas Pfister, J., et al.: Bifunctional rapid prototyping for tissue–engineering applications：3D bioplotting versus 3D printing.J.Polym.Sci.Part A：Polym.Chem.2（3）（abstract）；Jewell, C.: 3–D printing and the future of stuff, WIPO Magazine, No 2, April 2013, pp.2–6

[9] Pawlyk, O.: The Air Force Wants to 3D–Print the Next Generation of Bombs, 22 May 2017.http://www.businessinsider.com/air–force–3d–print–bombs–2017–5?IR=T.Accessed 13 Nov 2017

[10] https://www.forbes.com/sites/amitchowdhry/2013/10/08/what–can–3d–printing–do–here–are–6–creative–examples/2/#2f13d8cc703c.Accessed 29 Oct 2017

[11] Thong, C.S.S., Wen, C.W.: 3D printing—revolutionizing military operations.Pointer J.Singap.Armed Forces 42（2），35–45

[12] McCauley, D.M.: Military Applications of 3D Printing, 11 Sept 2015.http://www.militaryspot.com/news/military–applications–of–3d–printing.Accessed 30 Sept 2017

[13] Ventola, C.L.: Medical applications for 3d printing: current and projected uses.P & T（Pharm.Therap.）J.39（10），704–711（2014）

[14] The Impact of 3D Printing on the Food Industry.https://www.flatworldsolutions.com/engineering/articles/3d–printing–impact–food–industry.php.Accessed 13 Nov 2017

[15] https://www.nasa.gov/directorates/spacetech/centennial_challenges/3DPHab/index.html and Building the Future：Space Station Crew 3–D Prints First Student–Designed Tool in Space.https://www.nasa.gov/mission_pages/station/research/news/multipurpose_precision_maintenance_tool, 16 Jun 2016, and https://www.bradley.edu/sites/challenge–phase2/.Accessed 20 Nov 2017

第 6 章

取之不尽的用电资源

6.1 历史背景

能量是宇宙中最基本的元素之一，对于地球上所有生物的存在至关重要。从广义上讲，能量只是做功的一种能力。太阳可以被视为地球上能源的基本来源。在一段时间内，人类一直在寻找各种来源自然中的能量。可以说人类已经成功地识别、提取和修改了各种能源以满足能源需求。

有一段引人入胜的历史时间表[1]，详细介绍了人类在使用能源和化石燃料资源方面的发展过程。公元前 2000 年，中国人用煤作能源，这在已知的文明史上可能是第一次。大约在公元前 200 年，中国人首次使用天然气。大约在同一时期，欧洲人已经利用水能发电。到 1 世纪初，众所周知，中国人已经提炼出石油作为能源。公元 1000 年，波斯建造的风车用来碾磨谷物和抽水。十七世纪，英国人发现从煤炭中提炼焦炭的方法，最终为工业革命铺平了道路。在接下来的几个世纪中，煤炭实际上已成为火车头的主要机车（火车）燃料。1821 年，美国钻出了第一口天然气井。1860 年，法国开发了第一套太阳能发电系统，用产生的蒸汽来驱动机械。1882 年 9 月 4 日，托马斯·爱迪生（Thomas Edison）在纽约建造了第一座发电厂。到 1942 年，包括著名科学家恩里科·费米（Enrico Fermi）在内的美国和欧洲一组物理学家开始认识到，中子分裂的铀原子会引起原子分裂的自持久链反应，从而释放出巨大能量。从那以后，核能就成为全球能源政策的基石，更是强权政治的基础（毫无疑问，并非出于能源方面原因！）。2011 年 3 月 11 日，海啸在日本沿海引发了 9.0 级地震，最终对福岛第一核电站的六座发电厂造成了破坏，这是近年来最严重的核危机之一。这场灾难使人们对人类依赖核能的效力产生了怀疑。

6.2　能源的相关性

与此同时能源问题对于不同的参与者有不同的含义。在社会需求和经济学领域，能源的概念不再受到限制。今天，可以说国家的进步直接取决于能源的可获得性。对各种能源、消费方式、资源地理、可利用性、能源生产和挖掘过程、供应链网络和路线，供应方法和能源价格变化有关的问题在国际上产生了重大影响。但是，能源供应的不均衡分布以及与控制能源市场有关的政治因素也导致了严重的脆弱性。寻求廉价能源的国家是可以理解的。然而，由于全球自然能源的地理问题，地球内部资源的实际可用性，开采领域技术的能力以及需求和供应的数学问题，能源业务不仅仅是一个地缘经济问题，而更多的是地缘战略问题。意识到所有这些，能源问题已经政治化。因此，现代能源环境不只与需求和供应有关，而更多地与能源安全有关。

由于推动发展，特别是在发展中国家，能源需求正在迅速增长。化石燃料是最常用的能源形式，但其有严重的局限性。已知它们会造成严重的环境破坏。对环境的影响包括区域污染，以及由于各种温室气体排放而引起的全球气候变化的威胁，特别是在发电系统中。同样，石油和天然气也将难以持续。煤炭供应可能再维持几十年，但在所有化石燃料中，煤炭释放的碳与提供的能量之比最大[2]。因此，用于能源生产的各种能源可信度较低，需要开发清洁能源。

对于发达国家来说，能源安全主要在于以可承受的价格提供足够的供应。但是，对于不同的国家，对能源安全的解释确实有所不同，有时根据实际情况也可能会有所波动。能源出口国专注于维护"需求安全"，毕竟在政府收支中占了绝大部分。对于俄罗斯来说，其目的是重新确立国家对"战略资源"的控制，并在其将碳氢化合物运往国际市场的主要管道和市场渠道中占据主导地位。发展中国家关心的则是能源价格的变化如何影响其国际收支。对于中国和印度来说，目前的能源安全在于它们能够迅速适应对全球市场的新依赖，这代表着两国从先前对自给自足承诺的重大转变。对于日本来说，这意味着通过多元化、贸易和投资来弥补其国内资源的严重短缺。在欧洲，主要辩论集中在如何处理对进口天然气的依赖上，在除法国和芬兰以外的大多数国家中，则对是否在努力建设新的核电站或者要恢复（清洁）煤炭有所争论。美国也表示，其"能源独立"这一目标自理查德·尼克松（Richard Nixon）（1973）首次提出以来已成为一种口头禅，这一目标与现实越来越远[3]。

几个世纪以来，人类的能源选择和决策在相当长的一段时间内影响着地球的自然系统。一方面，已经发现并经科学证明，过度使用能源对健康环境的生存提出了挑战。因此，必须谨慎选择我们的能源。在管理全球能源方面，会产生社会、政治（洲际之间）、战略、技术和经济后果。但是，整个能源相关架构面临的最大挑战是环境问题。当前，全球变暖和气候变化问题是能源辩论的中心。这些问题迫使世界改变或变换其能源使用习惯，以避免对环境造成任何伤害。自然而然，这只有在采用更清洁的能源使用机制时才有可能。用于生产和使用能量的许多现有方法在防止污染方面具有局限性。因此，需要进行技术变革以使现有方法对环境更加友好。另外，需要选择更清洁的替代能源。另一方面，发展中国家的人口激增、人均商品和服务消费的增长，正在导致全球能源需求的增长。能源需求的不断增长使全球能源库存很可能在不久的将来出现枯竭。

迄今为止，为应对上述挑战而进行的全球努力取得了喜忧参半的结果。气候变化正迫使全球或区域气候模式发生变化，这种变化主要从 20 世纪中后期开始变得明显。在过去的 100 年中，地球的气候在变暖，温度上升了 1 华氏度[4]。变暖主要归因于大气中二氧化碳含量的增加。造成这种增长的主要原因是使用化石燃料。世界各国政府已决定采取必要的行动，以使全球平均温度相对于工业化前的水平保持在 2℃ 以下。应对气候变化挑战的早期努力之一是就管理臭氧层（臭氧空洞问题）达成全球协议。为了保护臭氧层，1987 年通过了《蒙特利尔议定书》①。多年来，根据该协议所做的努力已显示出从大气中去除臭氧消耗物质的成功。根据迄今所做的努力（在国家和国际一级），估计到 2032 年臭氧水平将恢复到 1980 年的水平。《联合国气候变化框架公约》（UNFCCC）被称为里约公约，于 1994 年 3 月 21 日生效。该公约的目的是将温室气体浓度稳定在"能够防止人为（蓄意）对气候系统造成危险干扰的水平"。它指出，"这一水平应在足以使生态系统自然适应气候变化、确保粮食生产不受威胁并使经济发展能够以可持续的方式进行"的时限内实现[5]。最近签订的巴黎协议（2016 年 11 月 4 日，195 个国家签署），要求限制全球温度增长到 21 世纪末不超过 1.5~2℃。

广义上来说，人们对能源持续存在着极大的依赖。因此，人工发电对人类的生存至关重要；然而，某些能源在满足人类需求方面的可用性不足，以及某些能源对环境的不利影响，正促使人类寻找更多的替代能源。在上述背景下，本章研究可能颠覆现有能源生产和使用机制的新能源技术。

---

① 通过逐步、系统地减少有助于臭氧消耗的多种物质的生产来保护大气中臭氧层的国际条约。

6.3　取之不尽的资源

通常情况下，可再生资源被描述为像木材或太阳能这样的资源，它们会在一段时间内得到自然补充。这些自然资源有能力随着时间的推移通过生物或其他自然过程被取代。资源是人类赖以生存的自然环境（生态系统）的一部分。在同样的环境，也有一些不可再生的资源，如汽油、煤炭、天然气、柴油和其他来源于化石燃料的商品[6]。此外，还有铁、金、铜等多种矿物。如果人类消耗了所有这些资源，下一代就不会有任何东西留下。因此，需要寻找可再生资源。然而，要取代以不可再生资源利用为主发展的现有社会和工业基础设施并不容易。真正的挑战不是确定可再生资源，而是使其与各种人类能源需求相适应。为此，从现有可再生资源中提取所需能源是很重要的，这是技术创新最为关键的地方。

了解可再生能源就是了解取之不尽的（可再生）资源。这些资源在自然界中是无限量的，即使被人类大量消耗，也不会枯竭或灭绝。这些资源包括空气、黏土、沙子、水和太阳能。

下面将阐述其中一些来源[7]。

6.3.1　水资源

水对维持生命至关重要。因此，人类甚至试图在地球外寻找水的存在（以任何形式存在），特别是在月球和火星等他们打算未来移民的地方。地球四分之三都是以水（海洋）的形式存在。对于人类的消费和使用，淡水（与近70%的海水相比，仅占约3%）从冰川流向河流。几个世纪以来，水也被认为是最受欢迎的介质，主要用于长途运输。水也被用来发电。为此，水的运动或流动（在河流中或以潮汐波的形式）与提取能量有关。水力是用来发电的三种主要能源之一，另外两种是化石燃料和核燃料。

潮汐能和波浪能是取之不尽的资源①。潮汐进入小溪等狭窄区域，适合发电。涡轮机②在涨潮和退潮期间都能发电。波浪发电将水波的运动转化为电能或机械

---

①　包括波浪能和潮汐能在内的水动能涵盖一系列能源技术，其中许多技术仍处于试验阶段或部署的早期阶段。

②　涡轮是一种有转子的机器，通常有叶片。涡轮机通常由水／蒸汽／热气／空气等流动流体的压力（快速流动）驱动。

能。海上发电通过电缆传输到陆地。水力发电是水能的主要利用方式。在这种方式中，电力来自涡轮机驱动的发电机。这些涡轮机将下落或快速流动的水的势能转化为机械能。水力发电厂通常建在拦河大坝上，从而提高坝后水位。

6.3.2 太阳能

太阳是地球上进行活动的主要能源，从某种意义上说，地球的存在得益于太阳的存在。从太阳获得的能量是取之不尽的。太阳负责地球的整个生命周期。事实上，另一种取之不尽的资源——水也依赖于太阳，它通过提供能量使水循环工作。多年来，许多研究都集中在太阳能上，这种能源产生的媒介有多种用途，但要充分发挥这种取之不尽、用之不竭的资源的潜力，还需要更多的研究。

6.3.3 风能

风是取之不尽、用之不竭的资源，多年来一直被用作能源供应源来开展各种活动。众所周知，海洋和河流运输系统都利用有利的风条件进行运输。而且，使用风车发电也有多年的实践。今天，世界各地都在使用技术先进的大型风车。风能／风力可以通过使用风力涡轮机来发电，风力涡轮机通过使用发电机将风能中的动能转化为电能。以风能为能源开发的电力对环境影响比较小。

6.3.4 地热能

在希腊语中，geo 是指地球，thermal 是指热。地热能是"从地球表面下发出的热量"，一种解释表明，地球内部的能量已知是由多年前矿物和森林的衰变形成的。地球由地壳（固态硅酸盐岩石）、地幔（高黏度固态硅酸盐）、外核（液态铁镍合金）和内核（固态铁镍合金）组成。在地球表面以下约 4000 英里（6437.38 千米）处，地热能在地核深处产生。根据忧思科学家联盟的说法，"在地壳之下，有一层热熔岩，叫做岩浆。热在这一层不断产生，主要来自天然放射性物质，如铀和钾的衰变。地球表面下 10000 米（约 33000 英尺）范围内的热量比世界上所有的石油和天然气资源多 5 万倍……截至 2013 年，全球已运行了 11700 兆瓦以上的大型公用事业地热容量，另有 11700 兆瓦的装机容量正在规划新增中。这些地热设施产生了约 680 亿千瓦时的电能，足以满足 600 多万典型美国家庭的年需求。地热发电厂占冰岛和萨尔瓦多发电量的 25% 以上[8]"。

利用地热能发电的概念在 1904 年在意大利被首次提出。然而，这一领域的重大成功直到 1960 年才得以实现。北加州间歇泉的大型地热发电厂首次成功运行，地热发电厂把地热能转化为电能。这些发电厂利用来自地表下热水的蒸汽来驱动涡轮机，以推动发电机工作获取电力。一些地热发电厂使用蒸汽直接驱动涡轮机。一些地热发电厂则用蒸汽加热来转动涡轮机。

6.3.5　生物质能

生物质是由一种有机材料制成的燃料。这是另一种取之不尽、可持续的能源，用于转化其他类型的能源（电或其他形式）。它来源于有机材料（如植物和动物材料），在燃烧时会释放能量（如热量）。木材和森林残留物被认为是生产生物质能源的重要来源。它们在生物质发电厂燃烧产生蒸汽，从而触发涡轮机发电。生物质被称为可再生资源，因为各种废物残留物预计将以某种形式或其他方式持续存在，如树木或作物以及残余生物物质。生物质几乎总是充裕的，就像太阳能或风能一样。它既用于家庭，也用于工业。一段时间以来，生物质已成为乙醇、沼气、有机化学品等便携式燃料的主要能源来源，这种发电方法对环境有很大的挑战；然而，各种各样的补救办法正在被探索（正在研究中），以消除任何缺点。

6.4　能源和国防机构

战争史，特别是第二次世界大战以来的历史清楚地表明，能源对于军事行动的成功至关重要。众所周知，各国的国防设施大多是这些国家能源资源的最大单一用户。对于国防机构来说，必须在所需地点及时获得正确的能源。在军事行动的每一个方面，无论是单兵还是群兵，无论是空战、海战还是陆战，基于能源的需求总是存在的。这种需求也带来各种后勤和技术挑战。

另外，对于各国来说，能源的需求对它们的生存至关重要，在某些情况下，少部分国家会因为能源利益而相互开战。因此，可以有把握地说，武装部队不仅是能源的主要使用者，也是能源资源的保护者。

国防设施在其永久性军事设施中有特定的能源设施，以及根据需要部署在不同地点的部队和武器系统的移动设施中。它们还需要为远程（有人或无人）军事设施（如雷达设施、气象站）提供电力。

21世纪的战争都是以网络为中心的。军事革命（RMA）已经成为现实，各国正在确保引进现代国防技术，以保证理论变革。这些都促进了军队对军事力量要求的变化。众所周知，电子系统（计算机、显示器、收音机、传感器等）在确保军队在现代战场上取得胜利方面发挥着重要作用，同时，它们也需要为军事力量提供动力的其他能源，这与其他关键的后勤物品——弹药、燃料、食品和水同样重要。国防部队越来越依赖现代（新兴）技术，对电力的要求也随着新电子产品的发展而变化。除了通信和计算机，还有各种其他设备 / 传感器需要便携式能源，如激光指示器、化学－生物传感器、统一通风机和外骨骼增强装备。这些都需要各种类型的电源 / 能源、低功耗电子设备和电源管理技术（见文献 [10]，同前所述）。现在，军队必须确保有取之不尽、可持续的能源来满足其需求。显然，挑战不仅限于选择可持续发展的能源，而且还必须确保兼容性问题（新能源与现有武器系统的兼容性问题）。此外，重要的是要向军方保证提供设备顺利运行所需的确切能量，并能满足相应消耗要求。

军事上，能源对战略和战术行动都至关重要。军队需要持续确保他们的能源供应线保持完整，并有足够的战时储备。在和平时期，他们试图分析减少对能源依赖的方法。从广义上讲，对军队来说，能源安全是指有保证地获得可靠的能源供应，并有能力保护和提供足够的能源，以完成任务的关键保障。确保能源安全基本上是所有国家的战略目标，军队可以在这方面发挥自己的作用。然而，从军事角度来看，能源安全有其自身的局限性。由于认识到能源的重要性，国防部门必须坚持不懈地努力，确保采用高效和有效的能源管理最佳做法。军队可以采取具体措施，帮助他们改进能源政策。其中一些措施如下[9]：

能源多样化：从多个来源获取能源，防止对单一能源的依赖。这可能包括天然气、石油、煤炭和可再生能源的结合，例如风能、太阳能和生物柴油。

使用可再生能源：选择可再生能源有助于减少对电网的依赖，降低能源成本，并提高停电时的公用事业弹性。

能源冗余：安装停电时可使用的备用能源（如现场发电机和发电厂（可通过使用可再生能源的系统运行）），寻求可靠的能源供应。

节能：安装节能设施，以降低能耗和能源成本。利用取之不尽的资源可以对这项政策产生积极影响。

考虑到国防机构对能源的需求，以及各种技术的发展，国防机构可以选择紧凑的大功率和高能量的能源技术。此外，还有其他各种建议，如使用新的电源技术、一次性和可充电电池、燃料电池的创新使用、替代燃料、混合动力产品[10]。这些解决方案不一定意味着使用取之不尽的电力资源。然而，重要的是要提到它们，因为它们将有助于确定存在关键能源需求的领域。武装部队对能源的需求本质上是多种多样的，如步兵使用的背包电池、航空燃料及操作潜艇所需的燃料。此外，各种地面设施，从跑道、防爆盘、军械库、雷达装置、导弹设施到卫星发射站，都需要特定类型的电源和大量电力需求。

6.5 技术现状

目前，全球能源系统[①]正在见证一个历史性的转变。随着新技术的加入，这一领域的前景正在不断变化。人们发现，技术影响着该领域的每一个要素，从找到能源到生产能源再到供应能源。新技术的引入将最终影响定价、商业模式、能源需求和供应模式、管道网络、气候变化和国际合作等具有全球影响力的问题。

能源技术是一门跨学科的工程科学，涉及能源的提取、转化、运输、储存和利用等各个方面。显然，在添加和注入任何新技术之前，安全性、效率和经济可行性将被考虑在内。此外，在发展的每一个阶段都需要考虑对环境的影响。

以下是能源领域的一些新兴技术（有些已经使用）。这些技术属于从存储到能源发电再到电网的各个部门。

- 智能能源网络
- 太阳能电池、燃料电池、锂－空气电池、空气呼吸电池
- 去除柴油污染，清洁压裂水
- 碳捕获和储存
- 使用诸如无人机或无人驾驶飞行器等检查太阳能电池板场、电力线、塔架结构、风力涡轮机等
- 新型涡轮机技术
- 发电机、微型斯特林发动机等新发动机技术
- 生物燃料（近期发展）
- 空间太阳能
- 氦－3（在月球表面）的研究
- 核聚变反应堆

智能电网，即所谓的下一代电力系统，有望在很大程度上整合信息和通信技术（ICT）。然而，由于数以百万计的电子设备将通过通信网络相互连接，因此，考虑到网络安全有关的问题，也可能存在相关的挑战。因此，解决智能电网中的网络漏洞、攻击防御措施、安全通信协议和体系结构等问题显得尤为重要。认识到威胁的性质和程度，有必要将网络安全作为能源政策的一个重要方面加以考虑。

上面讨论的大多数技术预计将有直接或间接的军事用途。对国防机构来说，

---

① 本节基于各种基于网络资源中提供的信息。

重要的是要将许多此类燃料消耗行动转化为可再生能源，并开始向绿色能源的军事用途发起一场革命。今天，由于对气候变化的担忧，尽可能寻找取之不尽、用之不竭的资源变得更加重要。然而，还需要强调的是，作战需求总是会优先于包括能源政策在内的所有方面。

目前，取之不尽、用之不竭的能源技术正处于不同的技术发展阶段。军事机构明白，有必要投资于可再生能源，这些能源可用于士兵装备、维持武器系统和电力基地，同时减少后勤后援和对矿物燃料的依赖。军队补给几乎完全来自石油。这种依赖性导致武装部队购买昂贵的石油，迫使他们在危险的或有争议的地区运输大量燃料[11]。下一节将对在取之不尽、用之不竭的各种领域的事态发展作广泛的评估。

6.6　取之不尽的技术：重要方面

如前几节所述，太阳能、风能、水、地热能和生物质能是可再生能源的主要来源。这些能源可能有不同的衍生品，此外，自然界中几乎没有其他形式的材料有可能转化为可再生能源。预计未来可再生能源行业的增长将主要发生在其本身上。转向可再生能源将有助于实现减少温室气体排放的双碳目标，从而限制未来极端天气对人类的影响，并确保可靠、及时和具有成本效益的能源输送。对可再生能源的投资有望为整体能源安全带来可观的回报。武装部队将被要求在其平台和武器运载系统中使用新形式的燃料，例如，坦克、枪支、各种飞机 / 无人机、战舰、潜艇、各种车辆和辅助工具。显然，国防机构还需要使其基础设施与这些能源的使用相协调。对军队来说，使用替代燃料并不是一项简单的任务，因为他们需要使陆战平台和设备、支持系统、飞机、船只和潜艇与新型燃料兼容。本章的目的并不是要深入探究所有这些技术细节，而是从宏观层面去理解更重要的点，即那些取之不尽的资源所蕴含很大的能源潜力。这一领域的任何重大突破都可能导致现有能源结构的停滞。这最终将迫使军队改变其现有装备的某些部分，以适应市场上的可用燃料。

长期以来，在太阳能领域取得了重大的科学进步。太阳能作为一种可行的替代能源有着巨大的潜力，可以应用于多个领域。然而，这项技术尚未成为一种具有成本效益的替代品。此外，太阳能电池板所占据的物理区域仍然存在一些问题。收集能量的整个过程仍很烦琐。太阳能方面的电池储存概念（电池作为一种储存电力的手段）尚未完全确立。目前有一些选择，例如，通过使用太阳能光伏系统（屋顶太阳能光伏发电和电池储能[13]）有效利用剩余能源，特别是在夜间、多云天气或下雨时使用。

如果天基太阳能（SBSP）的概念成为一种负担得起、技术上可行的想法，那么太阳能领域的重大突破就可能会出现。SBSP包括将非常大的卫星或星座送入环绕地球的轨道，收集太阳光，将其转化为电能，然后使用安全、低强度的无线电波或光波，将通过大气层优化的光波传送到地面上的接收器。去太空的目的是逃避地面太阳能的低密度和可变性。太阳射线在太空中更为强烈，随后由于大气的过滤而失去了"强度"（这是由于大气气体、云层、杂质和天气造成的）。更重要的是，在太空中，所选择的轨道上实际上没有黑夜，因为卫星只在春分期间短暂的时间经过地球的阴影。这使得同一面积的太阳能电池板收集的能量大约是地面收集能量的九倍[14]。

与其他能源相比，空间太阳能（SSP或SBSP）具有许多实质性优势。首先，不排放温室气体，且与核电站不同，不会产生危险废物。其次，不依赖日益稀缺的淡水资源和生产生物燃料所需的农田。最后，电源在白天，晚上都可使用。不过，恶劣的天气也可能产生不利影响。对小型企业而言，真正的挑战是成本。为此，有必要开发低成本的空间运输系统[15]，降低生产成本的影响。然而，一旦市场的主要部分得到充分扩展（可能需要数年），那么单一共享平台就有望成为一种性价比高的选择。

太阳能研究也需要资金的推动。总的来说，据观察，军事机构正在寻求增加太阳能电池板的使用。自然地，他们需要调整他们的系统来使用太阳能。由于它们的特殊要求，军队必须投资于太阳能的研究和开发。太阳能电池板的质量应该非常好，因为它们将用于具有不同天气和恶劣环境的地点。而且，军队对能源的需求也非常高，他们需要更好的能源储存技术。此外，军队可能需要运行连接到更大公用事业规模电网的高效微电网[16]。在这些领域的投资、创新和研发将有助于这项技术的全面发展。然而，由于战斗部队在一个小范围内的密集性，军队需要解决其部队很容易从空中（被敌对部队）识别的问题。一些不影响太阳光吸收机制的伪装措施将需要创新。

太阳能也被军队视为解决危机的一种方法。所以当主系统发生故障时，太阳能电网被视为一种替代系统。现有的军用电网系统可能会因以下原因而中断：在风暴或飓风季节来自大自然的威胁；来自犯罪分子、恐怖分子和网络攻击的威胁。对此类威胁的直接、明显的反应可能是选择柴油发电机。然而，一旦电网遭到重大袭击，这些设施就有可能被摧毁。因此，可再生能源可以提供一个长期的解决方案。直接利用太阳光发电的太阳能光伏系统可以提供最好的替代方案，因为它们易于维护，几乎可以安装在任何地方，而且不需要加油[17]。现代军队很可能将太阳能视为替代现有系统的一种潜在选择，或者在现有网络出现故障时将其视为"B 计划"。

许多世纪以前人类就认识了太阳能，但是，技术更新的过程并不容易，将"阳光"转换为人类所需模式的过程仍然具有挑战性。但风力发电的情况有所不同，自从人类在风的帮助下开始航行到公海，这种力量就被理解并投入使用。此外，风电场和利用风力涡轮机发电的概念已经流行了很多年。风力发电具有许多优点，如不消耗氧气、不产生二氧化碳和其他污染物，基本上可以确保不会对环境造成损害。其输出的能量可转换成各种形式，如机械、热能和电能。

风电装机容量在一段时间内大幅增加。目前的涡轮机功率更大，效率更高，对发电商来说也更实惠。在转子、控制装置、电子设备和变速箱方面，技术已经非常先进。该行业的重点是提高涡轮机的容量系数，这有助于保持较低的能源成本。并且近期风力涡轮机上使用的转子尺寸有所增加（100 米 /122 米 /150 米转子，而过去是 70 米转子）。这种转子面积的增加可以在较低风速下产生更多的能量。对风力发电投资较大的国家一直在关注市场、技术和成本趋势。他们确实通过考虑商业因素来投资于技术升级。因此，将在这些方面持续做出改进，以提高整体效率。

2015 年以来，风力涡轮机的一项重大创新一直在反复验证。一家西班牙公司提出了一种全新的方法，即使用无叶片的风力涡轮机来发电。这个想法来自旋涡（涡度是一个科学概念，旋涡是基于这个概念的公司名称），一个无叶片的风力涡轮机，看起来像是一个巨大的滚动接头射向天空。旋涡与传统的风力涡轮机有着相同的目标：将微风转化为可以用作电力的动能。但它会以一种完全不同的方式进行。旋涡不是通过螺旋桨的圆周运动来捕获能量，而是利用了所谓的涡度[1]，一种空气动力学效应[18]产生了旋转涡旋模式。通常，涡度是流体局部旋转的量度。目前，在我国电力系统中，许多创新活动都发生在处理不同种类能源发电的领域。旋涡设计还涉及使用比传统设计更少材料的涡轮机。这意味着更少的维护和噪声。此外，人们还试图利用风筝来使用风能[19]。

除了风能和太阳能，能源生产的另一个重要领域是水能。长期以来，从流水中产生能量的概念一直被用于发电。这被称为水力发电或水势能发电。值得注意的是，在 18 世纪中期，现代水力涡轮机的发展被用于军事领域，这归功于一位法国水利和军事工程师 Bernard Forest de Bélidor，他最终完成了一项名为"建筑水力"（Architecture Hydraulique）[20]的开创性工作。最常见的水力发电厂是在

---

① 涡度是一个伪矢量场，它描述了一个连续统在某个点附近的局部旋转运动（某物旋转的趋势），正如位于该点的观察者所看到的那样，并随气流移动。

河流上建一座水坝，在水库里蓄水。从水库释放的水流过涡轮，使其旋转，进而激活发电机发电。但是水力发电本质上不需要一个大水坝。一些水力发电厂只是利用一条小水道将河水通过涡轮机输送。特别是在储存电力方面，建立了"抽水蓄能电站"。在这里，电力从电网输送到发电机。然后，发电机使涡轮机向后旋转，这使得涡轮机将水从河流或下游水库抽水到上游水库，在那里储存电力。为了使用电力，水从上游水库释放回河流或下游水库。这使涡轮机向前旋转，激活了用来发电的发电机。一个小型或微型水力发电系统可以为家庭、农场或牧场提供足够的电力[21]。今天，世界各地的淡水资源都非常有限。对于各国来说，国与国之间的地理边界是用河流来划分的。他们之间有水资源共享协议。上下游国家在水资源共享方面有各自的问题。众所周知，在国际边界修建水坝会产生政治分歧。在这种情况下，水力发电也可能成为冲突的一个方面。当然，在这种情况下，武装部队会发挥不同的作用。

各区域都有自己的电力输送基础设施。众所周知，水力发电来源于流动的水，流动的水和水坝是这种发电的核心。水坝通常位于偏远地区，所产生的电力需要经过一定的距离才能输送给用户。为此，需要大量的输电线路和设施网络。通常情况下，与水力发电厂一样，其他能源在同一个地区使用相同的输电线路和电站系统，为用户提供电力。军队也只依赖于这种网格系统。因此，从军事角度来看，可以说，如果国家投资于水力发电，这是一种可重复使用的能源，军队也会从中受益。

从整体意义上说，水力发电和风力发电都是太阳能的一种形式。实际上，正是太阳通过加热空气团使风吹起来，这些空气团上升、冷却并再次下沉到地球上。某种形式的太阳能总是在阳光、气流和水循环中发挥作用。然而，问题是，收集各种形式太阳能的最佳地点往往有人居住，而且很难到达[22]。这给铺设任何新的传输网络带来了问题。从武装部队的角度来看，这种挑战既有局限性，也有机遇。由于武装部队经过训练和装备，可以深入到这些偏远地区，他们可以发展自己的专属能源生产网络。

生物质能比传统能源更环保，为国防部队提供了多种选择。在这里，能量是由燃烧木材和其他有机物产生的。然而，重要的是要确保这一过程释放出碳排放物，不会因此对环境造成危害。它们的无排放发电厂可以为包括飞机工业在内的各种用途提供能源。目前，生产的第二代生物燃料更具可持续性。用于航空的生物燃料更清洁，与化石航空燃料相关的二氧化碳排放量减少了近80%。

国防机构经常被批评为最大的燃料消耗者。目前，生物质是唯一一种可再生能源，可以生产出在价格上更有竞争力且便于运输的燃料。重要的是，现在也有可能从与传统化石燃料性质非常相似的生物质中获得燃料。这就减少了对终端使用技术的需求，而且由于这种燃料是由废物制成的，它还允许武装部队有效地管理其产生的废物[23]。

另一种有用的能源产生技术或方法是利用核聚变反应堆来完成。目前许多工作都是在核聚变反应堆的发展领域进行的。1985 年 11 月，在日内瓦超级大国峰会上，当时的苏联总书记米哈伊尔·戈尔巴乔夫向美国总统罗纳德·里根提出了一个开发聚变能源用于和平目的的国际项目构想。在法国南部，这个被称为国际热核实验反应堆（ITER）的设施正在建设中。截至 2017 年 12 月 31 日，在这个想法被构想了 30 多年后，第一座核聚变反应堆的 50% 的工作已经完成。这种反应堆预计比核裂变反应堆安全得多。在这里，不存在熔毁的可能性，预计不会留下放射性物质。到目前为止，为实现 2035 年左右的全面发电的目标，这种能源创造的想法有望完全实现。这样的反应堆一旦准备就绪，甚至可以为整艘船提供动力。最终，这项技术有望给全球能源习惯带来重大变革。当核聚变反应堆完全投入运行时，它可以以更安全、更便宜的方式为国防服务提供充足的能源，满足一些偏远军事地点的能源需求，解决后勤难题，未来，聚变发电机可能实现现场发电。

6.7　结　论

任何形式的战争都需要有充足的能源供应。战争的各个领域都需要能源来维持士兵的生存，以操作各种武器系统来确保不同军事编队之间的通信不受干扰。同时，能源需求不能给后勤单位带来负担。如今，武装部队作为文明社会的一部分，不能忽视因环境问题而转向清洁燃料的需要。他们必须对化石燃料的依赖转向更清洁的能源形式。武装部队面临的真正挑战是，在接受取之不尽、用之不竭的能源实践的新形式同时，确保不在行动上作出妥协。

参考文献

[1] https://alternativeenergy.procon.org/view.timeline.php?ti-melineID=000015.Accessed 23 Nov 2017

[2] Kaya, N., et al.: Report of workshop on clean and inexhaustible space solar power at UNISPACE Ⅲ Conference. Acta Astronaut 49（11），627–630（2001）

[3] Fergi, D.: Ensuring energy security.Foreign Aff 85（2），69–82（2006）

[4] https://www.nasa.gov/audience/forstudents/k-4/stories/nasa-knows/what-is-climate-change-k4.html.Accessed

on 24 Nov 2017

［5］http：//unfccc.int/essential_background/convention/items/6036.php.Accessed on 24 Nov 2017

［6］http：//inexhaustibleresources.org/

［7］http：//inexhaustible-resources.com/list-of-inexhaustible-resources/ and http：//www.tutorvista.com/science/ inexhaustible-resources and https：//www.britannica.com/science/hydroelectric-power and https：//www.ucsusa. org/clean_energy/our-energy-choices/renewable-energy/how-geothermal-energy-works.html#.WjjZZrpuLIU and https：//www.conserve-energy-future.com/geothermalenergy.php and https：//www.reenergyholdings.com/ renewable-energy/what-is-biomass/，these sites have been accessed during 14-19 Dec 2017

［8］Extracted from different sources.Refer "How Geothermal Energy Works".https：//www.ucsusa.org/clean_ energy/our-energy-choices/renewable-energy/how-geothermal-energy-works.html#.W0zQZ_ZuI2w.Accessed on 16 July 2018

［9］Defense Infrastructure：Improvement Needed in Energy Reporting and Security Funding at Installations with Limited Connectivity.Report to Congressional Committees，January 2016，GAO-16-164，United States Government Accountability Office，p.7

［10］National Research Council：Meeting the Energy Needs of Future Warriors，Chap.7.The National Academies Press，Washington，DC（2004）

［11］Tadjdeh，Y.：New energy technologies could provide military with inexhaustible power sources，11 Jan 2014. http：//www.nationaldefensemagazine.org/articles/2014/11/1/2014 november-new-energy-technologies- could-provide-military-with-inexhaustible-power-sources.Accessed on 2 Dec 2017

［12］Ellabbana，O.，Abu-Rubb，H.，Blaabjergc，F.：Renewable energy resources：current status，future prospects and their enabling technology.Renew.Sustain.Energy Rev.39，748-754（2014）

［13］https：//www.theguardian.com/sustainable-business/2017/jun/13/battery-storage-and-rooftop-solar-could- mean-new-life-post-grid-for-consumers.Accessed on 26 Dec 2017

［14］Garretson，P.：Sky's no limit：space-based solar power，the next major step in the Indo-US strategic partnership.IDSA Occasional Paper No.9，2010，p.17

［15］http：//www.nss.org/settlement/ssp/.Accessed on 27 Dec 2017

［16］Thompson，A.：The military could be about to make solar power way better，27 Sept 2017.http：//www. popularmechanics.com/science/energy/a28394/military-adopting-solar-power/.Accessed on 22 Dec 2017

［17］Pearce，J.M.：How solar power can protect the US military from threats to the electric grid，14 Sept 2017. http：//theconversation.com/how-solar-power-can-protect-the-us-military-from-threats-to-the-electric- grid-83698.Accessed on 24 Dec 2017

［18］Stinson，E.：The future of wind turbines？No blades.https：//www.wired.com/2015/05/future-wind-turbines- no-blades/，15 May 2015.Accessed on 29 Dec 2017

[19] Frangoul, A.: The future of wind turbines could be bladeless.https：//www.cnbc.com/2017/09/29/the-future-of-wind-turbines-could-be-bladeless.html, 29 Sept 2017.Accessed on 29 Dec 2017

[20] History of Hydropower: https：//energy.gov/eere/water/history-hydropower.Accessed on 3 Dec 2018

[21] http：//www.renewableenergyworld.com/hydropower/tech.html.Accessed on 21 Dec 2017

[22] https：//www.usbr.gov/power/edu/pamphlet.pdf.Accessed on 2 Jan 2018

[23] The potential for biomass in the energy mix.Filtr.Sep.43（9）, 28-30（2006）

[24] Tadjdeh, Y.: New energy technologies could provide military with inexhaustible power sources, 11 Jan 2014. http：//www.nationaldefensemagazine.org/articles/2014/11/1/2014 november-new-energy-technologies-could-provide-military-with-inexhaustible-power-sources.Accessed on 2 Dec 2017；World's First Nuclear Fusion Reactor 50 Percent Complete, 31 Dec 2017.https：//learningenglish.voanews.com/a/worlds-first-nuclear-fusion-reactor-50-percent-complete/4165981.html.Accessed on 3 Jan 2018

第7章

下一代基因组学

后缀"组学"经常被用来描述一些高大上的东西。众所周知，它是指生命科学中的一个研究领域，专注于大规模的数据或信息，以理解用"基因组学"和"组学"概括的生命。这方面众所周知的例子可能是基因组学、蛋白质组学或代谢组学和蛋白质组学，以及与生命科学相关的其他几个领域。基因组学这个词最早是由托马斯·H.罗德里克博士提出，他是巴尔港杰克逊实验室的遗传学家。事实上，他曾在一本尚未出版的杂志提过这个名字[1]，即使在今天，同名为《基因组学》的杂志也在出版（由爱思唯尔出版）。

7.1 人类基因组计划

人类基因组计划（HGP，1990—2003 年）是科学和人类历史上的一个重要里程碑。这是一个国际性的研究项目，目的是确定人类基因组的序列并确定其中包含的基因。研究人员利用一种名为"基因图谱"的技术来决定允许人体发育的遗传密码。该实验有助于在人体细胞中定位完整的遗传物质，重要的是，它有助于定位人体中的脱氧核糖核酸（DNA）对。这种对构建个人蓝图的全新理解过程，目前正在影响人类对生命科学和医学实践的看法。以上研究都可以说促进了一个新的技术分支建立（或者为不太为人所知的分支提供更多的信任）——生物技术。到目前为止，此技术分支已成为 21 世纪最重要的科学研究领域之一。

总的来说，人类基因组计划成功的消息已经引起了广泛的关注，对生物和医学研究领域产生了巨大的推动作用。目前，遗传信息是由脱氧核糖核酸（DNA）的结构来编码的。有机体的这些信息的总和称为它的基因组。对基因组的研究通常被称为基因组学[2]。从广义上讲，基因组学是一门研究基因及其功能的跨学科科学。在这里，重点是了解基因进化、基因结构和进行图谱绘图，并编辑基因组[①]。

　　根据美国医学图书馆的观点，基因组是生物体的全套 DNA，包括它的所有基因。每个基因组都包含构建和维持该生物体需要的所有信息。在人类，所有具有细胞核的细胞中都包含一个完整基因组副本——超过 30 亿个 DNA 碱基对。基因组学和遗传学之间的主要区别在于，遗传学检查单个基因的功能和组成，而基因组学则是关于基因及其相互关系，以确定它们对生物体生长和发育的综合影响。

7.2　讨论 NGS

　　在文献中，已经发现，"下一代测序"（NGS）这一术语的使用比下一代基因组学这一术语更多。NGS 的相关术语是指大规模并行或深度测序。在某些地方，NGS 被称为高通量序。

　　如今，没有任何一种科学活动是孤立进行的。科学快速发展的主要原因之一是事态发展的多学科性质。DNA 测序仪和生物学科学的发展得到了 IT 行业和卓越的计算能力的支持。所有这些都极大地促进了基因组学的发展。当前，下一代基因组学显示出巨大的前景，并有望成为主要的颠覆性技术之一，可以在未来几年显著提高医学治疗模式。其他一些颠覆性技术也可以帮助生物技术发挥作用；例如，外科手术机器人可以看作是两种不同技术的结合。

　　重要的是要注意，基因组学是关于所有生命的，它可以是人类或动物的生命，也可以是植物的生命。显然，这项技术也有望对农业产生影响。对作物基因组的详细了解也可以帮助改善各种农业产品。从生物燃料到粮食安全，从转基因作物到合成生物学，更好地了解植物和动物的生命周期将对人类有重大帮助。

　　这本书的各个章节都讨论了一些潜在的颠覆性技术。其中大多数技术的"DNA"都是非生物的。本章专门讨论了生物科学中的一种技术。需要着重指出的是，在其他一些与生物科学相关的技术领域，如组织工程、分子成像、糖组学[②]、产前基因筛查等，可能会出现（或预期会发生）变革。这些领域展现出巨大

---

① Springer Nature Singapore Pte Ltd.2019 A.Lele，Disruptive Technologies for the Militaries and Security，Smart Innovation，Systems and Technologies 132.

② 设计用于定义在指定的时间，位置和环境条件下细胞或组织产生的聚糖的完整库。

的潜力，有望在未来医学中发挥重要作用。随着这些技术的发展，其中一些也有望被用于军事领域。值得注意的是，医学和生物科学领域的大多数新兴技术都对基因组进化持有偏见。

传统意义上，实验室医学专注于分析从细胞标本［如白细胞，颊细胞，福尔马林固定，石蜡包埋（FFPE）组织］中分离出来的核酸。血液中也含有游离细胞DNA的发现引起了人们对该标本类型分析潜在的浓厚兴趣。有游离细胞DNA是指循环DNA中相对较小的片段，其起源于人、胎儿或癌症。有游离细胞的DNA有潜力取代其他核酸来源，用于一系列测试。在大数据方面，大生物数据的概念已经出现。目前，正在进行的各种研究，其中涉及大量数据集，以确定如何在医疗保健中最好地使用基因组学[3]。使用这种技术取得的任何重大成就都可能改变现有的诊断过程。

一般来说，基因组学是在不同尺度上研究基因组的结构、功能和进化：从癌症肿瘤的单个细胞到整个个体群体的基因组。这项技术在寻找新药、诊断患者、揭示整个人群的基因和发现人类疾病的遗传基础方面提供了很大的帮助（预计费用也非常划算）。很有可能的是，将基于IT的工具正确应用于该技术上进行大量数据的分析，有助于得出具体的结果。

在上述背景下，下一代基因组学可以被描述为"下一代测序技术，大数据分析和具有修饰生物能力技术的结合，其中包括重组技术和DNA合成（即合成生物学）。下一代测序是一种更新型、低成本DNA测序或解码方法。它涵盖了现已广泛使用的第二代和第三代测序系统，这两种系统都可以并行测序基因组的许多不同部分"[4]。

下一代测序是一种与原有DNA测序根本不同的方法。这样做的最大优点是降低成本和节约时间。众所周知，该过程具有高度的灵活性，可以适应任何大小的基因组，从像病毒这样的小型基因组，到更大的基因组，如人类的基因组。有各种各样的报告表明了迄今为止该技术所取得的进展。已有的具体状况是：人类基因组计划是通过毛细管测序对第一个人类基因组进行测序的，耗时约10年，耗资近30亿美元。目前，下一代测序可以在一天之内以不到5000美元的价格对单个人类基因组进行测序[5]。

然而，无论结果有多么显著，基因组学的发展仍处于起步阶段，并且还需要几年才能成熟。也许这就是目前仍在使用"下一代基因组学"一词的原因[6]。从技术角度来看，挑战很多。关于基因组学，科学家还有许多工作要做。解码基因、生物特征、细胞过程和环境之间的相互关系是一项复杂的任务。

与其他任何技术一样，由于基因组学的双重使用性质以及监管和法律等原因，涉及基因组学的技术在可接受性方面存在各种挑战。最突出的是与此类技术相关的伦理问题。通常情况下，伦理问题确实与各种新兴技术有关。而且在这种情况下，这些问题与人类健康直接相关，因此伦理和文化挑战将不时出现。

此外，还可能存在对已测序基因组数据的所有权和对患者 DNA 信息的保密性有关的问题。在这方面，可能存在各种法律问题。此外，公众可能会普遍担心改变动植物的 DNA 可能会产生意想不到的后果[4]。在这方面的争论早已出现。在世界各地，转基因食品的安全性没有达成共识。此外，还有与健康、环境和良好科学有关的问题。

2015 年，时任美国总统奥巴马在发表国情咨文时，宣布启动"精准医学倡议"，这项新的研究旨在彻底改变医疗保健行业。该概念将超越通常遵循"一刀切"的常规医疗方法。精准医疗考虑到人们在基因、环境和生活方式方面的个体差异。它为医学专家提供了针对疾病特定治疗方法所需要的支持。精准医疗的进步已经带来了意义重大的新发现和各种新的治疗方法，这些方法针对人的特定健康状况和基因构成（特征）。这有助于改变我们治疗癌症和其他一些疾病等疾病的方式。① 本质上，这些举措提供了预测基因的能力。

7.3 军事和 NGS

尤其是从军事的角度出发，更准确和更详细地了解人体是非常重要的（在选择服役人员以及为个人服务时）。同时，必须指出的是，基因技术的发展也会带来一些负面影响。文化和伦理信仰方面可能会面临一些挑战。更重要的是，该技术可能用于设计新型生物武器，也可能在生物防御方面提供一些技术支持。下面各段将讨论下一代基因组学的各种安全隐患。特别强调的是，从安全角度来看，这可能是祸根。用于军事领域可能具有某些特定优势，但是恐怖组织也可能滥用该技术。

基因检测所能提供的远不止祖先的信息。在临床上，有针对性的基因检测将产生有助于准确诊断罕见疾病的数据。目前，有多种检测方法可以用来了解遗

---

① https://obamawhitehouse.archives.gov/node/333101，于 2018 年 3 月 12 日访问。可能会注意到，特朗普政府削减了卫生部门的预算，这可能会影响一些此类新的卫生举措。

传状况。单基因和面板测试①、染色体微阵列、②外显子组测序（ES）③和基因组测序（GS）等技术正日益成为主流诊断工具的一部分。选择某种检测方法时要考虑到各种因素，如疾病的性质、所需的临床发现、成本和周转时间。对于武装部队的医疗服务机构来说，以某种特定的身份将这种基因革命纳入筛查工具十分重要。主要是因为军方越来越强调选取适合的人员担任特定职务，因此这种测试可以对做出正确的决定提供帮助。这样的过程还会使选择过程更加客观。武装部队的每个部门（陆军、海军和空军）以及这些部门的各个分支机构都有各自的医疗标准来进行上岗培训，并在以后的任命中作为依据使用。在入职阶段，某些职业领域有更严格的体格检查标准。新的测试形式可以帮助提高选择过程中的客观性和透明度。并且更能识别出个人正确的身心能力，并据此雇用他／她。

今天，军事领域可以从民用领域的研究中受益匪浅。然而，基因组筛选在武装部队中有具体的应用，而这些应用不能轻易地从平民研究中加以补充。军方进行基因组测试的优势能保证部队准备就绪，提高作战能力，并在某些情况下降低发病率和死亡率。有优势的同时也有局限性。在不影响士兵职业生涯的情况下，在识别具有危害的基因变异以降低风险和提高任务有效性之间取得平衡是很重要的。简而言之，各种基因测试的结果不应成为决定个体是否适合的唯一因素。

将基因组医学纳入军队的进展取决于军事领导层发现其用途的重要程度。所有这些实际上将取决于各种实证研究。目前，缺乏关于基因组变异（即外显力和表达力）所带来风险程度的数据，特别是在没有家族史的情况下；通过发现此类变体咨询临床用途的程度；以及任何形式的筛查的性价比不是很明确。④因此，迫切需要军队进行更多的经验性基因组研究。这些研究将有助于军队制定和执行务实的政策。

---

① 改进的技术使同时测试多个基因中的突变成为可能。诸如多基因和单基因的技术正在提供良好的结果。

② 染色体微阵列用于具有无法解释的发育迟缓／智力障碍疾病和异常的个体的基因检测。

③ 外显子组测序，也称为全外显子组测序（WES）：全基因组测序是关于对生物的完整 DNA 进行测序。对于人类而言，这相当于约 30 亿个 DNA 碱基对。但是，这些对中只有一小部分（1.5%~1.7%）实际上会转化为蛋白质，即机体的功能参与者。外显子组仅占整个人类基因组的一小部分。但是，在外显子组中发现了所有蛋白质编码基因。由于大多数致病突变都发生在外显子组中，因此这种测试避免了整个外显子组测序，从而节省了成本和金钱。

④ 关于在军队中使用基因组学的讨论是基于 De Castro 等人的。

对于预防药物和适时药物，新的测序技术提供了新的机会。这些技术可用于传染病的检测和诊断，如对流行病的早期阶段进行快速测序或在生物威胁事件调查过程中确定基因型。特别是，对于部署在世界不同地点的军队，在恶劣的地形条件下作战，后勤支持不足，并且无法立即获得现代医疗设施，这一新技术可能会提供巨大的帮助。同样，如果有任何即将发生的生物威胁，基因测序技术的可用性将给灾难管理机构解决燃眉之急。

在涉嫌使用生物武器的情况下，确定正确的来源和属性是一个重要问题。这些机构应有能力通过科学评估，包括对疑似病原体进行分子鉴定来区分蓄意扩散与自然发生的生物事件。病原体在其自然存在区域之外或在其遗传序列中存在变异可能表明存在有意扩散。因此，病原体的分子表征是对生物威胁作出强烈反应的重要组成部分，它可以识别疫情的起源并采取适当的行动。基因测序可以识别病原体的精确遗传密码，从而识别出所涉及的物种或菌株。下一代测序方法可以被有效使用，特别是由于它们具有便携性且可以在现场部署。目前，它们是用于此目的的最佳和经济的选择。但是，需要指出的是，此类技术需要特殊的专业知识，如先进的生物信息学[8]。

7.4 战争中的病原体

使用生物武器已有很长的历史。这种武器利用毒素和微生物（例如病毒和细菌）传播疾病。这种武器故意在人类和动植物之间传播疾病。使用或部署此类武器涉及自然病原体的使用。然而，基因技术的进步表明，生物武器可以作为武器设计生产。它们可以通过操纵基因来创造新的致病特征，从而通过提高其生存能力、传染性、毒力和耐药性来增强武器的功效。

与传统的生物威胁相比，基因工程的光基因将带来更大的挑战。这种病原体有新的特性，具有更高的传播性、传染性或抗生素耐药性。在检测、诊断和治疗方面都存在一定的难度。在感染初期，没有疫苗可用，根据病原体的性质，找到解毒剂也并不容易。所有这些特点都为犯罪者或恐怖主义提供了便利。恐怖组织能够获得的基本优势不仅来自可能发生的死亡人数，而且还来自公众的恐慌，因为他们（至少在袭击后的早期）无法判断这种病原体的确切性质。

从 DNA 测序时代到 DNA 合成时代的不断转变，使得合成任何 DNA 序列已知的病毒成为可能。特别是，DNA 合成能力、计算能力和信息的日益普及表明，越来越多的人将有能力生产生物武器。科学家已经能够将 DNA[①]——A（腺嘌呤）、C（胞嘧啶）、G（鸟嘌呤）和 T（胸腺嘧啶）——转换成二进制代码的 1 和 0。这种转换使基因工程成为一种电子操作，从而降低了技术成本。此外，新兴的基因合成产业正在使基因材料变得更为广泛。一个粗糙但有效的恐怖武器可以使用廉价的设备和大学水平的化学和生物学来制造出任何数量广泛可用的病原体。以下是基因工程生物武器的一些可能性。这些新技术有助于提高战争中病原体的威力。

（1）二元生物武器：包括将质粒、小的细菌 DNA 片段插入其他细菌的 DNA 中，以增加宿主细菌的毒力或其他致病特性。

（2）设计基因：到目前为止，科学家已经对 3000 多种病毒、1000 多种质粒和 2000 多种细菌的基因组进行了测序。关于这些序列的大量信息可以在开源软件中获得。与这些信息和其他关于基因合成的已知知识，有可能通过创造合成基因、合成病毒和可能的全新有机体来设计病原体。

（3）基因治疗：通过改变生物体的基因组成，永久性地修复或替换生物体的基因。通过用有害基因替换现有基因，这项技术可用于制造生物武器。

（4）隐形病毒：这是一种进入细胞并保持长时间休眠，直到外部触发引起疾病的病毒。这类病毒可以被故意传播到大量人群中，激活可以被延迟，也可能被用作勒索的威胁。

（5）宿主交换疾病：类似于自然发生的西尼罗河病毒和埃博拉病毒，动物病毒可能被基因改造并发展成为感染人类的一种有效的生物战策略。

（6）蓄意设计疾病：生物技术可以用来操纵引起疾病的细胞机制。例如，可以设计一种药物来诱导细胞不受控制地繁殖，如癌症，或者是细胞开始凋亡，即计划性细胞死亡。

（7）个人化生物武器：在设计针对特定人基因组的病原体方面存在理论上的可能性。这种药物可以在人群中传播，表现出轻微或无症状，但对预期目标是致命的。

基于现代合成生物学和基因组技术也可以提供重要的生物防御解决方案。只有通过这些技术才能找到下一代基于基因组生物武器的解毒剂。以下可作为防御这些武器的手段。

----

① DNA 是一个长的有机分子，主要由四种基本化学物质组成：A+T 和 C+G。由于各种复杂性，理解这一主题的各种技术细节有点困难，但同时，很有趣的一点是，科学家们是如何通过使用与语言类比相关的非常常见的主题来对这些观点进行概念化的。请参考 El-Showk[9]。

（1）人类基因组专业知识：疫苗和药物可以设计（在某些情况下非常迅速）来对抗特定的病原体，其基础是分析它们对人类细胞的特定分子效应。

（2）免疫系统增强：人类基因组知识也将提供一个更好的了解免疫系统的平台。因此，基因工程可以用来增强人类对病原体的免疫反应。

（3）病毒和细菌基因组知识：解码病毒和细菌的基因组将促进关于毒力和耐药性的分子研究。通过利用这些信息，细菌可以被改造来产生对抗病原体的生物调节剂。

（4）高效的生物试剂检测和鉴定设备：由于已经获得了利用DNA分析比较基因组的能力，因此可以进一步开发利用细菌和病毒基因组信息鉴定病原体的技术。这种技术可用于根据生物武器的基因组识别其组成，从而减少目前在治疗和预防措施方面的延误。

（5）新疫苗：目前的科学研究项目涉及对病毒进行基因操作，以制造疫苗，通过一次治疗就能对多种疾病产生免疫力。

（6）新型抗生素和抗病毒药物：目前，抗生素药物主要针对细菌细胞的DNA合成、蛋白质合成和细胞壁合成过程。随着对微生物基因组知识的增加，细菌活力所必需的其他蛋白质也可以被用来制造新的抗生素。从长远来看，可能会开发出广泛使用的、而不是蛋白质特异性的抗微生物药物。[①]

7.5　基因组学：祸与福

简而言之，上述讨论表明，生物技术领域取得的各种成果对军队从军事医学到生物防御具有多重效用。不幸的是，同样的技术也为非国家行为者（以及秘密国家行为者）制造生物武器提供了机会。

2003年人类基因组计划的完成开创了整个生物技术领域研究和发展的新纪元，特别是在进行"下一代测序"（NGS）的基因组分析方面。NGS是一种完全不同的DNA测序方法。这一过程具有高度的灵活性，可以适应任何大小的基因组，从小基因组（如病毒）到大得多的基因组（如人类），有各种各样的报告

---

① 上述关于生物战的讨论主要来自 Mackenzie Foley 的《基因工程生物武器：现代战争的新型武器》（应用科学，2013年冬季/2013年3月10日）以及 Michael J.Ainscough 的《基因工程技术在生物战和生物恐怖主义中的应用》，反扩散文件，未来战争系列第14号，空战拼贴，阿拉巴马州，第17页（1997年，杰森向美国政府提供咨询意见的组织已经确定了潜在的基因工程途径基因和武器是未来的威胁）。关于这个问题的资料来源有限，上述两篇文章也被其他一些作者称为他们的主要来源。

表明了这一技术的进展。从目前的情况来看，人类基因组计划（Human Genome Project）使用毛细管测序法对第一个人类基因组进行了测序，历时约10年，耗资近30亿美元，而目前，下一代测序技术可以在一天内对一个人类基因组进行测序，费用略低于5000美元[10]。

生物技术领域的发展前景被认为是非常光明的。目前，基因组学领域的研究正使人们从其研究中直接获益。这项技术正变得越来越经济实惠，也越来越成为防范和应对生物威胁的系统。新一代测序技术、生物信息学基础设施及数据和原数据开放存取的进展在改善公共卫生系统方面发挥着核心作用。为了解已知病原体的进化和预测新的传染源的出现，人们正在努力对基因组进行实时研究。在节省大量时间和成本的前提下，人们发现了基因组革命和相关新科技/技术的最大好处。下一代测序技术带来了前所未有的、数量庞大的基因组序列，提供了以前从未想到的机会。致力进行实时研究基因组，有助于了解已知病原体的进化并预测新的传染源的出现[11]。

7.6 结 论

广义上说，通过基因变异，现在有可能为患者提供正确的药物。这将在诊断和药物制造过程中带来根本性的变化。这些新技术将彻底改变医药、制药、农业、部分石油工业（生物燃料）以及其他一些相关行业的领域。特别是在国防部门，人力资源（也包括妇女权力）的选择过程可能会发生重大变化。这将有助于国防机构为特定的工作选择一个合格的士兵（个人），并使选择机制更加透明。医学民用领域的各种发展也会惠及军方，但军方必须深思熟虑，有选择地使用，更重要的是根据需要进行修改。有一些特定的军事医疗要求，如战场上的损伤，可能涉及弹片、金属零件或弹药进入人体。基于DNA操作和合成生物学解决方案的新技术可以帮助国防军队找到针对特定军事医疗紧急情况的解决方案。军方还需要研究将基因组信息与决策系统的伦理、法律和社会影响进行整合。

 参考文献

[1] Kuska, B.: Beer, Bethesda, and biology: how "genomics" came into being. J. Natl Cancer Inst.90（2），93（1998）

[2] Genomics and World Health: Report of the Advisory Committee on Health Research, p.15. World Health

Organization，Geneva（2002）

［3］Kricka，L.J.: Emerging and disruptive technologies.EJIFCC 27（3），253–258（2016）

［4］Manyika，J.et al.: Disruptive Technologies: Advances that will Transform Life，Business，and the Global Economy，p.87.A report by McKinsey Global Institute，May 2013

［5］https: //www.yourgenome.org/stories/next–generation–sequencing.Accessed on 23 Dec 2017

［6］Next Generation Genomics & Illumina: 7 July 2016 https: //www.macrovue.com.au/news–insights/next–generation–genomics–illumina/.Accessed 3 Jan 2018

［7］De Castro，M.et al.: Genomic medicine in the military.npj Genom.Med.1，Article number: 15008（2016）

［8］Ali.S.: Next Generation Sequencing（NGS）for Biological Threat Preparedness.https: //www.eda.europa.eu/webzine/issue14/cover–story/next–generation–sequencing–（ngs）–for–biological–threat–preparedness.Accessed on 16 Mar 2018

［9］El–Showk，S.: The Language of DNA.28 July 2014.https: //www.nature.com/scitable/blog/accumulating–glitches/the_language_of_dna.Accessed 16 July 2018

［10］https: //www.yourgenome.org/stories/next–generation–sequencing.Accessed 26 Mar 2018

［11］Fricke，W.F.，Rasko，D.A.，Ravel，J.（2009）.The Role of Genomics in the Identification，Prediction，and Prevention of Biological Threats.PLOS Biol.7（10）.https: //doi.org/10.1371/journal.pbio.1000217.Accessed 23 Dec 2017

第 8 章

人工智能

众所周知，人工智能（AI）虽然应用广泛，但仍然是一种在多领域不断发展的技术。关于人工智能是否应大力推广，众说不一。人工智能究竟是救世主还是毁灭者，目前还没有最终定论。但针对人工智能的应用，确实提出了相应的伦理道德方面的问题。我们注意到，全球军武装部队已经开始有选择性地将人工智能技术引入整个军事防御体系。像其他各种军事技术一样，人工智能可应用于防御和进攻两个方面。因此，仅仅把人工智能看作提高杀伤力的工具并不完全正确。人工智能各个研究方向的发展有助于开发或升级防御性技术。

8.1 引 言

人工智能并不是一个新概念，几个世纪前就提出了智能机器的概念。但人工智能（AI）的概念是 1956 年在达特茅斯人工智能会议上提出的。众所周知，这次会议明确了人工智能的概念。在这次会议上，针对达特茅斯人工智能暑期研究项目，约翰·麦卡锡（达特茅斯学院）、马文·明斯基（哈佛大学）、纳撒尼尔·罗切斯特（IBM）和克劳德·香农（贝尔电话实验室）提交了名为"2 个月 10 人的人工智能研究"的提案。有趣的是，这次会议似乎已经预见到，与电子容量和功能相关的技术有望取得快速进展。后来，英特尔公司（Intel Corporation）的联合创始人戈登·摩尔（Gordon E.Moore）将这一想法付诸实践。1965 年，摩尔指出，从 1958 年到 1965 年，集成电路中的元件数量每年翻一番（电子杂志的报道）。这种指数增长被称为摩尔定律[1]。电子技术的飞速发展也带来了各种各样的创新性发明创造，为人工智能的发展提供了舞台。

"使机器智能化"的科学通常被称为人工智能。实际上，人工智能并没有公认的定义。在最早的一本关于人工智能的教科书中，人工智能被定义为"使计算机智能化的研究"。在后来的几年里，这一定义进一步更新，然后人工智能被认为是试图"让计算机去做目前人类擅长的事情"。同时我们注意到,"人工智能"一词仍然存在争议,最基本的哲学问题仍然没有结论,即"机器是否可以智能化"?[2]自 19 世纪以来,数学逻辑、机器人理论、控制论、信息系统、计算机科学、心理学等科技领域的进步为人工智能的发展研究奠定了思想、理论和物质基础[3]。

到 21 世纪初,人工智能已经比较成熟,并且在民用和军用方面都得到越来越广泛的应用。人工智能被视为"机器,尤其是计算机系统对人类智能过程的模拟"。这些过程包括学习(获取信息和使用信息的规则)、推理(使用规则得出近似或确定的结论)和自我纠正。人工智能的具体应用包括专家系统、语音识别和机器视觉[4]。人工智能是指通过分析周围的环境因素并总结经验,采用一定逻辑处理方式来不断学习和改进的计算机系统[5]。

目前,人工智能一词被广泛地用于涉及机器智能的其他各种相关分支。因此,从广义上说,人工智能已经成为一个涵盖智能机器人、环境智能、机器自动化、自主代理、基于反应性和混合行为的系统以及大数据和小数据等领域的总称。可以说,机器人的发展与人工智能的发展齐头并进。在人工智能技术发展的最初阶段,机器人技术更多地被视为自动控制技术,机器执行预先编好的程序。当今的机器人技术以其自身具有决策能力而闻名。例如,目前的语音识别系统与用户进行交流,以此收集有关其语音特征。同样,人类使用的导航系统也是根据输入的位置信息来校准和重新校准他们的路线。此外,人工智能领域内使用的技术也可以看作智能开发中统计学和数学建模方面的进步。

8.2 AI 领域

信息通信技术(ICT)是现代军事体系中的核心技术。互联网应用于军队的方方面面,这就要求确保互联网的安全性,以保证信息不被泄漏。因为,在现实生活中敌方有可能操纵互联网。此外,网络安全防护和网络攻击战正在成为现代战争的主要形式。世界各国都在网络战的防御和进攻两个方面进行研究。从军事角度来看,信息通信技术有着不同的含义。在信息通信技术的不同领域,人工智能发挥着不同的重要作用。由于人工智能的类型很多,人工智能技术是核心焦点,大多数人工智能得到了许多应用程序的认证。在这里暂不讨论信息通信技术的各种特性和人工智能的相关方面,而是着眼于这项技术的军事用途。因此,在不涉及人工智能的各种技术细节的情况下,本章对人工智能与军队的相关性提出一个广义的观点,并讨论人工智能给现有国防体系可能带来的破坏。

广义上说，人工智能包含许多子领域，从学习和感知等通用领域到下棋、数学定理验证、诗歌编写和疾病诊断等具体任务。人工智能使智力任务系统化和自动化，因此研究人类智力活动的任何领域都具有重要意义。在某种意义上，这是一个真正的通用领域[6]。科学家可能已经发现，截至目前，人工智能领域的发展还达不到科幻小说中的想法。目前，研究的重点更多地放在开发执行日常任务的相关技术上，以及人类难以执行的风险性任务。

计算机、网络、存储、大数据和神经科学的发展推动着人工智能的发展。目前人工智能的预测能力越来越精确，它在民用和军用领域随处可见。比如在智能手机中，可以在文本编辑器中自动完成组词，也可以通过人脸识别登录智能军事机器人系统。人工智能领域的应用范围正在向各个领域扩展，分类如下[7]。

很多机构根据自己的理解和需求来定义人工智能。实际上，由于人工智能技术的特殊性质，很难精确地定义人工智能，因此出现了一些人工智能的行话（也有一些小范围使用的词语）。如通用的和超级人工智能之类的术语。此外，还有一些基于机器学习、深度学习、强化学习、有监督和无监督学习、神经网络、贝叶斯网络等术语的解释。然而，每一个术语都有关联性，任何研究人工智能的学者都应该批判性地分析这些术语并理解它们的具体关联性（有一种可能就是，某些术语实际上意味着相同的含义，在某些情况下，相关性可能更具理论性）。

狭义上说，人工智能被称为"弱人工智能"，是迄今为止人类实现人工智能的唯一形式。它被认为是一种善于完成单项任务的技术，如下棋、进行语音和图像识别或发布天气预报。然而，与人们对人工智能的期望相比，狭义的人工智能被视为低效技术。事实上，它非常擅长做各种日常性工作，包括体力劳作和思想认知两个方面。这是人工智能的一种形式，预计未来将替代人类的各种日常工作。

通常所说的人工智能或强人工智能是指能够达到人类层面的人工智能。这类人工智能技术是利用机器模拟人类对周围事物的认知和推理，像人类一样感知事物，并能够在多个不相关的想法和记忆之间做决定时游刃有余。但这项技术目前很难达到这样的水平。有些人认为，人类终究会实现超级人工智能，这样的人工智能几乎在科学创造力、一般智慧和社交技能[9]等所有领域比人类最优秀的大脑更聪明，这将会成为现实。

总的来说，虽然人工智能是计算机科学的一个分支学科，但其有望成为一门独立的学科。随着人工智能的发展，一些基于人工智能的技术得到认可，且有些技术更是先进。显然，人工智能技术将会持续动态发展下去。特别是在人工智能技术和通用信息通信技术共同发展的背景下，主要有三个重要术语："神经网络""机器学习"和"深度学习"。神经网络是人工智能赖以建立的计算机体系结构。它就像大脑的草图，由神经元一样的节点组成，相互连接组成神经网络。单独地看，这样的节点是非智能的，只能回答非常基本的问题，但是，若将它们连接在一起，则可以处理难题，尤其在正确使用算法的情况下。机器学习和深度学习是这个人工智能架构的更进一步。机器学习是一个在神经网络上运行的程序，在这里，目的是训练计算机在大量的数据中找到答案。深度学习可以解决简单运算处理能力与丰富数据之间的矛盾（大数据和互联网的力量 1.0）。深度学习促进了无人驾驶汽车等机器的发明[10]。

中国政府已于 2017 年 7 月 20 日发布了《下一代人工智能发展规划》。其中概述了中国要成为该领域世界领先者的战略要点。提案确定了在人工智能各技术领域加快建设适当的生态系统。这份详细的报告指出未来投资可能发生或需要发生的各个领域。预计中国和其他发达国家一样将主要关注民用领域的人工智能发展。与此同时，这些发展也可能对军事领域产生重大影响。

目前，专家们正在识别各种新的人工智能技术，这些技术基本上可以被认为是狭义人工智能技术。此类评估研究通常基于人工智能应用的可用性和可能性。它的应用范围很广，包括社会、工业、经济、技术、教育和军事等领域。人工智能已经应用在（在某些情况下是可以想象的）医疗领域、汽车业、保险业、视频游戏和娱乐业等各行各业。随着各种新兴技术和人工智能领域的进一步发展，人工智能的应用范围将在未来几年里不断扩大。

随着技术和创新的快速增长，人们认识到人工智能的发展目标正在从"使计算机更智能"转变为"认知独立于特定物理现实的智能过程"。所以，人工智能的发展将逐渐深入到我们的"现实世界"的方方面面[11]。很难预测人工智能何时将开始真正主导人类智能，但重要的是要确保技术在人类的掌控之下。

8.3 AI 技术

目前，各种最新的人工智能技术包括以下几个方面[12]。

（1）机器人技术：通过操纵实体来执行任务的机器。有时候，一个单独的机器人由多个系统组成。这些系统被用来执行操作、收集情报和作为无人系统执行各种任务，向客户交付商业产品和战争武器。

（2）数据挖掘：在数据库中发现有用的信息，可以用来改进操作。其目的是从数据中提取信息并完成数据的智能化转换。数据挖掘技术应用在商业、科学研究和国防等领域。

（3）计算机视觉：这个概念是指计算机能够感知物体。视觉包括获取和加工视觉信息。这样的人工智能技术可以用于无人驾驶车辆，可以识别语音或面部表情，也可以进行手写文档识别。此外，诸如自然语言生成的处理有助于从计算机数据中生成文本，而语音识别则能将人类语音转录并转换为计算机可识别的格式。

（4）虚拟代理：从简单的聊天机器人到可以与人类联网的高级系统。

（5）人工智能优化的硬件：通过图形处理单元和设备进行专门设计和构设，以有效地运行面向人工智能的计算任务。

（6）决策管理：在人工智能系统中嵌入规则和逻辑引擎，用于初始设置、训练和不断的维护调整。这是一种成熟的人工智能技术。它应用于各行各业的企业应用程序中，以此帮助或执行自动化决策。

（7）深度学习平台：这是一种特殊类型的机器学习，由多个抽象层的人工神经网络组成。

（8）生物识别：使人与机器之间的互动更自然，包括但不限于图像识别和触摸识别、语音和身体语言。生物信息学允许管理生物信息。为解决生物信息学中的重要问题，人工智能提供了几种强大的算法和技术。

（9）文本分析和NLP：自然语言处理（NLP）技术支持文本分析功能，利用统计学和机器学习，可以帮助人类理解句子的结构和意义，以及人类的情感和意图。目前用于欺诈监测和安保、用于挖掘非结构化数据的自动化助手及应用程序。

（10）知识表示和推理：人工智能领域的两个核心概念包括知识的表示和将知识带到生活中的推理过程。知识表示是以计算机可读和可理解的格式对现实世界、常识等进行编码。广义上说，机器应该有逻辑思维能力。

8.4　人工智能的军事应用

人工智能研究已经发展了很多年，私营企业在这方面也进行了大量的投资研发。根据技术行业分析师对人工智能发展趋势的评估，人工智能技术的市场正在蓬勃发展，许多初创企业和互联网巨头对这一领域表现出极大的兴趣，这导致投资大幅增加，出现了很多新的技术。可预计的是在这方面的投资将逐年增长，2017年人工智能投资将比2016年增长近300%。此外，人工智能市场有望不断扩大，在数年内市场将扩大近5倍[13]，随着各种创新的不断涌现，人工智能在国防领域的应用也会随之提高。然而，需要注意的是，特别是从军事角度来看，人工智能技术很多时候并不能与现有硬件兼容。与人工智能相关的研究和开发并不是一个容易的过程，很多设想都经历多次失败。人工智能不是一项独立的技术，它的重要性在于应用。人工智能技术被用于实践中才是最终目标，可能不局限于开发一个特定用于军事目的的人工智能。根据效用有选择性地使用人工智能是有益的。

在讨论人工智能的军事适用性时，没有详细的讨论来解释与设计和开发特定人工智能技术相关的技术细节。下面讨论的应用程序已经被世界上一些安全机构所使用，或者这些想法正在试验中。

众所周知，人工智能系统可以提高机器的性能，任何提高性能的军事系统都可以说与人工智能有着某种直接或间接的联系。一般来说，人工智能不应被视为一种直接的补救措施，更应被视为一种协作技术，它将提高现有技术的有效性，并与其他学科共同发展。从军事角度来看，这项技术的应用可能有很多种，并且可以覆盖广泛的军事领域。在军事应用中，想象力是关键。这是因为由现代技术控制的军事行动基本上都可以通过在军事行动中引入人工智能发挥其智能化作用。此外，军事上可能会引入新的人工智能技术，或者生产一些定制的军事专用模块。

重要的是，在军事专用人工智能的设计者和军事技术领导层的共同努力下，人工智能将与军事防御装备一起发展。值得注意的是，人工智能的基本特性是自我学习和即兴发挥，因此需要开发新的系统，对这些系统的可能性行为进行预测是很重要的。这将有助于确保这些系统以一种"公正"的方式运行。

总的来说，任何关于国防技术的讨论都反映了陆军、空军和海军所使用的具体技术。然而，人工智能（至少在现阶段）更多的是一种应用技术。下面讨论武装部队的三种武器。除非特别提到，否则讨论的大多数应用程序都与这三种武器相关。

8.4.1　人工智能和 C^4ISR

现代军队主要依赖技术。现代的战场和战争的性质与早期相比既不同又相似。无论是全面战争还是混合战争，都要求军队实行现代化。由于信息技术工具、安全通信卫星的应用，世界各地的武装部队都在选择性地发展网络中心战的体系结构、理论和战略，这都导致指挥、控制、通信、计算机、情报、监视和侦察（C^4ISR）体系结构的发展。通常这种结构以信息和通信技术工具和天基系统为基础。此外，还有许多应用，包括全球定位系统（GPS）、惯性导航系统（INS）和地理信息系统（GIS），以及来自各种雷达、望远镜系统的大数据，使 C^4ISR 系统更加成熟，减少了指挥官对传统作战计划中诸如对纸质地图和沙盘模型的依赖。

在以网络为中心的环境中，人工智能能够帮助士兵几乎实时地访问和共享整个网络信息。为此，情报、监视和侦察是战场管理的关键要素。多年来战场态势的变化也导致识别、监视和侦察技术的发生。各种相关领域的技术进步促使传感器向高灵敏度、小尺寸和更好的可视性方向发展。特别是，人工智能正在地面、空中、空间和水下情报、监视和侦察等方面做出重大贡献。值得注意的是，无人机（UAV）也在使用人工智能技术，用于情报、监视和侦察。这些都有助于了解战场的形势，采用三维建模技术使战场环境动态可视化，呈现几乎真实的战场环境。人工智能正越来越多地融入互联网搜索、军事应用、地形和大气环境优化和机器人技术等领域。在战略方面，人工智能有可能改变武装部队行动指挥、训练、后勤和部队部署的方式。各种监视平台、无人驾驶飞行器、合成孔径雷达、机载预警系统、卫星等日夜不停地生成大量的数据和图像，利用这些数据，基于人工智能的系统，开发出相应程序来帮助战场指挥员以最高的精度和准确度识别数据链条中隐藏的信息。它可以是基于人工智能系统的独立输入，也可以是用于增强人类分析和行动能力的信息[14]。在不久的将来，这类和其他基于人工智能的技术很可能同其他各种技术结合，将代替军事指挥官提供自主决策。人工智能预计将在信息和通信技术（包括传统电信和各种通信支持应用程序）中发挥重要作用[15]。人工智能还能设计智能决策支持系统，从而将人类决策转变为基于机器的决策，或为指挥官做出决定。

8.4.2 人工智能和机器人

目前，许多机器人并不智能，因为它们被预先编好了程序，由操作员控制。这种所谓的非智能机器人在民用和军事领域已应用了很多年。众所周知，它们的能力有限。从技术上讲，机器人技术和人工智能是两个不同的领域。但是，这两种技术的结合催生了智能机器人，这些机器人能够在没有任何人类帮助的情况下进行自主决策。通常，工业应用所需的机器人系统大多是经过预先编程的机器人，因为它们的目的是做重复性的工作。这样的系统用于生产，在那里它们要做重复性工作。但是有些机器人，尤其在战场上，有时需要自己在有限的时间内做出决定。因此，人工智能驱动的机器人系统在军事领域的应用更具有现实意义。

机器人技术涉及电气、机械、电子、信息和通信技术等多个工程技术分支。现代人工智能涉及智能决策支持系统，允许系统自行思考和决策。从天气传导、地形条件到攻击者的能力、可能的攻击位置的性质、反击的类型和性质以及战场态势感知等，这种系统获取一系列相关数据信息。

人工智能辅助的机器人系统应用于军事用途。这种系统既可以是防御系统，也可以是进攻系统。本质上防御系统是指非致命系统，由机器人自主完成。这种系统也可以是侦察系统。例如，简单的应用有监控系统，监控系统中的摄像头可以对周围环境做出反应（比如根据当前的大气传导情况决定图像的正确格式）。

为了运送后勤物资，美国已开始研制一种机械骡子，将货物运送到地势恶劣的地区，以减轻后勤负担，减少人员伤亡。这种机器人系统（BigDog）可以在崎岖不平的地形中行进，一次负重 180 千克，能自动跟踪目标 24 小时，持续行走约 32 千米。

然而，由于性能问题，美国军方已搁置了这种机器骡子的开发，因为它噪声太大，无法成为一个好"士兵"（一个噪声大的机器人很容易暴露行踪）[16]。这表明这些问题可能与系统开发的机械工程技术有关。由于该系统必须在没有人工协助的情况下完成各种操作，因此人工智能可以在该系统中发挥作用，并将继续与未来创新技术相关联。总的来说，机器人的发展促进了这个系统的发展。

8.4.3　人工智能和致命性自主武器系统

几十年来，杀手机器人一直是科幻小说的主角。人工智能的迅速发展使致命的自主机器时代成为现实。自主技术可以独立运行，无须人工干预。致命性自主武器系统（LAWS）是指无人干预就能识别和攻击目标的武器系统。目前，这类系统大多是所谓的"开火即不管"系统，一旦启动，就可以自行选择和攻击目标，而不需要任何人为干预。因此人工智能是一把双刃剑，其相关法律在全球范围内已越来越受到重视。允许机器（机器人）使用自己的智能杀人已经引起了各种道德问题[17]，很多科学界和工业界的著名领袖都反对发展这种系统。

致命性自主武器系统可以是进攻性的也可以是防御性的。但是，目前致命性自主武器系统都属于防御系统。这是因为，武器系统不能独自选择目标，因为没有任何机器能够决定为什么、何时、何地以及如何开始冲突，除非它被设定这么做。因此，目前的致命性自主武器系统被视为防御性武器系统，其程序旨在应对来袭威胁。几乎所有主流的自主武器系统（主要用于导弹和防空）都设计成点防御或区域防御武器系统。这种系统对来袭的导弹威胁作出反应，但不能主动发动攻击。总的来说，迄今为止还没有设计出能够自行决定攻击目标的武器系统。美国已经发明了武装地面机器人，如特种武器观察侦察直接行动系统（SWORDS），该系统部署在阿富汗，用于探测和解除简易爆炸物。该系统是第一个武器化的无人地面车辆。这种机器人系统具有有限的内置人工智能，由士兵远程操作。这种系统表明，可以设计和开发类似的系统，使这种系统能够在没有人为干预或监督的情况下发射炮弹。这种系统被归类为攻击性致命性自主武器系统。

1991 年海湾战争美国海军成功地使用了战斧导弹。战斧导弹被公认为是近代重要的自主系统之一。另外，美国在后冷战时期使用的其他一些武器系统可以说也是属于自主系统范畴。它们包括炮兵武器、智能反装甲弹药（BAT）和末制导弹头。此外，像哨兵机器人这样的系统，属于地面机器人的系统，如 PackBot、TALON 和 MARCbot，以及超音速和隐形无人机也属于自主范畴，这些技术发展的核心都是人工智能。

目前，唯一可操作的全自主武器系统有反火箭炮、火炮和迫击炮系统，如"铁穹顶"；还有反导系统，如终端高空防空系统（THAAD），以及防空系统，如 S-400。此外，还有一些基于机器人技术的系统，如无人机和无人地面和水下航行器，它们具有导航功能，但不会选择和攻击目标，它们只对来袭目标作出反应。另一个例子是由三星 Techwin 开发的哨兵机器人 SGR-1。目前，该系统已被韩国在其与朝鲜的边界上使用。这种机器人可以探测大约 3.5 千米范围内的目标。但是，在目前，最后的攻击命令还是由人操作发出的。

近程武器系统（CIWS）是一种用于防御近程反舰导弹的点防御系统。通常情况下，外置的战舰（或战舰）也能成功地对外敌战舰发动攻击。陆基 CIWS 还可以解决炮弹轰炸和火箭射击等威胁。世界上主要的海上力量几乎都装备了 CIWS。这些系统也可以在陆地上保护军事基地。这种系统既有炮基系统，也有导弹变种。基于枪的这种系统由多个枪管组成，炮安装在旋转的枪架上，快速旋转射击。这两种型号都需要不同类型的无源和有源雷达单元来提供终端制导。

"铁穹顶"已经证明，它在短程防御中是有效的。这是一个由以色列构想并由美国资助共同开发的系统。"铁穹顶"是一种能够拦截来自任何方向多个目标的反火箭弹、火炮和迫击炮的系统。"铁穹顶"采用自主制导和控制系统，能够根据系统设置拦截高优先级威胁的特定目标。Tamir-Adir 系统是"铁穹顶"导弹的海基变体，以色列于 2016 年 5 月成功测试了该系统。作为一种海上自主导弹拦截系统，Tamir-Adir 系统能够从移动平台上攻击和摧毁空中目标。

THAAD 是用于防御中短程弹道导弹的导弹，据说这个系统的拦截测试成功率为 100%。整个系统架构依赖雷达和卫星等其他重要因素。该系统以完全自主的模式运行，即红外卫星探测来袭导弹的热特征，并通过通信卫星将收集到的所有实时跟踪数据发送给地基系统。当威胁被确认时，根据从各种预警系统接收的输入信息进行评估，将正确的指令传送给传感器和武器系统（这些指令使武器系统进入主动模式）。随后，远程雷达探测并跟踪导弹一段时间，以进一步提高精度。跟踪数据用于计算来袭威胁导弹的轨迹。在用于应对威胁的一组排炮中，最有效的拦截器排炮被激活并执行拦截。识别、攻击和摧毁导弹的整个过程实际上是完全自主的，而且拦截效率公认非常高。

众所周知，美国国防机构正在开发武装无人机群，即利用无人机飞行编队完成既定任务。例如，Perdix 系统是由 20 或更多飞行单位组成的协作机群的自主无人机组。为了实现特定目标，发射无人机参与集体决策，并且具有群体自愈能力。在这种情况下，若一个或多个无人机单元被迫退出，整个系统将自动重新配置以完成任务。这个系统始于 2013 年，在这段时间里，已经启动了几次测试任务，目前正在升级该系统的软件。

其他致命性自主武器系统，无论是在概念层面还是在理论层面，都值得关注，其中包括天基自主系统，可用于天基系统及地球目标。随着全球科技的发展，一些有能力的国家可能在不久的将来发展这种系统。

战争的性质在不断演变。一个日益自动化的战场预计将为战争增加另一个维度，这将对战争产生复杂的影响。各国必须制定反制措施来应对致命性自主武器系统。总的来说，致命性自主武器系统可能继续作为战术和战略武器系统发挥作用。必须指出的是，不能绝对地看待自主系统，自主水平可能或低或高。可以说，应当要求军队有效控制这些武器的使用，并决定在什么情况下可以部署这些武器，以及控制任何特定武器部署的自主性程度。军队还必须有效应对各种致命性自主武器系统的挑战、军备控制和与法律有关的伦理问题，以便继续将这些武器保留在其武库中。今天，致命性自主武器系统带来了机遇和挑战。因此，军队有必要谨慎地将这类武器纳入其作战序列。

8.4.4　人工智能和虚拟现实

虚拟现实技术（VR）有着悠久的历史，多年来一直被认为是一种人类仿真技术。现代军事技术正在使用各种计算机模拟系统，在模拟系统上进行协助操作，并实时演示效果。由于建模领域的发展及在建模阶段考虑材料相互作用的可能性，基于虚拟现实技术的工具正在给模拟领域带来革命。这样的模拟工具正在开发中（有些已经开发出来），用于在机器人、无人机和诊断设备上，但在现实世界中运行之前还需要进行训练。这可能是机器人技术发展的一小步，但它预示着人工智能将向前迈出更大的一步。所有这些都指向了虚拟现实技术和人工智能潜在的颠覆性结合，将为军事训练和规划带来革命性变化。目前正在开发虚拟现实模拟系统，以此训练机器人在模拟环境中工作。

机器学习正在经历一场复兴，主要包括从学习中学习（或学习中强化学习），这是一系列不断发展的技术，采用多层网络，低层次学习模式识别哪些模式重要，高层次设计策略让他们理解模式的相互作用。同时，某一个网络也变得有能力训练另一个网络。一些主要的技术开发人员正在努力使用虚拟现实技术和基于云的模拟引擎来升级培训方法。虚拟现实技术正在飞速发展。预计开发人员将使用支持云和人工智能的基于虚拟现实技术的现代工具，为机器学习创造一个新的训练环境，并释放指数级和颠覆性的进步。

虚拟现实技术在军事领域的作用已经超越了简单的飞行模拟器。目前，空战模拟技术通过整合计算机模型、分解基本作战平台、武器系统和各种行为模型，结合一系列模拟场景，设计出了具有高度真实感的空战仿真技术。除航空外，虚拟现实技术还用于制作地面车辆和水上航行车辆的模拟器。国防工业甚至将虚拟现实技术用于制造业。为此，他们正在使用基于虚拟现实和人工智能的创新工具，以帮助他们在实验组装之前识别三维数字环境中的差距。从成本和安全角度出发，军方对虚拟现实技术和人工智能越来越感兴趣。采用这些技术，利用成本效益法，能够测试武器系统或维修平台设计方案的可行性。

人工智能和虚拟现实是否能用于创建虚拟围栏，这项技术[19]处于研发之中，它侧重于民用设施，也可以用于军事设施。虚拟围栏的概念是一种装置，它根据动物的位置对动物施加刺激。让动物戴上一个智能项圈，根据 GPS 信息，可以不断更新动物的位置坐标。如果动物正在越过边界，朝着它不该去的地方移动，那么传感器就会发出警报，它可能是猛犬、狮子或老虎的吼叫。这会警告这只动物，使它不会越界。这些技术可以进一步发展和改进后可用于军事用途。

印刷媒体、电子媒体和社交媒体在为特定事件或行为创造图像方面发挥着重要作用。现代战争要求军队领导人定期在媒体面前发表他们的观点，并针对问题作出回应。另外，军事领导人不仅要对他们的部队发表专业讲话，还要激励他们。为确保信息传递正确，对领导人的讲话内容和肢体语言进行审查非常重要。基于人工智能的工具可以有效地帮助领导者提高他们的沟通能力。基于虚拟现实技术的排练室[20]可以为军事领导人提供了一个排练环境（如新闻发布会），用于模拟演讲。这可以让领导者与不可预测的听众进行互动练习，并能够轻松地向特定听众发布信息和未来的行动方案。

8.4.5　人工智能和网络安全

网络攻击的频率在不断提高。例如，2017 年，美国平均每天都遭受 4000 多起勒索软件攻击，这些勒索软件会对计算机文件进行加密，直到文件使用者同意付费。2015 年，受害者日均在 1000 人。根据最新消息，人工智能将有助于改变这种情况。人工智能可以在最短的时间内对任何网络攻击采取纠正措施。人工智能已经被用来验证代码，识别错误和漏洞。2016 年，人工智能在网络安全领域的价值为 10 亿美元，相关数据见文献［21］，将达到 180 亿美元[21]。现代军队已经面临重大的网络威胁。随着对信息技术工具的日益依赖，预计未来几年，来自网络威胁的挑战将更加严峻。因此，军队将人工智能作为其网络防御体系的一个工具非常重要。

8.5　结　论

人工智能有望彻底改变军队的运作方式。从训练到作战，它几乎在军事活动的各个领域都有用武之地。基于人工智能的系统可以在各种组合下使用，如完全自主系统、人控系统、人机交互、隔离系统和其他各种系统形式。世界各国将会从民用和军事角度对人工智能研究进行长期投资。

从国防的角度来看，人工智能在和平时期和战时的各级军事行动的决策领域（从计划到实际行动）都具相关性。从军事角度来看，目前人工智能领域的技术发展水平还有待提高，这表明有更大的投资空间。因此，要充分了解武装部队需求。只有部队意识到这些技术的应用前景，并且有需求，人工智能才会不断发展。人工智能在军事上的应用具有无限的可能性。

 参考文献

［1］ http：//www.livinginternet.com/i/ii_ai.htm and http：//www-formal.stanford.edu/jmc/history/dartmouth/dartmouth.html and http：//www-formal.stanford.edu/jmc/history/dartmouth/dartmouth.html and http：//dujs.dartmouth.edu/2013/05/keeping-up-with-moores-law/#.WZGZXLpuLIU.Accessed on 14 Aug 2017

［2］ Murphy，R.R.：Introduction to AI Robotics，A Bradford Book，pp.15-16.The MIT Press，Cambridge（2000）

［3］ Zhongzhi，S.：Advanced Artificial Intelligence，Chinese Academy of Sciences，pp.2.World Scientific Publishing Co.Pte.Ltd，Singapore（2011）

［4］ http：//searchcio.techtarget.com/definition/AI.Accessed on 16 Aug 2017

［5］ http：//www.wisegeek.com/what-are-the-different-types-of-artificial-intelligence-technology.htm.Accessed on 16 Aug 2017

［6］ https：//www.ukessays.com/essays/information-technology/artificial-intelligence-in-military-applicationinformation—technology—essay.php#ftn4.Accessed on 18 Sept 2017

［7］Nazre, A., Garg, R.: A Deep Dive in the Venture Landscape of AI, the diagram is published by Aniruddha Nazre, Aug 31, 2015.Available at https：//www.linkedin.com/pulse/deep—dive—venture—landscape—ai—ajit—nazre—rahul—garg—nazre?trk=hp—feed—article—title—channel—add.Accessed on 24 May 2018

［8］Yampolskiy, R.V.（ed.）: Artificial Intelligence Safety and Security, pp.216—220.CRC Press（Taylor & Francis）, Boca Raton（2019）

［9］Dickson, B.: What is Narrow, General and Super Artificial Intelligence, 12 May 2017.https：//bdtechtalks.com/2017/05/12/what—is—narrow—general—and—super—artificial—intelligence/.Accessed on 24 May 2018

［10］https：//www.theverge.com/2016/2/29/11133682/deep—learning—ai—explained—machine—learning.Accessed on 12 Aug 2017

［11］Born, R.（ed.）: Artificial Intelligence: The Case Against.pp.174—75.Routledge, New York（2018）

［12］Gil Press: Top 10 Hot Artificial Intelligence（AI）technologies.23 Jan 2017.https：//www.forbes.com/sites/gilpress/2017/01/23/top—10—hot—artificial—intelligence—ai—technologies/#e28817019287, and https：//www.ukessays.com/essays/information—technology/artificial—intelligence—in—military—application—information—technology—essay.php.Accessed on 20 Aug 2017

［13］McCormick, J.: Predictions 2017: Artificial Intelligence Will Drive The Insights Revolution, 2 Nov 2016.https：//go.forrester.com/wp—content/uploads/Forrester_Predictions_2017_Artificial_Intelligence_Will_Drive_The_Insights_Revolution.pdf.Accessed on 31 Aug 2017

［14］https：//idsa.in/issuebrief/the—global—race—for—artificial—intelligence_msharma_230218

［15］Artificial Intelligence In Military Application Information Technology Essay, 23 March 2015.https：//www.ukessays.com/essays/information—technology/artificial—intelligence—in—military—application information—technology—essay.php.Accessed on 11 Oct 2017 and http：//www.businesswire.com/news/home/20160812005152/en/Artificial—Intelligence—Communications—Applications—Commerce—Internet—Things.Accessed on 11 Oct 2017

［16］Guizzo, E.: Boston Dynamics Wins Darpa Contract to Develop LS3 Robot Mule（It's a Bigger BigDog）, 1 Feb 2010.https：//spectrum.ieee.org/automaton/robotics/military—robots/bostondynamics—ls3—robot—mule.Accessed on 14 Oct 2017 and James Vincent, "US military says robotic pack mules are too noisy to use", 29 Dec 2015.https：//www.theverge.com/2015/12/29/10682746/boston—dynamics—big—dog—ls3—marines—development—shelved.Accessed on 15 Oct 2017

［17］Arkin R.: Lethal autonomous systems and the Plight of the non—combatant.Georgia Institute of technology, *AISB Quarterly*, No.137, pp.1—6（2013）

［18］Lele, A.: Virtual reality and its military utility.Journal on Ambient Intelligence and Human Computing, May 2011

［19］ Butler，Z.，et al.：From Robots to Animals：Virtual Fences for Controlling Cattle.https：//groups.csail.mit.edu/drl/wiki/images/c/ca/bcpr-cows.pdf.Accessed on 18 Oct 2017

［20］ https：//www.quantifiedcommunications.com/blog/artificial-intelligence-in-communication.Accessed on 12 Sept 2017

［21］ Mariarosaria Taddeo：Regulate artificial intelligence to avert cyber arms race，16 Apr 2018.https：//www.nature.com/articles/d41586-018-04602-6.Accessed on 27 Sept 2018

第 9 章

大数据

21 世纪初，在数据应用方面发生了一场革命。通过分析数据能够解决相关问题。人们认识到，只要对大量信息进行有效管理并进行模式分析，数据就能够提供有用信息。为此，我们发现，从各种源头收集不同格式的大量数据是有用的。这个大数据不过是大量结构化和非结构化的数据。正常情况下，这些数据都很有价值。但是，人们对这些数据的相关性知之甚少，因为你不可能整理和分析如此庞大的数据。基于信息技术（IT）的工具的出现给数据的收集、处理和分析带来了可能。人们已经意识到，从大量数据中提取高价值的信息已经成为可能。特别是在过去的几年里，人们发现大数据的使用影响了各种决策。

9.1　大数据背景

描述人类行为模式的数据不仅有助于人们轻松地进行各种活动，还能改变人类的生存模式，这样一门名为计算社会科学的新学科[1]随之出现。人们发现，大数据以某种形式影响着从金融到政治、卫生到城市科学的各个领域[2]。其实，收集和存储大量信息的活动由来已久。然而，"大数据"的概念相对较新。众所周知，大数据的概念在 21 世纪初已被提出。2001 年，一位行业分析师兰尼[3]提出了一项重要的评估，即数据的维度。今天，有各种各样的定义来解释大数据。然而，没有一个被普遍接受的定义。广义上说，所有的定义都提到了一个分析过程，在这个过程中，通过分析大量的基本单元（数据点），给出解决方案，并创建模式[5]。需要注意的是，数据的"大"不应该总是与数据的大小和体积相关联，更重要的是要有能够得出逻辑结论的数据。

大数据的定义之一是："大数据是高容量、高速度的多种多样的信息资源，需要以经济高效、创新的信息处理形式，以增强洞察力，提高决策和流程的自动化。"[6]任何大数据结构都可能与以下五个重要方面相关[7]。

- **数量**：从各种源头收集数据的量，包括商业交易、社交媒体和传感器或设备收集的数据信息。
- **速度**：数据流以前所未有的速度流入，必须及时处理。RFID 标签、传感器和智能计量技术推动了实时处理海量数据的需求。
- **多样性**：数据有各种格式，从传统数据库中的结构化数字数据到非结构化文本文档、电子邮件、视频、音频、股票行情数据和金融交易。
- **可变性**：数据流可能与周期性峰值高度不一致。日常、季节性和事件触发的峰值数据负载可能很难管理，对于非结构化数据更是如此。
- **复杂性**：今天的数据具有多个源头，这使跨系统链接、匹配、清理和转换数据变得困难。因此，有必要在数据之间的关系、层次结构和多个数据链接上建立连接和关联。

大数据实际上是非常大的。每天生成和获取的数据量是惊人的。同时，各种数据存储设备也在不断扩大它们的容量。很明显，"大"的价值每天都在增加。因此，对"大"一词进行精确量化是徒劳的。很难准确预测在常规基础上生成和处理的数据量。要正确看待这一切并说明这些术语的含义，见表 9.1[8]。

表 9.1　字节表

Metric	Value	Bytes
Byte（B）	1	1
Kilobyte（KB）	1024¹	1024
Megabyte（MB）	1024²	1048576
Gigabyte（GB）	1024³	1073741824
Terabyte（TB）	1024⁴	1099511627776
Petabyte（PB）	1024⁵	1125899906842624
Exabyte（EB）	1024⁶	1152921504606846976
Zettabyte（ZB）	1024⁷	1180591620717411303424
Yottabyte（YB）	1024⁸	1208925819614629174706176

如果没有开发从数据中提取适当和准确信息的技术，数据处理和存储技术的应用就没有意义。广义上说，数据不过是一系列符号，只有当它们被处理且使之有意义时才成为信息[9]。大数据不仅是海量数据。在这里，对各种数据集合进行研究、分类和分析，以此得出有用信息。信息技术的存在，使得这种评估成为可能。这种分析过程（基于科学证明的技术）通常被称为数据分析（DA），允

许用户获得更多信息。先进分析法的一个主要特点是使用算法，它逐步融入了由机器学习支持的人工智能方法[5]。人工智能包括根据数据的质量和内容运用各种机器处理工具。预计人工智能将通过经验和数据属性，以及一个网络训练另一个网络这样新的分析方法来开发新的规则。

9.2　先进分析法

几十年前（比如说在20世纪50年代），在大数据这个词被提出之前，企业使用基本的分析方法来判断发展趋势。然而，现代技术是以更系统和更科学的方式进行数据分析。此外，大数据简化了数据收集的过程，可以对大量的数据进行综合分析。大数据分析研究大量数据，以揭示其潜在的模式、相关性和其他含义[10]。利用当今的技术，可以分析现有数据，并很快得到结果。

大数据分析的方法很多，这些方法基本上可以根据需要解决问题，以及为此目的提供数据的属性和数量。对于大数据的有效性，用户的选择方法至关重要，因为它将影响所得出结论的准确性。表9.2[11]列出了这方面的一些方法，目的是提供关于这些方法和目的的大致概念。

表 9.2　数据分析方法和目的

方法	目的
异常检测	识别不符合预期行为或模式的项目、事件或观察结果。异常的定义因数据集而异，因此设计了各种各样的算法来处理不同的数据类型，包括时间序列、流、网络、文本、视频和图像
关联性	发现隐藏在大型数据集中的相互关系，这些关系通常从频繁的操作模式中检索
分类	将数据集合中的对象进行分类，目标是准确地预测数据中每个样本的目标类。分类模型可用于识别被截获的电话是零风险、低风险、中等风险或高风险可疑活动的一部分
集	对一组对象或数据点进行分组。将相似的对象分到同一组中。相似性的概念取决于具体的分析任务
链路分析	定义、发现和评估对象或数据点之间的关系。数据点可以是连接人、组织机构或其他实体的图形或网络中的节点
建议	筛选已在特定上下文中为特定任务生成一个狭义的、排名靠前的资源列表。推荐系统可以通过提供与特定威胁相关的紧急情况下的人员和专家建议来帮助决策

　　由先进分析法得出的大数据正变得越来越重要，因为它提供了各种解决方案，这些解决方案包括通过制定新的措施来节约成本、调整业务流程（如果需要）、管理资源、制定市场策略、开发新产品和预判风险。从安全和国防的角度来看，基于大数据的评估非常重要。尤其是安全和军事研究领域涉及自然科学研究和社会科学研究。对数据进行评估很有必要，特别是基于统计学技术，其中特定和有限的输入数据是有效的。比如开展各种武器系统评估、地形和地形条件评估、天气评估，军事潜力很容易进行量化研究，因为它们具有数据的可量化性。然而，对于有时无法明确定义或抽象的各种问题（社会科学中的度量问题），进行数据密集型分析则意义不大，例如，作战战略评估、外交行动、理论发展与评估、战争计划、战争模拟。但是数据分析的发展确实为社会科学数据评估提供了一种新的方法。

　　目前，大数据研究是在计算机社会科学的背景下进行的。与传统统计方法相比，利用计算机技术，从个体到最大群体，社会上这种广泛的跨学科研究十分普及。在"计算和算法转向"的背景下，这些方法正在发挥大数据的作用及其对社会科学研究的影响，这一转变正日益影响社会科学的研究方法。为了充分理解这种转变，我们可以对比"两种建模文化"，第一种是"数据建模"方法，第二种是"算法建模"方法[12]。这些评估模型的存在证明了一个事实，即具有科学偏见的问题也可以使用大数据工具进行分析。特别是在军事方面，存在自然科学和社会科学的交叉融合，大数据分析技术起到了很大的作用。大数据能带来巨大的收益。相关数据见文献 [13-14]。

　　大数据以其广泛的应用范围而闻名。过去几年的经验表明，大数据蓬勃发展，它为工作生活提供了各种便利。也有人认为大数据不需要理论，甚至不需要科学的方法。而且，对于一些基于大数据的技术，也不应过度宣传。基于大数据自身存在的一些固有的局限性，重要的是要考虑到某些数据可能导致误判。

　　有人说"大数据已经到来，但深入发展还没有到来"。也有人说"一旦你接触到数据，你就把它破坏了"。2008 年谷歌曾试图追踪流感在美国的年度传播情况，为此开发了一种由大数据驱动的算法，称为谷歌流感趋势（GFT）。然而，结果非常不理想。GFT 花了大量的时间进行跟踪，但是结果不准确。据报道，GFT 高估了美国数周的流感病例数，2013 年 2 月的预测甚至是实际发生病例数的 2 倍。

　　先进分析法的过程不可能绝对客观，因为它依赖于大量的人为解读。例如，在数据清理过程中，在变量消除和确定可用数据的准确性方面确实有一些人为手动处理。而且，有些思维方式很难改变。此外，数据收集本身的方法也有一些局限性，且还存在数据量大和来源多等问题，因为庞大的可用信息量也导致错误率的增加。

9.3 军事应用

人们发现，大多数现代技术并没有按照民用和军用技术进行常规分类，主要是由于这些技术的存在使得各种国防机构都在努力变得更加敏锐。这一努力是为了确保在装备智能化设备的同时，由于及时装备各种相关设备，使士兵更容易进行正确的行动。人工智能技术及其各种设备都是借助信息通信技术由人工智能驱动的应用程序。由于所有数据和几乎实时破译这些数据的工具的存在，使得这一点变得可能。关于大数据的实际应用，问题不在于数据的不足，而在于分析的不足。

在军事体系中，大数据的应用效果很好，可以像指挥员那样充满想象力，也可以像技术人员那样具备熟练的技能。大数据应用在安全方面的优势显而易见。如美国这样的国家已经开始制定各种算法，以最大限度地从大数据中获取优势。除了安全问题，军队大数据机制的概念化也面临着其他各种挑战。在这里，由于无缝数据收集的局限性，主要的困难还是数据的连贯性和连续性。大多数相关数据要么没有及时获取，要么出于安全考虑，数据传输受到限制。另外，各种规模较小的军事单位在各自为政，没有按要求统一定期地传输数据。

目前，一些国家正在开发大数据系统，以便更好地收集和分析大数据。发展大数据系统的重点更多地集中在军事情报领域。在考虑战略和战术背景的情况下，其他一些与军事有关的领域也正在采取切实可行的方法进行研究和试验。

国防机构也通过企业来充实数据库。目前，国防部门正在从多个源头获取数据，如无人机、自动网络安全系统、恐怖分子数据库和其他各种来源。而且，在这个网络时代，存在大量开源信息（OSINT）可以提供可靠的数据。除此之外，军队还可以通过移动互联网、云存储、社交网络和所谓的物联网等数字化设备接收信息。随后，采用先进分析法处理这些数据[17]。

对于军队来说，重要的是，大数据带来的不仅是信息数量的增长，更是一种质的变化，因为它在作战决策方面提供了一些正确的解决方案。在某些情况下，该系统将能够自行作出决定。如果没有大数据这种系统可能会成为改变游戏规则的工具。目前收集所有这些数据主要用于研制特定军事产品。同时，可以为各种关键任务定制软件工具。这项技术不仅适用于作战单位，而且适用于车辆和武器维修单位及后勤和医疗机构。

众所周知，由于"预测分析"在商业航空业发挥了很大作用，国防机构也着手进行"预测分析"。航空公司使用大量的数据来改善整体性能和减少维修问题。武装部队也可以采取类似的办法，进行必要的完善。这种方法有助于改变军事行动取得胜利，因此，需要从大数据中提取有意义的数据，并构建框架，了解数据的本质，并将其转化为现实可行性内容，从而实现国防机构长期目标[18]。

在讨论大数据技术用于实际军事和军备竞赛之前，有必要简要了解一下各国如何通过调整其基础设施而将大数据用于战略目的。我们都知道，美国国防部（DOD）一直在大力推进军事装备现代化建设。2012 年，五角大楼制定了第三个补偿战略，即追求下一代技术和新概念武器研发，以确保美国的军事优势[19]。这项政策主要侧重于机器人技术、人工智能和其他相关技术，如大数据。因此，美国在军事方面的投资（保持技术优势）是当前投资的理想案例。此外，还需要指出的是，这些信息都来自美国机构的公布。

美国国防部有一项预算（2017 财年），那就是投资"大机制"，即生物、网络、军事情报和一些其他计算机智能自动化领域。这清楚地表明，他们准备在这些领域取得全面快速发展。他们的重点是大数据技术，包括分布式计算系统、分布式文件系统、大规模并行处理（MPP）系统、基于网格计算的数据挖掘等。美国军事研究机构，国防高级研究计划局（DARPA）正在开发名为"软件包挖掘和理解"的项目，用以提高军方软件质量。其想法是开发"大代码"软件包，能够管理信息，而不会曲解信息或在大数据集（大数据）的重压下崩溃。五角大楼的其他大数据计划包括跟踪危险病原体的研究、可能改变军事装备未来的"颠覆性技术"的研究，以及跟踪大规模杀伤性武器（WMD）扩散的计划和反武力计划。他们还开发了与管理相关的软件工具，如创建、编辑、管理和提供工作流和任务实施。此外，重点是开发有助于简化工作流程、提高效率和生产力、跟踪和管理资产的系统[14]。

将大数据收集、整理并使之成为一个单一的、有凝聚力的图像称为创建通用操作图（COP）。目前，从军事角度理解大数据的应用，各种软件工具的开发都有其特定的目。各种公共和私营部门机构（全球级）正在开发（已经开发）这种工具，有些已在使用。据悉，位于西点军校（westpoint）的美国军事学院正在开发一种名为"组织、关系和联系分析器"（ORCA）的软件，该软件使得大数据更具现实意义。据报道，这一方案正在由美国一个未公开的部门试运行，而像"作案手法"这样的私营企业已经将此类工具推向市场。具体的操作方法是获取大数据，向其注入专家知识，并创建一个通用框架，以便只有两个月软件使用操作经验的人（训练有素的军事人员）也能够进行数据导航，并轻松识别可能无法识别的模式。

从陆、海、空作战的单兵，到距离作战指挥部一段距离的指挥员，再到战斗结束后在作战室的领导，每个人在实际作战中都会在大数据的帮助下进行操作。

在非军事行动期间，大数据对于部队也同样重要。现在，情报收集是大数据越来越重要的领域之一。为具体行动目的而准确分析收集的大量信息将对部署在关键地区的部队有很大帮助，他们可以迅速及时地收到有关目标信息，这对他们决定如何有效地压制目标有很大帮助。无人机可以被精确地引导到敌方目标，确保把伤害降到最低。通过使导弹系统更加智能化，导弹系统的性能也越来越好。反恐机制也能得到重大援助。及时获取情报可以让决策者更好地出敌制胜。对于可能的网络攻击（包括州内和州际），能得到预警。在相对和平时期，各机构可以评估敌人的作案手法，研究各种恐怖宣传活动，并有效地利用社交媒体进行感知管理。并且通过对数据进行企业级管理，军方领导层可以处理有关人员、设备、训练的信息、基础设施和部队战备状态，从而提高整体效率和效能[20]。

今天，拥有先进无人机的国家能够收集大量数据，这提高了情报、监视和侦察（ISR）方面的效率。然而，无人机面临的一个挑战是如何处理生成的大量数据。数据挖掘软件具有发现感兴趣的对象的能力，与早期个人搜索大型图像相比，有很大的优势。例如，在海上搜寻船只，基于现代IT的工具可以快速搜索到可疑目标。另外，通过在无人机上的智能传感器上加载特定的软件，可以减少接收大量无关数据。此外，还有一种可能是，如果无人机用来在海上搜寻水雷，那么这些数据就被当作无关紧要的东西丢弃。例如，无人机操作员和分析员协同工作，如果分析员不确定他的评估，想再次检查，那么无人机通常会在同一区域重复飞行。但是早期可用数据（之前丢弃的数据）则可以标记相同的数据以供以后审查，并且无人机无须重新访问感兴趣的区域[21]。对于所有这些活动，必须采取各种预防措施，防止对手对数据进行任何可能的网络攻击。

大数据在情报、监视和侦察（ISR）方面有着非常好的应用前景。可以根据需要选择大数据系统的输出形式。为此需要设计专门工具。对于军队来说，必须以更方便用户的形式输出，因为他们一般都是实时使用。因此，提供给他们的信息应便于解读。将数据转换成图像可以让部队更快地发现各种问题[22]。

除了情报评估，大数据还可以应用在战场之外许多其他领域，如支持基础设施建设，在这个领域也使用和依赖大数据。大数据技术也与体系维护相关。从技术力量到战斗机器，再到先进的武器装备机制，大数据的应用有助于高效管理工作，有利于节省时间和降低成本。此外，软件工具有助于进行预测性诊断，这种诊断能帮助维护人员发现可能出现的问题，并提供最佳解决方案。通过预测，还能更好地进行日常维护。比如，监测机械部件健康状况的系统，并检测其可能的寿命终止期。所有这些有时有助于避免工作时出现故障[21]。在战略层面，大数据在很多方面能提供帮助，可以根据过去、现在和可能的未来模式进行长期战略评估。此外，还可以根据各种数据库提供的各种关键信息进行威胁评估。显然，这样的过程是动态的，甚至可以根据大数据系统对可能的核战争情景和导弹防御系统进行各种评估。

对于某些机构，采用基于大数据的各种技术，可以有效提高他们的技术实力。当然，大数据系统一定会分析出对手的实力并快速发出警报。大数据能够提供强大威慑力，当然这可能是不恰当的，但肯定能让敌人了解你的技术实力（在很多情况下，其实这也是一种优势）。

每一项新技术都有其自身的局限性，大数据也是如此。大数据的管理、审查和分析专业人士。与标准业务需求相比，军事问题则有所不同。军事需求从来不是一成不变的，因此有必要针对军事需求设计特定的算法。所以所谓的通用方案可能用处不大，因为每一个军事问题都是基于特定的任务、地点和意图。更重要的是，获取军事数据既容易又困难。一些军事数据从来没有数字化的形式，且数据的可信度不高，在许多情况下，数据以不完整的形式出现。一个好的数据通常是指数据量大、清晰、接收速度快、异构性强。同样重要的是，军事领导层在一开始就应明确他们应该寻找什么（应该清楚地确定问题）。众所周知，各种搜索引擎都会操纵数据呈现的顺序。只有特定性质的数据才能被捕获，所以这会在输出中带来一些偏差。

以数字化形式提供丰富的数据，既有优势也有局限性。网络信息和通信技术的发展，从根本上改变了数据的价值和管理方式。军方明白，这些对个人隐私都有着深远的影响。数据的创建和传播在世界范围内有了显著的飞跃，这些数据将无限期地保存。在纸质记录时代运作的旧信息销毁模式在数字时代变得无关紧要。武装军队可能有些不太适应，因为在过去，一旦信息相关性消失，他们就习惯销毁信息[23]。另外，在某些情况下，存储特定信息也不安全。他们需要找到多种方法和途径来防止某些特定的信息从大数据网络中被"删除"。

预计国防机构将开始（一些已经开始）在云端存储数据，但此类数据有可能受到损害，因此，应注意确保进行适当的模式分析。这是因为无人机的输入通常遵循特定的模式显示出变化，需要快速判断。数据安全要引起重视，入侵者有可能获得对重要数据的访问。同时，相同或相似的数据可以被不同的军事用户使用（甚至可以同时使用）。因此，应建立适当的制衡制度。目前，可以使用各种技术解决方案来解决各种数据安全难题。要加强监控任何可能泄露的数据，采取适当的保护措施防止重大网络攻击事件。

9.4 结 论

本章介绍了大数据与军队的相关性。大数据分析有巨大潜在好处的同时，也带来相应的挑战。大数据系统在国防部队的应用中目前还处于早期阶段。如何让大数据系统在武装部队中发挥最大的作用至关重要。另外，由于大数据的特殊性，用户和开发人员之间的互动也很重要。在商业领域，大数据被越来越多的人认为是游戏规则的改变者，未来几年，国防部门也会意识到这一点。

 参考文献

［1］ Lazer, D., Pent Land, A., Adamic, L., Aral, S., Barabasi, A.-L., Brewer, D., Christakis, N., Contractor, N., Fowler, J., Gutmann, M., Jebara, T., King, G., Macy, M., Roy, D., Van Alstyne, M.: Computational social science.Science 323（5915），721–723（2009）

［2］ King, G.: Ensuring the data-rich future of the social sciences.Science 331（6018），719–721（2011）

［3］ Laney, D.: 3-D data management.In: Application Delivery Strategies.META Group metagroup.com.Published on 06 Feb 2001.Accessed 20 Oct 2017

［4］ Dutcher, J.: 'What is Big Data?' Berkeley School of Information, 3 Sept 2014.https://datascience.berkeley.edu/what-is-big-data/.Accessed 20 Oct 2017

［5］ Babuta, A.: Big data and policing, p.3.RUSI Occasional Paper, Sept 2017

［6］ https://www.gartner.com/it-glossary/big-data.Accessed 24 Sept 2017

［7］ https://www.sas.com/en_us/insights/big-data/what-is-big-data.html.Accessed 21 Oct 2017

［8］ https://www.lifewire.com/terabytes-gigabytes-amp-petabytes-how-big-are-they-4125169.Accessed 2 Oct 2018

［9］ Gary, S., Borum, R.: Evolving cyber intelligence.In: Van Puyvelde, D., Brantly, A.F.（eds.）US national cybersecurity: international politics, concepts and organization, p.123.Routledge, London（2017）

［10］ https://www.sas.com/en_us/insights/analytics/big-data-analytics.html.Accessed 23 Nov 2017

［11］ Van Puyvelde, D., et al.: Beyond the buzzword: big data and national security decision-making.Int.Aff.93（6），1406（2017）

［12］ Veltri, G.A.: Big data is not only about data: the two cultures of modelling.Big Data Soc.1–6（2017）

[13] International Data Corporation: Worldwide Semiannual Big Data and Analytics Spending Guide（2016）

[14] Khan, A., Big Gains Foreseen for Big Data in Military Applications, 16 May 2017.http://www.defenseworld. net/feature/12/Big_Gains_Foreseen_For_Big_Data_In_Military_Applications#.WechSLpuLIU.Accessed 23 Oct 2017

[15] Poynter, R.: Big Data Successes and Limitations: What Researchers and Marketers Need to Know, 9 Oct 2013.https://www.visioncritical.com/big-data-successes-and-limitations/.Accessed 20 Oct 2017

[16] Dodson, S.: Big Data, Big Hype? https://www.wired.com/insights/2014/04/big-data-big-hype/.Accessed 21 Oct 2017

[17] Symon, P.B., Tarapore, A.: Defense intelligence analysis in the age of big data.JFQ 79, 4（2015）

[18] Cleveland, F.: Using Predictive Analytics to Support Military Readiness, 25 April 2017.http://usblogs.pwc. com/industrialinsights/2017/04/25/using-predictive-analytics-to-support-military-readiness/.Accessed 2 Oct 2017

[19] Pellerin, C.: Deputy Secretary: Third Offset Strategy Bolsters America's Military Deterrence, 31 Oct 2016. https://www.defense.gov/News/Article/Article/991434/deputy-secretary-thirdoffset-strategy-bolsters- americas-military-deterrence/.Accessed 26 Oct 2017

[20] Using Big Data in Military Operations: This is how future wars will be fought, 3 Oct 2015.http:// analyticsindiamag.com/using-big-data-in-military-operations-this-is-how-future-wars-will-be-fought/. Accessed 15 Aug 2017

[21] Wood, C.: How Does the Military Use Big Data? 06 Jan 2014.http://www.govtech.com/em/safety/Military- Use-Big-Data.html.Accessed 05 Oct 2017

[22] The Economist: Infographics: Winds of Change, 6 July 2013

[23] Srinivasan, S.（ed.）: Guide to Big Data Applications, p.29.Springer, Switzerland（2018）

第 10 章

云计算[1]

随着军事革命的到来，新的作战概念和作战理论也在不断演变。各种现代技术，更具体地说是与网络和空间领域有关的技术，正在产生重大影响，世界各国都在研究准备数字化战场环境中的作战模式。各种各样的信息和通信技术（ICT）领域的发展影响着一个国家和民族的发展。从本书其他几章也可以明显看出，网络空间是一个复杂、快速变化、日益相互关联的技术领域。此外，信息通信技术的进步对各种安全架构也产生了直接和间接的影响。安全机构正在采用一些新的技术（包括硬件和软件）来减少影响。本章讨论计算领域的一个分支云计算及其对整体安全架构的影响。

10.1　什么是云计算

云计算的结构框架类似于电力行业，在这个行业中，每个用户都不是电网管理者，而是根据个人需求从大量的电力设备中获取电能。从本质上讲，这是关于资源共享的问题。对于在计算机上运行的任何应用程序，都可以从计算机网络的云端寻求帮助。因此，用户对物理硬件和软件的需求大大减少。用户需要的是一台能够执行标准操作、与远程云端交互的"现代"计算机。广义上说，任何使用雅虎或谷歌等电子邮件服务器的用户都可以通过"云"计算来实现互联。"云计算模型提供了一个共享的可配置资源池，通过最少的管理工作与服务提供商进行交互，可以快速提供和分发这些资源，从而可以随时随地访问网络。"[2]

云计算的概念并不新鲜，它起源于主机、客户机、服务器和互联网时代，它为用户提供访问互联网的自由，可以从任何地点接入互联网。应用程序、服务器和数据中心由供应商提供维护服务，用户为其所提供的服务付费。包括亚马逊、谷歌、IBM、Sun、Cisco、戴尔、惠普、英特尔、Novell 和甲骨文在内的主要 ITC 公司都投资了云计算，并为个人和企业提供一系列基于云的解决方案。用户可以在任何时间、任何地点访问他们的应用程序和数据，而执行中所需的硬件要求很低。处理和数据存储在发布者端进行。还有一些独立的应用程序，如 email、YouTube、Flickr、Panoramio、Google Docs、SlideShare 和 Dropbox，都将云计算用于图像、视频和文档的存储和处理。

根据美国国家标准与技术研究所的定义，云计算是一种模式，可使无所不在、方便快捷且按需配置的网络去访问可配置计算资源的共享池（如网络、服务器、存储、应用程序和服务），可以通过最少的管理工作或服务供应商进行交互来快速进行配置和发布[3]。云用户（无论是个人还是组织）都能够实时地增加或减少使用量和资源量，以此满足需求的变化。用户不需要预测使用量或为其分配资源。共享资源池使用户能够在需求激增时提供额外的计算资源，从而在不需要购买硬件或软件的情况下继续提供服务。此外，通过这一过程，只有在需求激增的情况下才需要外来的硬件或软件，这样资源不会长期闲置。一般来说，云计算使消费者能够扩大或扩展其 IT 基础设施，而无须投资任何硬件、软件和人力资源。与传统系统不同，云计算的用户不必与数据存储在同一位置。

云计算服务通过网络（通常是互联网）提供服务。云架构由按需自助服务、广泛的网络访问、资源池、快速弹性和可测量服务五个基本特征组成；有四种部署模式（私有、社区、公共和混合）和三种服务模式。云提供商的服务模式在用户对信息的控制程度上有所不同，可以描述为（同上；另见 Huth 和 Cebula[4]）基础设施服务（IaaS）、平台服务（PaaS）、软件服务（SaaS）。这三种服务模型或层[5]由一个最终用户层完成，该层封装了云服务的最终用户视角。

10.1.1 软件服务

软件服务为云的终端用户提供完整的应用程序。它主要通过 Web 门户网站进行访问，并提供基于 Web 服务技术的面向服务的体系结构。软件服务堆栈如图 10.1 所示。

云基础设施包括不用用户管理的网络、服务器、存储设备、应用程序和操作系统。例如，SaaS 供应商包括 Salesforce.com 网站客户关系管理（CRM）、谷歌文档、Gmail 和 Microsoft Office 365。

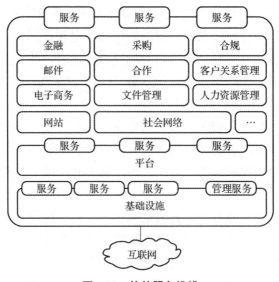

图 10.1　软件服务堆栈

10.1.2　平台服务

平台服务是指用于开发和供应云应用程序的环境体系架构。这一层的主要用户是寻求为特定平台开发和运行云应用程序的开发人员。它们由具有开放或专有语言的平台运营商提供支持；一组用于促进通信、监控或服务计费的基本服务，以及其他各种组件，如图 10.2 所示。

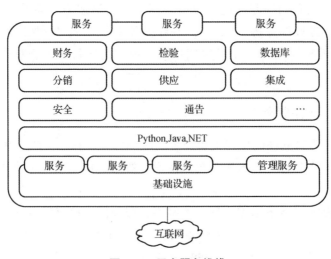

图 10.2　平台服务堆栈

基本上，在这种情况下，云基础设施由供应商管理，而用户可以设置和应用程序生命周期。例如，平台服务供应商服务包括 Google App Engine，Force.com 网站、Amazon Web Services Elastic Beanstalk 和 Microsoft Windows Azure 平台。

10.1.3　基础设施服务

基础设施层上的服务用于访问在 IaaS 标题下组合的基本 IT 资源。这些基本的 IT 资源包括与计算资源、数据存储资源和通信信道相关联的服务。如果将物理资源虚拟化，在理想情况下，它们可以用于虚拟资源上的多个操作系统和终端用户共享，而不会产生任何相互干扰。这些虚拟化资源通常包括中央处理器（CPU）、随机存取存储器（RAM）、数据存储资源（弹性块存储和数据库）和其他网络资源，如图 10.3 所示。

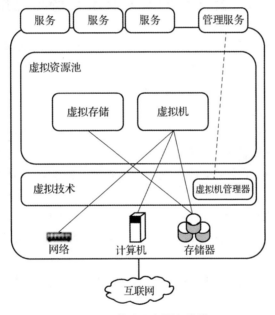

图 10.3　基础设备服务堆栈

IaaS 的用户增加了对操作系统、存储和应用程序的控制，并限制了对防火墙等特定网络组件的控制。用户不参与云基础设施的管理或控制。例如，IaaS 供应商服务包括 Amazon 弹性计算云（EC2）、GoGrid 和 Rackspace 云。

因此可以说，云计算是网格计算、实用计算和 SaaS 相融合的结果。云计算基本上代表了 IT 资源外围设备的日益增长趋势，如虚拟化计算能力、存储或业务应用程序及其服务[6]。云计算的需求和业务主要由规模经济推动，具有大规模计算能力的基础设施的构建使之成为可能。云计算能管理激增或下降的需求，并能分析元数据的可用性。一旦采用了云计算，从物理系统迁移到云网络的企业，不需要负责软件安装和升级，也不需要维护 IT、部署周期和内部开发人员。新项目需要前期硬件投资，如果用户使用量增加，则必须增加新硬件。对于云网络，企业不需要配置额外硬件。

三种云部署模型由于其环境的不同而具有不同的安全需求。例如，IaaS 是所有云服务的基础，PAA 构建在其上，而 SaaS 又建立在另两个云服务之上。正如事物的功能具有继承的属性的一样，信息、安全和风险也是继承的。如果云服务供应商只负责安全架构较低部分的安全性，那么用户将负责管理安全[7]。

10.2　云计算的未来发展轨迹与应用

云计算已经进入各个商业领域，预计在不久的将来在商业和政府部门发挥越来越重要的作用。在此背景下，这项技术应有巨大的发展潜力。全球公共云服务收入预测的相关数据见文献 [8]。

世界经济论坛报告（2010 年）指出，云计算将帮助各种规模的企业及政府机构（在新兴经济体和成熟经济体中）提高生产力，并主要解决医疗、教育和社会问题[9]。种种迹象表明，这正在成为现实。到目前为止，云技术已经为个人、企业和政府组织提供了大量的应用程序。随着技术的发展，预计还会有更多的应用程序出现。

业务流程的动态属性要求操作快捷，在需求激增时易于拓展业务。云计算可以解决这些问题，以帮助提高生产力，并以极大优化的成本确保业务的连续性。就企业而言，虚拟办公室、工资单、CRM、人力资源管理（HRM）、企业资源规划（ERP）、供应链管理（SCM）、分析和项目管理等功能是通过云数据库操作的。

传统的 IT 系统是资本密集型的，对发展中国家来说仍然是一个挑战。这个问题的解决方案在于云计算，因为它利用政府机构的公共基础设施进行资源共享和成本优化。

云计算可以更快、更有效地实施升级服务，促进其他技术进步。云计算为创新者提供了范围更广的可扩展工具，以此来研究、开发和测试[10]。此外，由于采用分布式架构，能够减少资源之间的冗余计算，使该技术更可靠。

10.3　国防应用的云计算

据观察，迄今为止，新技术一般先进入国防领域，然后进入民用领域。从 IT 到互联网，都先用于国防领域。但是，这些技术的未来发展，特别是那些实用性技术，主要用于民用领域，云计算也是如此。

多年来，军队对信息通信技术的依赖明显增加。实时数据的可用性（以网络为中心的战场）是现代军队的主要要求。与此同时，财政压力要求国防机构应节约成本。所以"云计算"是满足现代军队需求的最佳选择。一些军队已开始将云计算纳入其系统，但还有些军队仍研究这是否可行。

一般来说，防御系统根据需要进行构建，因此 IT 架构的互操作性有限。此外，在大型国防机构中，有许多以任务为导向的系统从未经过调试[11]。这样开发的 IT 资源没有以最佳状态运行，或在和平时期处于闲置状态，这是效率低下的主要原因。部署国防力量需要快速行动。除了力量，还需要部署计算资源，这也需要具有快速性。

所有这些表明，充分利用现有资源是有限制的，云计算有助于弥补高效计算方面的差距。网络中心性也正在成为防御转型的关键要素。该概念将计算机、高速数据链路和数据交换网络的使用、连接地面人员、不同平台等软件的使用封装到集成的局域网和广域网中。随着战争形态的不断演变，部队利用所谓的网络中心战（NCW）理论，使人员能够实时共享大量关键信息，从而提高作战能力和效率。最终用户和输入系统（如情报、监视和侦察（ISR））生成的大量数据需要使用数据融合技术进行分析，并传输给用户用于决策。这种跨越陆地、海洋、空中和网络空间平台的整合为地理分布式的大型机构的运营模式铺平了道路。增强态势感知能力以及统一、协调和同步的决策过程对于现代企业至关重要。NCW 未来的运行环境可能是云计算[12]。"与传统计算环境不同，在云计算环境中，数据中心的管理员可以监控云服务用户的性能，以及测试系统的漏洞。当发现新的威胁或漏洞后，立即应对"[2]。

受益于云计算的防御行动可能主要是那些涉及变化或不可预测的计算需求，或者来自传感器网络和其他许多高容量数据反馈的集成单元[13]。对于基于云的计算解决方案，必须具有高速集成和大量数据分析能力的应用程序。此类应用包括：大数据分析、智能集成化、处理和传输 ISR 收集的数据、大规模建模和仿真和先进的决策支持系统。由于国防任务集成了具备 ISR 能力的各种传感器，任务可能包括大数据分析。机载传感器①生成全天候变化的高分辨率图像，因此需要数据中心进行存储，需要高速计算机进行分析，并且能在任何时间提供给不同的需求方。并且可以处处链接到常见的云服务（例如电子邮件、非机密培训或文档准备），提高生产力。

对于军队来说，主要是担忧云计算的系统安全性。这是因为云计算依赖于不同服务器的多个数据库。另外，网络攻击的威胁始终存在。因此，数据安全至关重要。由于对供应商环境安全性感到担忧，军事机构避免将机密和关键任务数据放到云中。这并不意味着没有针对这种安全风险的补救措施，但永远无法真正消除云系统被"成功攻击"的隐患，这主要取决于军事领导层希望将云计算优先引入哪个"领域"。

教育培训就是这样一个领域。军事领导层可以在其中找到云计算的最大效用。国防组织以教育和培训的形式为处于职业生涯各个阶段的人员提供大量的知识管理计划，从入职到高级专业课程，不一而足。随着教室中 IT 的出现，云计算可以改变向分布在广泛地理区域的士兵提供这些课程的方式。目前，已经为民用培训领域（知识管理）开发了各种服务。Coursera、埃森哲、TCS 和 Infosys 等组织机构已经开发了一个可通过内联网或互联网获得技术和专业培训的资料库。可以按照类似的方式开发特定的国防培训模块，埃森哲在一份报告中研究了运营方法[14]。

该报告提出了探索性安全分析②在遏制入侵企图方面的应用。认识到军事数据是从大量信息源生成的这尤为重要，包括卫星、空中和地面侦察及地缘政治和军事情报网络和机构。生成的数据需要存储、处理、共享，并提供给实地战略规

---

① 地面实时自主全覆盖监视成像系统（ARGUS-IS）有一个视频传感器，它以每秒 12 帧的速度生成 18 亿像素的视频图像，能够覆盖高达 100 平方千米的区域。单个 ARGUS-IS 类传感器每天可以产生超过 PB 的数据。处理来自 ARGUS-IS 等传感器的视频数据需要拼接来自各个摄像头的图像，根据已知地理参考校正数据，消除机载平台运动的影响，对不变的背景进行建模，检测和跟踪车辆运动，有选择地压缩原始数据并存档结果。此处理链可能需要对每个像素进行 100 次操作。云计算可以改变国防机构的运作方式。由于其标准实施的内在一致性，云计算将实现强大的安全性和抵御网络攻击的能力。国防机构的应用程序是按照特定任务要求开发的，这为修补漏洞提供了防御空间。访问和身份管理系统基于先进的生物特征和地理位置进行认证，以及基于风险的自适应授权。

② 探索性安全分析是一种云驱动的工具，它使国防机构能够跟踪和建模其网络对手的活动、动机和行为，并使用这种智能来预测新出现的威胁，并采取主动行动阻止它们。支持这些工具所需的规模和处理能力意味着云是运行它们的唯一可行且具有成本效益的环境。

划人员以进行决策。

一般来说，一旦应用程序与云计算逻辑集成，网络就可以获得更高的灵活性、成本效益、效率和可访问性。由于网络和应用程序的战略意义，它们需要具有弹性和安全性，并且能在较短时间内恢复。

对于国防需求，协作工具、电子邮件、管理应用程序、会议软件、任务应用程序和用于程序或项目管理的特定应用程序被视为需要云的关键领域。然而，军方领导层对云计算态度还不统一。根据洛克希德·马丁公司进行的市场研究，"IT 决策者不愿意将关键任务数据管理系统、采购和人力资源管理系统和财务管理系统转移到有安全问题的云系统中"[15]。

虽然云计算对国防力量的重要性毋庸置疑，但有必要考虑军事机构的担忧，及其对采用完全云驱动的数字战场管理系统保留意见。因此，将两者结合起来且不会造成安全漏洞十分重要。表 10.1 给出了一个可能的矩阵。

表 10.1　具有 IaaS 和 PaaS 实施堆栈的防御云

IaaS 实施					PaaS 实施
陆 / 海 / 空 / 空 设备 网格	1. 评估、整理、规划、指挥中心决策	数字信号处理 图像处理地理空间 和战场数据整合	语音 / 视频 通信地理空间 间数据 消息服务	定位和导航 遥测和控制 系统 电子战	学习和培训 模拟 / 兵棋推演 项目管理 采购 / 库存管理 供应链管理 人力资源管理 设计 / 开发 / 可视化
	2. 向固定 / 可部署 / 移动单位传播	智能数据处理	情报数据 共享		
		战场空间意识		交战	
情监 侦察	命令与控制	战场管理			电子邮件服务
网络中心战					其他防御行动
实现层					
开发工具和运行时环境 （Ada/Java/Assembly/C/C++/.NET）		数据库		中间件	嵌入式系统
平台层					
记忆	中央处理器		存储	网络	沟通
基础设施层					

10.4   国防中的云计算：全球画布

少数发达国家的国防机构已经开始投资云系统。本节提供了有关它们的简要概述。

10.4.1   美国国防部的云计算

美国国防部对 IT 的依赖是众所周知的。大多数美国国防基础设施完全依赖 IT，甚至对于战场上的一个士兵来说，他们的决策能力也取决于自己以电子方式接收到的实时信息。庞大的 IT 设备的资源开发、运营和管理成本高昂，而且容易受到干扰（如病毒攻击）。

此外，还需要管理和维护 IT 基础架构以不断升级 IT，所以 IT 的现代化进程仍然是动态发展的。目前，美国国防部已与 IBM 公司签署了价值 6200 万美元的私有云计算协议[16]。IBM 国防和情报副总裁吉米诺克罗斯说："这是未来的浪潮，还有更多类似的产品。"（同上。）除了采用数字化军事战略，美国仍在解决阻碍数字化发展的现有问题，例如：次优数据中心导致不必要的成本；有限的互操作性，减少信息共享和任务协作；在不断变化的运营环境中部署 IT 需要大量时间，以及将新技术与交付流程集成所消耗时间。提议的步骤之一是减少数据中心的数量。主要的挑战是在整合后将它们从 770 个减少到 100 个，并将网络运营中心的数量从 65 个减少到 25 个[17]。之所以提出这样的想法，是因为政府已经意识到云系统的力量。它将进一步降低维护 IT 基础设施和应用程序所需的培训成本。通过实施云计算收集的情报也有望通过远程互联数据库得到改进[18]。云计算战略目标旨在实现诸如降低成本和提高 IT 服务交付效率、提高任务效率和增强网络安全等目标[19]。DoD 已与 Lockheed Martin、IBM、HP Enterprise Services、General Dynamics、Northrop Grumman、MicroTech 和 Criterion Systems 签约，以创建陆军私有云[20]。

IT 现代化目标很可能通过联合信息环境（JIE）[21]框架下的网络安全云环境来实现。JIE 是一家强大且有巨大发展潜力的企业，通过安全、无缝地访问网络信息，无论计算设备在何处，都能提供更快、更明智的协作和决策。国防部企业云环境是使该部门能够实现 JIE 目标的关键组件。

国防部热衷于拥有基本的云系统，并且已经构想了"联合企业防御基础设施云（JEDI）"的概念。根据五角大楼联合参谋部需求副主任戴维·克鲁姆（David Krumm）布里格将军说："这（JEDI）将不仅仅是一个 IT 系统，这不是电子邮件，不是云存储，也不是数据传输。这个系统将会改变这个国家及其士兵、水手、海军陆战队和飞行员的战斗方式，并且能够帮助我们赢得国家战争胜利的系统[22]。"这将是一份价值数十亿美元的重大合同，旨在重塑国防部的云计算能力。国防部认为，从传统系统转移到云，将有助于提高作战人员和该部门其他行政活动的安全性、数据可访问性、可负担性和性能。这可能是五角大楼最大的云工具，需要一定的时间才能成为现实。截至 2018 年 6 月，有一些报道表明为了从这种云系统中获得最大利益，预计合同程序会发生一些变化。很明显，由于开发该系统涉及大量资金，因此，会出现异议，并可能进行广泛的审议。然而，国防部明确提到"云采购战略没有变化。"[23]

10.4.2   中国人民解放军的云计算

在国家发展和改革委员会（NDRC）、工业和信息化部（MIIT）和财政部（MoF）的支持下，中国政府一直大力支持云计算产业。"祥云计划"于 2010 年启动，旨在开发芯片设计、硬件、网络、运营商、终端等多种云应用[24]。中国正在为众多的私营部门、民用领域、军事领域和政府开发云计算技术。政府热衷于为其 IT 系统投资，以实现解放军的现代化。认识到云计算的好处，解放军对军事云计算技术的使用很可能在未来几年显著增加。中国的"信息革命"经历了三个阶段："数字化"和"网络化"，最后是现阶段"智能化"。信息化的第三阶段是解放军数十年集体努力的结果，其将涉及利用人工智能、大数据和云计算等新兴技术，以提高解放军的 C^4ISR 能力。解放军重组其信息化作战方式意味着这一战略的重大转变[25]。话虽如此，这些网络和技术的部署仍处于初期发展阶段，解放军尚未在更高级别采用军事云计算。总参谋部某所正在积极开展军事云计算研究[26]。

中国云计算产业呈显著增长。据市场研究机构预测，未来五年平均每年至少增长 30%。今天，中国正在对人工智能和物联网进行大量投资。中国是拥有世界上最好的超级计算设施的国家之一，他们在云领域的投资正在大幅增长。因此，在与信息技术相关的领域对民用部门的这种重大投资很明显也将直接或间接地使解放军受益。

10.4.3   英国国防部的云计算

英国政府打算建立一种云计算方法（G-Cloud），为人力资源和财务等通用职能部门提供跨部门服务。政府制定了其 ICT 战略，将云计算确定为关键组成部分。该文件指出，国防网络和更广泛的 ICT 的更新必须考虑向云计算迁移，尤其是 G-Cloud。此外，它还要求有必要定义一个防御平台即服务框架，以允许开发标准的、可互操作的解决方案[28]。2016 年，微软凭借其云计算数据中心大举进军英国。该中心是应英国国防部（MoD）的要求开设的。英国国防部非常渴望实现现代化，因为在 2014—2015 年左右，他们仍然使用 Windows XP，并且所有应用程序都是 2003 年或之前的技术[29]。英国国防部决定投资云计算，因为他们有重要的数字化转型议程。作为国防组织安全透明的云服务是必须的。与 Microsoft 携手合作似乎正在帮助他们以经济高效的方式管理和使用数据。

10.4.4　澳大利亚国防部的云计算

澳大利亚政府的财政和放松管制部发布了云计算政策文件。国家云计算战略中心指出，澳大利亚政府每年采购超过 50 亿美元的 ICT 和相关服务，正在适当采用云计算，并且政府和经济体中的其他组织机构也在采购云产品[30]。澳大利亚国防部正在将其机房数量从 280 个减少到 10 个，并计划进入更多的私有云、虚拟化环境，这提供了更大的灵活性及比目前更快地扩展容量的能力[31]。尽管由于安全原因，目前国防部在很大程度上还没有使用云服务，他们认为现行的《版权法》不足以支撑云计算在军事上的充分利用。澳大利亚数字化转型局（DTA）于 2018 年 2 月发布了一套新指南[32]，定义了政府机构对数字基础设施的使用。这些指南取代了 2014 年发布的第三版云计算政策。① 这些指南没有具体讨论防御方面，而是提到满足政府要求和安全方面以及确保云以所需方式保护信息的必要性。

10.4.5　云计算与印度

为了利用云计算的优势，印度政府启动了一项雄心勃勃且重要的计划，称为 "GI Cloud"，也称为 "MeghRaj"[33]。该计划的重点是加快该国电子服务的交付，同时优化政府的 ICT 支出。国家云于 2014 年 2 月推出。国家云的功能包括自助服务门户、多个云解决方案、安全 VPN 访问和多位置云等[34]。国防部是印度政府的主要组成部分之一，他们必须按照要求使用国家云。然而，由于众所周知武装部队正在使用各种最先进的 IT 工具，从简单的计算机到基于卫星的输入到 GSI，因此对云领域的某种形式的投资很可能已经发生。

此外，高级计算发展中心（CDAC）还建立了私有云环境，可以为中小型政

---

① Crozier，"国防将版权视为云的障碍"。

府企业提供基础设施、平台和软件服务等基础云服务。该中心开发了一个名为
"Meghdooth"的开源免费软件套装，①将数据中心转换为云中心，并为电子政务应
用程序的移植提供增值功能[35]。

目前对云的投资模式似乎更多的以民用和商业为中心，国防部尚未阐明其
对云计算的要求。

10.5　采用云计算的挑战

除许多好处外，云计算技术从安全角度提出了一些挑战，在采用任何云模
型之前需要分析和解决一些潜在的风险。其中一个问题是从现有软件和数据过渡
到云的成本。这个过程可能耗资巨大并且在技术上具有挑战性。当应用程序被转
移到不同的服务提供商时，互操作性问题就会出现，而且由于架构不同，移植数
据和应用程序会产生相关的成本。云计算将信息与基础设施一起封装，因此信息
保密至关重要。在军事背景下，信息具有不同的敏感性要求，属于不同类别，从
机密情报和特定任务情报到公开可用的通信和招聘信息。此外，在选择云服务时
还必须管理各种信息，例如：个人信息、专利、商业秘密、客户信息、公司信
息、医疗信息和财务信息，该数据需要根据安全控制的敏感度进行分类[36]。因
此，采用的控制措施可防止在存储和传输过程中未经授权访问数据信息。此后的
审计机制也可确保采取最佳方式实施数据的安全控制。

采用云计算作为基础设施的另一个挑战主要是与之相关的安全问题。云在
其不同的部署模型中容易出现数据泄露、数据丢失、凭证盗窃或误用、不安全接
口接入、拒绝服务（DoS）攻击等风险问题[37]。云从支持它的所有底层技术中
继承了这些漏洞。采用云基础设施的机构必须了解操作环境。此外，还需要进行
风险评估，以了解威胁对业务流程的影响。相关风险涉及从实施、集成到互操作
性、数据丢失和隐私风险到知识产权盗窃风险和安全性再到合同复杂性。该过程
涉及提供者和组织端的数据敏感性和安全架构的复杂组合。它还需要云的部署模
型、灾难恢复计划、立法机制、服务级别协议（SLA）义务等。此外，在云计算

---

①　Meghdooth 在云环境中提供各种功能，如平台和基础设施即服务（PaaS 和 IaaS）、按需动态供应、
计量和监控、中间件堆栈的图形安装、基于 Web 的云资源管理、部署供应多实例用户设备、自定义弹性、
基于 Web 服务的云管理、高可用性和跨层增强的安全性。

的情况下，云用户对存储和计算数据的所在位置不能确定①，数据存储、处理和传输可能发生在另一个国家的服务器上，由于缺乏国际法律框架约束，因此增加了一定程度的担忧。

云计算领域不断地发展。该行业正在努力克服该技术现有的局限性。IBM 开发了一个认知计算云平台，称为 Watson。该技术旨在将各种独特的数据来源汇集在一起，包括常识、行业特定内容和主题专业知识。Watson 生态系统可以用自然语言进行交流，用户可以在其中提出问题并通过指向 Watson 数据库[38]中相关内容的链接获得答案。由于自然语言、分析和认知计算中的界面易于使用，这项技术一旦与云集成，在国防应用中具有巨大的潜力。军事行动是数据密集型的，可以进行模式识别分析，从而提高战略和战术的有效性和准确性。

10.6　结　论

云计算技术已经成功地构建了一个具有多学科实用性的整体计算平台。该平台激发了对具有显著数据依赖性的各种系统建立新的架构。它使人们能够以不同的方式思考为多个实用程序开发工具生态系统。在相对较短的时间内，云计算已在社会到战略等多个领域中得到应用，如电子政务、医疗保健、教育、公共分配系统和国防等。

目前，在国防领域，云计算已经被视为现有 IT 系统的主要替代品。很少有国家将这一系统与其现有的 ICT 基础设施并置。更具体地说，军事行动是目前形式的云计算应用具有很大潜力的一个关键领域。但是，在完全采用云计算方面，国防规划者心中存在一些不确定性。国防机构对保密性和关键性任务以及与国家安全利益相关的机密性数据的安全性表示担忧。他们认为，鉴于云计算还处于发展阶段以及对其使用缺乏认识，安全风险和协议违规风险更高。

云计算作为一种不断发展的技术，对军队具有巨大的实用性。所以，因为存在安全方面的顾虑而表现出强硬的反对态度，最终只会限制武装部队充分发挥这项技术的潜力。一些对此有顾虑的军队也开始使用云计算，他们选择非机密或非关键任务应用程序及为地面人员选择特定于战场的信息密集型应用程序。预计，随着有关云计算在国防应用在安全方面的深入研究，将会有越来越多的云替代传统 IT 解决方案。但是，必须指出的是，在可预见的未来，云计算不会完全取代现

---

① 美国的《爱国者法案》适用于所有美国公司持有的所有数据，无论数据位于何处。创新产业、科学研究部——澳大利亚政府，"云计算——机遇与挑战"，2011 年 10 月，第 17 页。

有的 IT 解决方案，而是补充现有技术并提供更多选择。对云计算的精确投资将彻底改变武装部队的 ICT 设置。由于能够实时输入各种有关变量，这将有助于提高可访问性，并提高作战平台的技术水平。同时，这些信息也将使士兵更加了解他 / 她的周围环境，从而提高他 / 她在战场上的效率，并减少附带损害。此外，采用云计算后，由于减少了技术性基础设施的支出，这将有利于降低成本。

 参考文献

［1］Lele，A.，Sharma，M.：Relevance of cloud computing for defence.J.Def.Stud.8（2），63–84（2014）

［2］Kang，J.：Model of cloud computing platform as a service to VR/AR military cyber simulation operation problem.Available at http：//www.iosrjournals.org/iosr–jce/papers/Vol19–issue4/ Version–3/L1904037376.pdf. Accessed on 5 Nov 2017

［3］Mell，P.，Grance，T.：The NIST definition of cloud computing.Special publication 800–145，National Institute of Standards and Technology，US Department of Commerce，Sept 2011，p.2.See http：//csrc.nist.gov/ publications/nistpubs/800–145/SP800–145.pdf.Accessed 1 Oct 2013

［4］Huth，A.，Cebula，J.：The Basics of Cloud Computing，pp.2–3.US–CERT.Available at http：// www.us–cert. gov/sites/default/files/publications/CloudComputingHuthCebula.pdf.Accessed 1 Oct 2013.Also，refer to http：// www.cloud–competence–center.com/understanding/cloud–computing–service–models/.Accessed 10 Nov 2013

［5］http：//www.cloud–competence–center.com/understanding/cloud–computing–service–models/.Accessed on 21 March 2014

［6］Zissis，D.，Lekkas，D.：Addressing cloud computing security issues.Futur Gener Comput Syst 28，p.1.Available at http：//www.cse.msstate.edu/dampier/cse8993/zissis%20and%20lekkas.pdf.Accessed 2 Oct 2013

［7］Crozier，R.；Defence Views Copyright as Barrier to Cloud.itnews（Sydney），19 Dec 2012.Available at http：// www.itnews.com.au/News/326854，defence–views–copyright–as–barrier–to–cloud.aspx.Accessed 18 Oct 2013

［8］https：//www.gartner.com/newsroom/id/3815165.Accessed 18 July 2018

［9］Gordon，J.，Hayashi，C.，Elron，D.，Huang，L.，Neill，R.，Exploring the Future of Cloud Computing，p.2.World Economic Forum，Switzerland（2010）.Available at http：//www3.weforum.org/docs/WEF_ITTC_ FutureCloudComputing_Report_2010.pdf.Accessed 2 Oct 2013

［10］Fischer，E.A.，Figliola，P.M.：Overview and Issues for Implementation of the Federal Cloud Computing Initiative.In：Congressional Research Service，p.9.Note R42887（2013）.Available at http：//www.fas.org/ sgp/crs/misc/R42887.pdf.Accessed 4 Oct 2013

［11］Linthicum，D.：How and Why the Military should Adopt the Cloud，14 May 2010.Available at http：//www.

infoworld.com/d/cloud-computing/how-and-why-the-military-should-adopt-the-cloud-484.Accessed 4 Oct 2013

[12] Spalding, R.S.: Cloud Computing and the New Age of War, p.7.Air War College, United States Air Force. Available at http: //www.au.af.mil/au/awc/awcgate/cst/bh2009_spalding.pdf.Accessed on 9 Mar 2014

[13] The US Department of Defense.: Cyber Security and Reliability in a Digital Cloud, p.7, Jan 2013.Available at http: //www.acq.osd.mil/dsb/reports/CyberCloud.pdf.Accessed 6 Oct 2013

[14] Accenture.: A New Era Cloud Ushers in Insight-driven Defense, pp.9-10.Available at http: //www.accenture. com/SiteCollectionDocuments/PDF/Accenture-New-Era-Cloud-Ushers-in-Insight-Driven-Defense.pdf. Accessed 6 Oct 2013

[15] Lockheed Martin and Market Connections Inc.: Getting Secure in the Cloud, p.5, July 2011.Available at http: //www.lockheedmartin.com/content/dam/lockheed/data/corporate/ documents/Getting-Secure-in-the-Cloud.pdf.Accessed 6 Oct 2013

[16] Defense Systems.: Army Awards IBM Private Cloud Computing deal.Available at https: // defensesystems.com/ articles/2017/01/19/armyibm.aspx, accessed.Accessed on 5 Nov 2017

[17] Takai, T.: DoD CIO's 10-Point Plan for IT Modernization, pp.4-6.US Department of Defense, Washington, DC (2012).Available at http: //dodciodefense.gov/Portals/0/Documents/ITMod/ CIO%2010%20Point%20 Plan%20for%20IT%20Modernization.pdf.Accessed 1 Oct 2013

[18] Tanaka, E.: The NSA and Military Cloud Computing, 27 Jan 2012.See http: //www.patexia.com/feed/thensa-and-military-cloudcomputing-just-painting-a-cyber-bullseye-for-attackers-2401.Accessed 8 Oct 2013

[19] The US Department of Defense.: Cloud Computing Strategy, p.4, July 2012.Available at http: //www.defense. gov/news/dodcloudcomputingstrategy.pdf.Accessed 8 Oct 2013

[20] Montalbano, E.: Army Awards $250 Million Cloud Contract.InformationWeek, New York, 9 Jan 2012. Available at http: //www.informationweek.com/government/cloud-saas/army-awards-250-million-cloud-contract/232301444.Accessed 12 Oct 2013

[21] Kenyon, H.S.: Joint Information Environment is Under Way, 16 Sept 2013.Available at http: // www.afcea. org/content/?q=node/11696.Accessed 25 Nov 2013

[22] Bur, J.: Multibillion-Dollar Contract Looks to Reshape DoD Cloud Capabilities, 7 March 2018.https: // www.federaltimes.com/it-networks/2018/03/08/multibillion-dollar-contract-looks-to-reshape-dod-cloud-capabilities/.Accessed on 18 July 2018

[23] Miller, J.: Pressure on DoD to Change JEDI Cloud Approach Increases, 4 June 2018.https: // federalnewsradio.com/reporters-notebook-jason-miller/2018/06/pressure-on-dod-to-change-jedi-cloud-approach-increases/.Accessed on 18 July 2018

[24] China's Cloud Computing Strategy.Hong Kong Trader, 5 June 2013.Available at http: //www.China-S-

Cloud–Computing–Strategy.htm.Accessed 24 Oct 2013

［25］Kania，E.: China's quest for informatization drives PLA reforms，March 2017.The Diplomat.Available at https：//
thediplomat.com/2017/03/chinas–quest–for–informatization–drives–pla–reforms/.Accessed on 6 Nov 2017

［26］Ragland，L.A.，McReynolds，J.，Southerland，M.，Mulvenon，J.: Red cloud rising: cloud computing
in China，p.38.Research Report prepared on behalf of the US–China Economic and Security Review
Commission，Centre for Intelligence Research and Analysis，5 Sept 2013.Available at http：//china.usc.edu/
App_Images//uscc–2013–china–cloud–computing.pdf.Accessed 18 Oct 2013

［27］http：//www.xinhuanet.com/english/2017–11/08/c_136736736.htm.Accessed on 18 July 2018

［28］The UK MoD.: Defence ICT Strategy，No.1.00，p.26，29 Oct 2010.Available at https：//www.gov.uk/
government/uploads/system/uploads/attachment_data/file/27373/ modict_strategyv1.pdf.Accessed 18 Oct 2013

［29］https：//www.bbc.co.uk/news/technology-37285667.Accessed 18 July 2018

［30］Department of Finance and Deregulation of the Australian Government，Australian Government Cloud
Computing Policy，Version 2.0，May 2013，p.4.Available at http：//agimo.gov.au/ files/2012/04/Australian–
Government–Cloud–Computing–Policy–Version–2.0.pdf.Accessed 18 Oct 2013

［31］Connolly，B.: Interview: Dr Peter Lawrence，CIO，Department of Defence.CIO（Sydney），4 Feb 2013.
Available at http：//www.cio.com.au/article/452683/interview_dr_peter_lawrence_ cio_department_defence/.
Accessed 18 Oct 2013

［32］https：//www.dta.gov.au/news/new–strategy–for–cloud/.Accessed on 12 Jun 2018

［33］http：//meity.gov.in/writereaddata/files/GI_Cloud_Website_Note%20%281%29.pdf.Accessed on 22 Jun 2018

［34］http：//pib.nic.in/newsite/PrintRelease.aspx?relid=102979.Acessed on 12 Jun 2018

［35］CDAC.: Cloud Computing at CDAC.Available at http：//cdac.in/index.aspx?id=cloud_ci_ cloud_computing.
Accessed 12 Oct 2013

［36］Deloitte.: Cloud Computing: Forecasting Change，p.22.Available at https：//www.deloitte.com/assets/Dcom–
Global/Local%20Assets/Documents/TMT/cloud_–_market_overview_ and_perspective.pdf.Accessed 22 Oct 2013.
Samson，T.: Top 9 threats to cloud computing security.Infoworld，25 Feb 2013.Available at http：//www.infoworld.
com/t/cloud–security/9–top–threats–cloud–computing–security–213428?page=0，1.Accessed 9 Mar 2014

［37］Samson，T.: Top 9 Threats to Cloud Computing Security.Infoworld，25 Feb 2013.Available at http：//www.
infoworld.com/t/cloud–security/9–top–threats–cloud–computing–security–213428?page=0，1.Accessed 9
Mar 2014

［38］Announcing the IBM Watson Ecosystem Program.Available at http：//www–03.ibm.com/innovation/us/watson/
index.shtml.Accessed 27 Nov 2013

第 11 章

物联网

多年来，信息技术（IT）已成为影响各种民用和军事领域发展的关键技术。互联网是 IT 架构的核心，是最宝贵的全球资源，它对人类生活特别是社会、经济和军事活动产生了重大影响。一方面，人们对现有互联网生态系统的安全性、互操作性和灵活性存在多种担忧。互联网的所有权、管理和治理仍然是全球争论的核心问题。另一方面，互联网驱动的各种新的 IT 应用程序正在为生活的各个领域提供新的发展机会。纳米科学、电子和传感器技术等多个科学和工程领域的发展为与互联网以不同方式相互交流提供了新的机会。物联网（IoT）的概念在1999 年被首次提出其核心思想是把实物联入网络，最终实现物与物之间、人与物之间的全面信息交互。麻省理工学院 Auto-ID 实验室的 Kevin 先生因首次提出这个概念而受到赞誉。在生活领域中，能够针对各类问题或挑战提出更智能、更经济、更及时的解决方案，这是最重要的，在国防领域也是如此。本章创建了一个框架，以在其军事用途的背景下理解物联网的意义、效用和未来。

11.1　物联网的理念

智能对象集成在当前互联网基础设施中，正在建立所谓的物联网[1]概念。物联网（IoT 即物联网）被预见为一个由生活在互联网边缘的"小型"网络组成的统一网络，如监视和控制建筑物、工厂、电网的系统。互联网协议（IP）已被推广为实现这一愿景的传输黏合剂[2]。过去的二十年里，物联网在不断发展，可以说，目前物联网对不同的人意味着不同的东西，这主要取决于它的适用性和个人的期望。从广义上讲，物联网只是一种将不同传感器连接到网络的方式。

物联网在各个研究领域有着深厚的根基，包括网络物理系统、普适计算、嵌入式系统、移动自组织网络、无线传感器网络、蜂窝网络、可穿戴技术（主要依赖IT）、云计算、大数据分析以及情报收集系统。此外，小型化、射频识别（RFID）、低功耗计算和机器对机器通信等技术领域的发展也促进了物联网的发展[3]。

IEEE 论文 *"Toward a Definition of Things（IoT）"*[4]中提出的基本物联网定义如下。物联网由两个基本要素组成。

（1）互联网本身。

（2）半自主设备（以下简称"事物"），利用廉价的计算、联网、传感和驱动能力来感知物理世界，并运用它。

这类设备能够连接到因特网，但也可以基于 IP 技术部署在未连接到因特网的独立 IP 网络中。另外，物联网包括用户和组织机构解析所收集的数据的设施和用于"事物"采取行动的设施。

有多种定义可以对物联网进行解释。① 国际电信联盟（ITU）认可物联网作为网络的定义，即"随时随地，任何人都可以使用"。

物联网的定义（有些人甚至称之为"万物互联"）从将物联网识别为互连设备或对象的基本表述，到工业、交通系统和智慧城市之间错综复杂的互连，定义各不相同。由于各种利益相关者可能会根据他们的要求和理解来定义物联网，最终将对未来的政策产生影响。凭借日新月异的技术和更强的互连性，物联网会更加普及，并能创造出更互联、更高效的区域和全球经济。同时，各种单元的这种互连也会产生新的安全漏洞[5]。

物联网更多是一项不断发展的技术，存在各种挑战，包括开发人员和工程师面临的设计挑战。一般来说，存在互联网可用性、小型化等问题，特别是物联网完全依赖于无线传感器网络（WSN）和射频识别（RFID）设备的发展。物联网的成功主要取决于互联网的普及。无线的传感器是智能传感器的扩展，具有通信及适应发展变化和学习能力。可用于很多不同功能的无线设备。这些设备在成本、灵活性、电源选项、易于安装和更换等方面具有多种优势（见文献［6］，第 7–11 页）。

当今的物联网在现有互联网生态系统的环境中运行。

物联网面临的主要挑战可能是（见文献［6］，第 11 页）：

- 随时随地免费上网
- 安全问题
- 低成本智能传感系统开发
- 活力
- 计算能力

---

① 请参阅美国国防部首席信息官于 2016 年 12 月发布的名为《DoD 物联网（IoT）政策建议》的文件。

- 可扩展性
- 容错
- 能量消耗
- 社会认可度

世界范围内物联网的重点一直集中在民用领域的应用。与此同时，武装部队也注意这项技术（甚至可以称为军事物联网）在各个国防相关部门作用很大。

通过各种更广泛的 IT 相关技术和未来 IT 技术的角度来研究物联网特别重要。可以预见环境智能认知技术将对 IT 的未来产生重大影响。云计算、分布式计算、互联网 2.0 等技术以及前几章讨论的云计算、大数据等技术都将影响物联网的未来。

11.2 物联网连接

物联网代表了一种由现实世界中的事物和附加或组合到这些事物上的传感器组成的结构，通过有线和无线网络结构连接到互联网。连接（连接传感器 / 设备的方法）物联网有很多种方式。物联网传感器可以使用各种类型的连接器，如 RFID、Wi-Fi、蓝牙、NFC、LPWAN、以太网和 Zigbee，此外还允许使用多种技术（如 GSM、GPRS、3G 和 LTE）进行广域连接。支持物联网的事物将与人、软件系统和其他机器共享有关事物状况和周围环境的信息。物联网将使世界在各个方面都变得智能，因为它们将提供智能城市、智能医疗、智能家居和建筑的手段，此外还有许多重要的应用，如智能能源、电网、交通、废物管理和监控（应用）物联网）[7]。

资产跟踪是关于跟踪物理资产，通过扫描附着在资产上的条形码标签或使用带有 GPS、BLE 或 RFID 的标签来定位它们的位置。这些技术可用于跟踪室外和室内佩戴标签的人和事物（包括人类和 / 或其他动物）。事实上，从某种意义上说，RFID 几乎已经成为物联网的代名词。为了了解 RFID 在物联网环境中的效用，理解 RFID 作为构建物联网网络的相关智能技术非常重要。RFID 是利用无线电波在构建物联网接口时集成、识别和积累数据的一种智能方式。它通常用于跟踪无生命和有生命的对象。在目前的网络共享系统中，RFID 技术是一种很有前途的技术。

11.2.1 射频识别系统

通常，RFID 作为无线微芯片被用于标记对象，以进行自动识别。RFID 系统一般由两部分组成：

- 标签或转发器
- 读者

RFID 标签通常被嵌入发射器和接收器。并且，标签上的 RFID 组件也由两部分组成：

- 微芯片（集成电路）——存储和处理信息
- 天线——接收和发送信号

RFID 标签由一个特定的序列识别代码组成，用于识别无生命或有生命的物体。因此，为了读取 RFID 标签中编码的信息，双向无线电通信通道（由发射器和接收器模型组成），即询问器或阅读器，在无线天线的帮助下向标签发射信号。RFID 标签将信息传输到询问器，询问器读取结果，然后传输到 RFID 计算机中。

通常，RFID 标签有两种类型：

（1）无源 RFID 标签。

（2）电池供电或有源 RFID 标签。

无源 RFID 标签将直接使用询问器的无线电波能量将信息传输回询问器，而电池供电或有源 RFID 标签由为信息提供动力的小电池组成。

RFID 系统在数据传输过程中利用无线电波能量，使其更加高效和快捷。RFID 系统可在不同的频段内运行，工作频率范围为 125kHz（低频）~ 5.8GHz（微波频率）。

RFID 技术可以追溯到 20 世纪 40 年代，但其作为物联网领域的一种智能数据采集传感器的重要性在十年前就被发现。如前所述，物联网是智能物体或事物与微型化、RFID 和纳米技术等技术的技术集成。实际上，这些技术在感知位置方面是智能的，能够提供实时跟踪数据，并识别特定对象，具有高精度和可扩展性。普通条形码传感器采用视线技术，它必须与对象非常接近，与智能 RFID 传感器相比，功能有所不同。

使用 RFID 技术的行业包括：

- 物流和供应链——用于产品跟踪、追溯和确定产品在供应链管理中当前和之前的位置。
- 生产、监控和维护——对装配线进行控制，从而向工作人员指示装配线上的集成位置和零件。
- 个人的访问控制和追踪——VeriChip 是一种大小与米粒大小的标签，可以植入人体皮肤，用于追踪和定位人员。

RFID 是一种智能技术，它可以改善网络功能，例如，作为 IT 架构一部分东西的移动性和位置。RFID 传感器的使用完全取决于处理程序，因为它可以以任何方式、任何地方使用，并且具有更高的应用性和透明度，所以它是 IoT 的一个组成部分。

因此，唯一需要考虑的是从性能和安全的角度来改进这项技术。标签的分类是根据用户对具体对象识别的需求进行的。如果不考虑将 RFID 作为一种向用户提供技术的手段，将事物与其他机器、人员和软件进行集成及其识别，从而改善互操作性问题，物联网作为一种概念是非常模糊的[①]。

目前，物联网在民用领域的应用越来越广泛。物联网的本质是各种"事物"的相互作用。其取决于个人和物体的位置。可能有几个应用程序涉及个人、资产或货物的位置和移动情况。该系统集成了各种功能性传感器。交互系统（特别是在无线模式下）能生成不同应用程序，解决各种复杂问题。实际上，物联网在军事领域具有更广泛的应用。一段时间以来，军方已经开始思考和探索物联网在军事领域的应用。目前，物联网在军事领域的适用性比任何结构化公式的表述都重要。

11.3　物联网和军事行动

在军事世界里有一些"东西"，当它们的行动得到及时、具体和有用的情报的支持时，就会表现得更加出色。此外，某种特定的东西协调它们彼此间的行动。这可能就是战争物联网（IoBT）。现代战场已经通过数字化连接在一起，网络中心战已成为现实。因此，IoBT 正以某种形式存在。预计在 2030—2040 年，物联网 /IoBT 将快速发展，并有望在战争中占据主导地位。

未来战场将由各种各样的实体（"事物"）密集分布——有些实体可能是智能的，有些则只能勉强执行一系列一般的任务：相互感知、通信、行动和合作。这将包括传感器、弹药、武器、车辆、机器人和人类可穿戴设备。他们能够选择性地收集和处理信息、充当支持感知的代理人、采取协调的防御行动及"施加"对手的各种影响。他们将协作完成所有这些工作，不断沟通、协调、谈判并共同规划和执行他们的活动。从广义上讲，这就是战争物联网[8]。

物联网技术的广泛应用将影响军事行动的各个方面。利用这项技术，可将各种战场资源进行联网。同样，某些资源也有可能配备新的传感器系统，以确保

---

① 有关 RFID 的信息从各种网络资源中整理而来。

它们连接网络。除了促进大城市运营，各种数据信息及其评估明显有利于军事情报、监视和侦察行动，并促进自动化供应链物流[3]。

物联网的广泛应用，将在至少四个关键领域对军队产生重大影响：①集成在军事过程的新型传感器和计算平台；②底层物联网推动者的进步；③增加可用信息；④与物联网可用性和能力相关的准则的变化。

军事系统可以依赖非军事性质的"事物"。多年来，基于 IT 的架构无孔不入。军事物联网也不可能单独存在，并且会与传统军事技术相似的商业物联网技术结合。从船舶、潜艇到飞机、地面车辆、机器人到武器系统的诸多平台，都将因物联网技术而有改变。随着物联网技术应用越来越广，连接的"事物"的数量会逐渐增加，包括医疗用品、食物、水、弹药和其他消耗品和组件，由此可能会缩短执行时间，简化一部分维护系统和逻辑单元供应链流程。此外，物联网将成为军事行动的重要信息来源，特别是在城市环境（智能城市）的背景下。对于国防架构和城市基础设施系统，如交通监控系统、智能公用事业网络、公共交通系统、视频监控网络和其他服务，物联网将它们提供宝贵的信息资源[3]。这些结构可以重新定义和调整，用于收集额外的军事特定信息。所有这些最终都会在战术和战略层面上影响信息处理、决策、基础设施建设、投资、军事战术、生产商和流程。这将需要调整政策和规则，甚至在某些方面制定新规则。

冷战后的世界见证了技术在战争中的主导地位，这导致了军事革命（RMA）。RMA 的主要特征是信息化的计算机网络。21 世纪的战争是关于精确打击、激光和电磁脉冲武器、信息战和卫星技术在作战中的智能应用的战争[9]。目前，各个重要武器制造国家的军工生态系统中可以看出，这些国家的国防工业主要生产具有加工和通信能力的装备。这些装备包括传感器、执行器、天线、光学装置和其他集成组件。为了更大程度地进行系统集成（IoT），将各种实体和虚拟军事事物（和身份）集成到军事信息网络中，这种集成的结果是更广泛地采用传感器和获取信息，用于态势感知、医疗信息、运输和物流等。军队可以在智能基地等军事环境中使用物联网。在建筑物、设施和其他地下或水下位置，已经很少有机构采用各种商业物联网技术。基地及海上和沿海环境下的部队防护、人员监测、监测健康和及时的设备维护以及与之相关的其他一些领域，都可能是物联网的一个单元。此外，物联网技术在支持战术侦察方面也具有重要意义。①

---

① 基于自 2014 年以来在 IEEE 世界物联网论坛会议期间提出的概念说明和想法。

　　物联网是一个连接包括人在内的"事物"的庞大网络，有望通过大量和及时的情报信息和其他援助为作战人员提供更好的服务①。必须认识到，军事行动是在特殊状态下进行的，而且很多时候是在受控情况下进行的，从地理到不同的气候条件，再到带宽和连接问题，几乎没有内在的限制。因此，武装部队需要依赖异构和灵活的网络，这些网络使用不同种类的设备并在不同的环境中持续运行。

　　物联网的一些"应用实例"包括用于士兵训练的完全沉浸式虚拟模拟器、自动驾驶汽车、智能库存系统，以及用于管理能源、公用事业和环境传感器的陆军战略管理系统等业务系统。

　　战场上，还会有一些适当的智能型连接设备，也有一些可能是有点智能的。这些设备将执行各种各样的任务。战场也将根据情况作出调整。这种连通性将遍布"各种"事物，这些事物可以构成弹药、武器、机器人机器、车辆和可穿戴设备。所有这些设备都会产生大量的数据，如何充分利用这些数据对军方来说是一个挑战。

　　重要的是，物联网网络还需要应对来自对手的多种威胁，包括对基础设施的物理攻击、直接能源攻击、干扰射频信道、攻击物联网设备的电源、电子窃听和恶意软件。此外，也可能通过民用互联网进行网络攻击。军方将被迫采取不同的措施来反击对物联网的网络攻击。它们甚至可能包括注入旨在吸引和捕获入侵者的虚假代码、使用一次性连接设备、大规模物理指纹识别及对物联网网络的持续物理和信息探测。军方还需要查看攻击者的"心理社会行为"，并辨别其行为模式。

　　物联网的框架确实存在相关风险因素。特别是当部队与其他国家的部队联合作战或作为协作部队的一部分时，互操作性问题就变得很重要。此外，可能存在与身份验证和安全性相关的问题。对于军队来说，主要的挑战是数据的完整性。由于战时和和平时期的各种决策都是根据输入的数据信息做出的，因此确保没有人弄乱数据至关重要。还有一个挑战是信息过载，因为很多"事物"都在循环中收集和传输数据。目前，也存在其他挑战，如网络漏洞和网络管理问题[11]。

　　随着物联网技术的发展，网络安全将成为物联网的主要威胁。这是因为将出现数十亿个拴在一起的无线物体，这将使网络安全相关问题复杂化。物联网是一个将日常物品相互连接的数字综合体，由于它会从各种不安全的来源获取信息，导致挑战将成倍增加。所以，需要制定法规，在物联网内建立网络安全文

---

　　① 本段和第三段及随后的三段基于 Goldstein[10]。

化。为此，需要确保制造业和供应商满足特定的网络安全标准。此外，还需要对用户进行教育。错误的数字信息、虚假新闻等可能会带来重大挑战。网络安全问题涉及范围广泛，除了保护基础设施或保护信息，它还能保护我们所知道的事情。基本上，安全的网络能够保护数据的完整性，并能区分数据的真假。

物联网中还可能存在针对预定义目标的分布式拒绝服务（DDoS[13]）攻击等问题。DDoS 攻击的基本模式涉及攻击者使用恶意软件将 Internet 网络中的计算机连接全球的机器人军队，该军队将根据命令打击他们的目标。物联网的问题还存在于各种设备中，从计算机、汽车、冰箱、炉灶、移动设备到医疗设备、小武器到垃圾箱，许多这些设备来自不同的制造单位，为降低成本，可能会在质量方面打折扣。物联网中还可能存在与密码相关或其他漏洞。所有这些都将使机器人军队的生活更轻松。因此，军方应该关注此类活动。

11.4　结　论

总的来说，未来的物联网是体现人类（甚至可能是机器）聪明才智的未来，并且由人类决定如何使用物联网。除技术挑战外，还可能存在文化、法律和伦理方面的挑战。军队肯定可以通过应用这项技术来获得技术优势，并且在某些情况下，这项技术会迫使他们发现具有特定作用的新产品。

 参考文献

［1］Atzori, L., Iera, A., Morabito, G.: The Internet of Things: a survey.Comput.Networks 54（15），2787-2805（2010）

［2］Varakliotis, S., et al.: A process-based internet of thing.In: IEEE World Forum on Internet of Things（WF-IoT），p.73（2014）

［3］Tortonesi, M., et al.: Leveraging Internet of Things within the Military Network Environment—challenges and solutions.In: IEEE 3rd World Forum on Internet of Things（WF-IoT），pp.111-116.Reston, VA,（2016）

［4］Minerva, R., Biru, A., Rotondi, D.: Towards a definition of the Internet of Things（IoT）.In: IEEE Internet Initiative.iot.ieee.org, 27 May 2015

［5］Walters, R.: Understanding the Internet of Things, 04 May 2016.https://www.heritage.org/ technology/report/understanding-the-internet-things#

［6］Mukhopadhyay, S.C.（ed.）: Internet of Things: Challenges and Opportunities, pp.7-11.Springer, London

（2014）

［7］Mohammeda, Z.K.A., Ahmedb, E.S.A.: Internet of Things Applications, challenges and related future technologies.World.Sci.News.67（2）, 126–148（2017）

［8］Alexander, K., Swami, A., West, B.J.: The Internet of Battle Things.Computer 49（12）, 70–75（2016）

［9］Lele, A.: Strategic Technologies for the Military, pp.6–7.Sage, New Delhi（2009）

［10］Goldstein, T.P.: The Internet of Things for the Battlefield Needs to Be Flexible, Army Official Says.17 May 2016.https：//fedtechmagazine.com/article/2016/05/internet–things–battlefield–needs–be–flexible–army–official–says

［11］Seffers, I.G：NATO Studying Military IoT Applications.1 March 2017.https：//www.afcea.org/ content/Article–nato–studying–military–iot–applications.Accessed on 17 May 2018

［12］Wilner, A.S.: Cybersecurity and its discontents：artificial intelligence, the Internet of Things, and digital misinformation.Int.J.73（2）, 308–316（2018）

［13］Sutherland, L.: The Weaponization of IoT: Rise of the Thingbots.6 Apr 2017.https：// securityintelligence.com/the–weaponization–of–iot–rise–of–the–thingbots/and Patrick Tucker "Someone Weaponized the Internet of Things".https：//cdn.defenseone.com/b/defenseone/ interstitial.html？v=8.11.0&rf=https%3A%2F%2Fwww.defenseone.com%2Fthreats% 2F2016%2F10%2Fsomeone–weaponized–internet–things%2F132553%2F.Accessed on 16 May 2018

第 12 章

区块链

在本部分的最后一章讨论区块链技术有三个基本原因。第一，与迄今为止讨论的所有其他技术相比，这项技术是最近才出现的。第二，少数人认为这项技术不应被视为颠覆性技术，而应被视为具有巨大增长和效用潜力的基础技术。第三，该技术影响（或与之相关）各种 IT 技术，例如云、人工智能和物联网，这些技术已在本节前几章作为颠覆性技术进行了讨论。为此，本章将这三个问题放在同一个背景下，进行简要介绍。本章的主要目的与前几章相同，即判断该技术能否在各个国防部门中带来颠覆性变化。

12.1　理解区块链

区块链更多地被认为是一个简单的概念（块是记录列表，而区块链可以被认为是一个记录链），目前正在开发该技术。该技术只不过是一种公共电子分类账——类似于关系数据库。该分类账同时在不同用户之间公开共享。区块链可以为每一笔交易创建不可更改的记录，每一笔交易都带有时间戳，并能追溯到前一笔交易。每个数字记录或交易都可以重新组织为一个与特定参与者相关联的块（因此得名）。本质上，所有这些块一起形成了一条不可篡改的链。区块链只能通过系统参与者之间的共识来更新，并且数据的每一部分都将始终可用。因此，区块链提供了系统中每笔交易的真实且可验证的记录[1]。简单地说，区块链可以被视为基于 IT 的记录库，它在大型对等计算机网络上复制数据，而不是在中央服务器上。

区块链采用一种称为安全散列算法（SHA）或散列的密码学方法。与加密不同，安全哈希法不使用密码或密钥等技术来提供安全性。取而代之的是，散列规范由美国国家标准与技术研究院（NIST）制定，并可供政府和私人实体公开使用。散列用于将数字数据的任何部分（如文本、图像和视频）转换为具有规定长度的位串[2]。

如今，由于比特币，区块链正在成为一项核心技术，甚至可以说比特币（本质上是数字货币）的存在是因为区块链技术的存在。由于区块链的历史表明它与比特币具有相同的"DNA"，因此在讨论区块链之前，有必要先简要了解比特币。

比特币于2008年问世，被称为去中心化的数字加密货币。众所周知，比特币是作为对挖矿过程的奖励而创建的。比特币也可以兑换成其他货币、产品和服务。比特币是由在全球范围内运行采矿计算机的一群人或组织生产的，这些计算机具有解决数学问题的软件，构成"工作量证明"[3]，以换取新的比特币。比特币作为数字货币的价值通常与通过系统的支付量和速度有关[4]。随着买家基数的增加，比特币在各个国家越来越受欢迎，比特币的成本波动、支付流程和交易实践的投机活动也开始发生。所有这些都直接或间接地影响成本。

2008年，日本科学者中本聪（Satoshi Nakamoto，他的真实身份仍然未知）发布了白皮书《比特币：一种点对点式的电子现金系统》。这篇论文描述了一种被称为比特币的虚拟货币，它是区块链技术下的"纯点对点式的电子现金"。至此，比特币首次公开亮相。从那时起，运行比特币的技术区块链发生了重大变化。区块链很重要，因为它透明且去中心化。它将重要信息记录在公共空间中，并且不允许任何人将其删除。简单地说，正如一位技术记者Sally Davies所说："区块链之于比特币，就像互联网之于电子邮件一样。一个大型电子系统，您可以在其中构建应用程序，货币只是其中之一[5]。"

数字现金可以无限复制，这个问题被称为双花问题，区块链是这个问题的答案。几乎2014年之前，人们都认为区块链技术仅适用于加密货币。然而，区块链的应用不仅限于金融服务，该技术应用程序可能还有其他各种应用程序。快速发展的想法之一是"智能合约"交易的想法。任何由两方自愿签署并发布在区块链上的合约都是智能合约。本质上，此类合同不能更改，双方必须遵守本合同中的规则，因为没有方法可以违约。即使是不受信任的各方也可以做生意，智能合约消除了对任何中心化机构的要求。本文找到了一些尝试将智能合约区块链与以前的数字货币区块链区分开的参考文献。与加密货币相关的区块链重新组织为区块链1.0，当区块链技术在其他领域得到应用时，它被称为区块链2.0版本。众所周知，区块链2.0可以分散更复杂的协议[6]。

智能合约有望被广泛使用，主要是由于系统具有透明度，即使是法律专业人士也有可能抢占该技术。只有时间才能证明区块链是否会成为违法者。区块链技术可以在法律领域发挥主要作用，这些领域包括证券法、知识产权、房地产和税法等领域[7]。

名为 Ethereum[8] 的去中心化平台运行智能合约，其中应用程序完全按照程序运行，没有任何停机、审查、欺诈或第三方干扰的可能性。这些应用程序所在定制的区块链，是一个非常强大的共享全球基础设施。这使开发商能够创建市场、存储债务或承诺的登记册以及转移资金。在这里，不仅仅是加密货币被标记，金融工具如贷款或债券也会被标记。

区块链技术另一个有趣的方面是，区块链思维的当代前沿被称为"权益证明"。当今的区块链由"工作量证明"保护，由其中具有最大总计算能力的群体做出决策。这些群体被称为"矿工"，运营着庞大的数据中心来提供这种安全性，以换取比特币（或加密货币）支付。新系统取消了此类数据中心，取而代之的是复杂的金融工具，以实现类似甚至更高程度的安全性。权益证明系统有望在不久的将来上线。

除了这项新兴技术，另一个创新是区块链扩展。按照目前的区块链系统，网络中的每台计算机会处理每笔交易。自然地，这导致了处理速度降低。规模化的区块链有望通过提供适当的解决方案来加速这一过程。这里的挑战指的是安全方面面临的挑战。目前，科学家们正在努力确保区块链安全结构的稳健性。预计，规模化的区块链将快速发展，主要为物联网提供动力[9]。总体而言，正在出现各种应用区块链技术的新领域包括教育、电子政务和智慧城市项目等。

12.2　国防领域的区块链

区块链技术起源于 2008 年或 2009 年。如前一节所述，直到 2014 年这项技术才开始应用于加密货币之外的其他领域。同样重要的是要认识到，目前这项技术正处于发展过程中。因此，从国防工业的角度来看，这些还处于早期阶段。军事技术人员正试图掌握这项技术的细微差别。全球主要国防研究机构正在研究该方向，并为各种研究和开发机构提供资金。

对于军事机构来说，这项技术的基本吸引力有两个：一是安全的消息传递和交易平台；二是系统完全安全，不可篡改。

从广义上讲，在全球范围内，军队正致力于将这项技术用于军事后勤、采购和财务、项目管理和国际合作等领域。这些领域本质上都更具行政性（进行资源管理）。在作战层面，军事技术人员期待在 C^4ISR 和网络能力要求等领域获益[10]。

在国防领域创建基于区块链技术的架构，可以帮助各国政府消除供应链效率低下的问题并节省大量监控资源。这项技术可以快速有效地解决会计问题，并为机构的记录保存程序带来前所未有的准确性、安全性和快速性。区块链将使政府能够安全地收集、存储、处理和利用其收集的大量信息，从而进一步提高成本效益和透明度[11]。

在全球范围内，国防部门确实存在信任赤字。它是资本最密集的行业之一，曾发生过各种涉及腐败和资金管理不善、时间延误和将工作分包给其他机构（可能是秘密行为）的案例。该技术可以帮助最大限度地减少资源泄露，使工作流程更加高效，并为国防通信提供平台[12]。人们期望通信服务最终会出现在没有攻击者渗透点的地方。原因显而易见，各国的国防项目必然是保密的。因此，每个机构都应该根据自己的政策来选择这项技术，除非他们认为项目是秘密的或有限制性的。

有预测称，航空航天等行业可能极适用于区块链。任何固定翼或旋翼飞机、喷气式飞机及火箭和卫星系统的开发和生产都涉及许多机构同时工作，显然区块链等技术处于应用范围之内（相当紧迫的需求）。除了为整个流程提供透明度外，区块链技术主要可以协助供应链跟踪，提供可靠且相对低成本的采购流程。即使对于此类系统中被称为引擎的典型（且重要）部分，区块链也有很大帮助。对于任何发动机的生命周期，各个零件和子组件的健康状况都会得到持续监控。此类系统的各部分由一系列公司生产。同时，区块链提供了联合分类账，使用和接触该引擎的每个人都能利用专业技术知识，保持引擎健康运行和采取补救措施[13]。类似地，区块链可以监控制造飞机或航天器的其他技术系统。

目前，区块链技术在国防中应用的主要领域之一是网络安全。网络防御将成为该技术最近期、低成本、高回报的应用方式。在1988年，美国的计算机（当时世界上新兴的网络基础设施）被病毒感染，这可以被视为第一次已知的网络攻击。2007年4月，爱沙尼亚政府网络遭到未知外国入侵者的拒绝服务攻击。此外，大约在区块链技术诞生的同时，佐治亚州的计算机网络于2008年8月遭到黑客攻击[14]。从那时起，网络安全方面的猫捉老鼠游戏频发。通常，计算机病毒一旦生成，几乎立即就可以使用补丁来应对此类威胁。

众所周知，网络安全通过保密和信任来维护安全，但两者在网络中都无法得到完全保证。区块链独立于秘密和信任运作。从理论上讲，区块链以两种方式保存事实——确保数字事件的广泛传播（让每个人都知道），并为这些事件创建一个永远无法被黑客更改的安全数据库。现代武器系统更加复杂，但也很脆弱，通过网络手段，它们可能会被篡改。区块链允许对系统中每个组件的配置进行成像、散列、在数据库中进行保存并持续监控。任何额外或任何（或大或小）配置的更改，几乎都会立即被探测到[15]。

区块链的真正优势在于保护数据。这一应用为在安全领域使用该技术开辟了各种新途径。对于警察部队来说，用基于区块链的系统来记录情报有很多便利，识别网络踪迹有助于安全机构更方便地找到罪犯。从犯罪到恐怖主义，这项技术可以被大范围应用。此外，该技术具有提供网络安全防护的能力。

12.3 结 论

从社会问题到安全挑战，区块链技术将带来重大的技术革命。随着技术的进一步成熟，预计它将在民用和国防领域获得更广泛的认可。该技术的主要优势在于其防黑客能力。目前，社会可能在试图弄清楚这项技术的业务逻辑和技术逻辑。当与人工智能和物联网等其他颠覆性技术结合使用时，该技术的适用性有望增强。

各种安全机构都发现这项技术的主要好处。除了军事机构，警方等其他机构也在投资这项技术以提高其工作能力。特别是美国军事研究机构 DARPA 和 NATO（北大西洋公约组织）相关机构，正在重点投资设备区块链技术的各种军事应用。

总的来说，军事机构发现，区块链网络的透明性和去中心化性质非常有用。现代战争是以网络为中心的战争，需要各种及时的信息数据。这些信息数据本质上是数字化的，应该尽可能实时可用。因此，对于武装部队而言，区块链能够提供不可篡改的牢不可破的数据记录系统，这是一个重大福音。从目前的形势看，区块链技术给现有军事工业综合体带来了颠覆性影响，同时具有巨大的应用前景和发展潜力。

 参考文献

［1］Mearian, L.: What is blockchain? The most disruptive tech in decades, May 21, 2018.http://computerworld. in/feature/what-blockchain-most-disruptive-tech-decades.Accessed on 28 May 2018

［2］Barnas, N.B.: Blockchains in National Defense: Trustworthy Systems in a Trustless World.A Research Report submitted to Air University, Maxwell Air Force Base, p.19, Alabama, June 2016

［3］Proof-of-Work, or PoW, is the original consensus algorithm in a Blockchain network.For more on this issue please refer Andrew Tar, "Proof-of-Work, Explained", Jan 17, 2018.https:// cointelegraph.com/

explained/proof-of-work-explained#.Accessed on 30 May 2018

[4] Blockchain.ITNOW, pp.58-61, Mar 2016

[5] Marr, B.: A Very Brief History of Blockchain Technology Everyone Should Read, Feb 16, 2018.https://www.forbes.com/sites/bernardmarr/2018/02/16/a-very-brief-history-of-blockchain-technology-everyone-should-read/#60d188f67bc4.Accessed on 30 May 2018

[6] Vinod Kumar, T.M. (ed.): E-Democracy for Smart Cities, pp.511-513.Springer Nature, Singapore (2017)

[7] Snir, U.: Canada: Blockchain: The Disruptive Technology Changing The Legal Landscape, Mar 14, 2018.http://www.mondaq.com/canada/x/682656/fin+tech/Blockchain+The+Disruptive+ Technology+Changing+the+Legal+Landscape.Accessed on 26 May 2018

[8] Ethereum Foundation: A Swiss non-profit organisation undertook this project with global contributions.Refer https://www.ethereum.org/.Accessed on 31 May 2018

[9] New usages mentioned over here are based on Vinay Gupta.A Brief History of Blockchain, Feb 28, 2017. https://hbr.org/2017/02/a-brief-history-of-blockchain.Accessed on 30 May 2018

[10] Kulshrestha, S.: Military Applications of Blockchain Technology, Nov 23, 2016.http:// www.claws.in/1666/military-applications-of-blockchain-technology-sanatan-kulshrestha.html.Accessed on 28 May 2018

[11] Richard Stroupe Jr, T.: How Blockchain Could Save Federal Agencies Billions, Mar 16, 2018.https://www.cnbc.com/2018/03/16/blockchain-could-save-federal-agencies-billions.html.Accessed on 20 May 2018

[12] Joshi, N.: Revolutionizing Defense with Blockchain, Feb 27, 2018.https://www.allerin.com/ blog/revolutionizing-defense-with-blockchain.Accessed on 1 June 2018

[13] How Blockchain Technology Could Completely Change Aerospace, Mar 13, 2018.https:// www.proponent.com/how-blockchain-technology-change-aerospace/.Accessed on 20 May 2018

[14] https://www.nato.int/docu/review/2013/cyber/timeline/en/index.htm.Accessed on 1 June 2018

[15] Barnas, N.B.: Blockchains in National Defense: Trustworthy Systems in a Trustless World.A Research Report submitted to Air University, pp.28-29, Maxwell Air Force Base, Alabama, June 2016

第三部分

本部分解决有关颠覆性技术适用性的两个重要问题。

军队的发展将不仅取决于改变未来战术的新技术，而且实际上更多地取决他们对未来战争的想象。他们很可能会尝试改革新技术以满足其要求，并且可能在某些情况下，他们可以根据可供其使用的技术性质、成本和破坏能力调整他们的策略。这种情况下，可能很难准确预测军队会在多大程度上重视新兴技术，及以此来决定的战术理论。然而，早期工业革命的经验确实表明，技术极大地影响了作战过程。本部分着眼于这种背景下的工业 4.0 概念。

此外，这部分可能涉及与军备竞赛有关的重要问题以及这些技术在裁军和军备控制方面的问题。重视这些方面是极其重要的，因为比任何技术力量更重要的是国家对技术的管理和操控，是否实际允许这些技术的使用和试验，及可能的军事诱导。根据过去的各种情况分析得出，比技术本身更重要的是技术管理，即政治上允许将技术纳入军事领域。对第二部分讨论的许多颠覆性技术，关于其传播和用于军事目的的必要性的辩论已经开始。

第 13 章

工业 4.0

本章探讨了前面章节中讨论的各种技术。除了技术的颠覆性之外，贯穿本章的观点是，这里讨论的所有技术都可以为第四次工业革命提供突破方案。其中大部分技术倾向于提供更高水平的自动化、更高的速度和准确性。这些技术可以单独或综合应用，为武装部队提供各种选择，以提高备战打仗能力。当这些技术将来成熟时，会出现快速的工业进步（民用和军用）。最终，这些技术有望共同促进工业 4.0 的成功建立。

13.1　工业革命

工业革命是工业时代的开始，是从农业经济向工业制造转变的过程中出现的一种新的经济模式。那个时期，过去大部分房屋中的手动劳作开始在机器的帮助下进行。众所周知，这场革命始于 18 世纪的英国，随后传播到世界各地，对欧洲影响最大。1780—1850 年，由于第一次工业革命，欧洲经济开始转型[①]。

了解第一次工业革命的进程是如何发生的将会很有意义，以便了解最初的变革过程（包括"破坏"）是如何开始的。

工业革命可能是技术进步及其带来的经济利益的结果。更重要的是，工业革命之所以能够发生，似乎是因为其能够被社会所接受，而没有带来任何文化障碍。工业革命推进的标志是开始使用新原材料，主要是钢铁、内燃机，蒸汽机发动机和电力，它们在同一时期成为现实。在这一时期还发明了各种新机器，这些机器以较少的人力消耗增加产量，例如纺纱机和动力织机。随着技术的进步和创新，蒸汽机车、轮船、汽车、飞机、电报和无线电等新系统开始应用。利用科学

---

① Springer Nature Singapore Pte Ltd.2019，A.Lele，军事和安全的颠覆性技术、智能创新、系统和技术 132。

技术促进工业发展的工厂、铸造等工业概念开始扎根。与此同时，非工业领域也出现了新的发展，包括改进农业，为更多的非农业人口提供食物[1]。工作实践的发展变化，如从工匠转移到机器操作员（创造熟练或半熟练工人阶级）、工人阶级运动的出现及社会和政治制度的变化（关于财富、土地和财产的分配）改变了工业的总体发展前景。

人类意识到技术的重要性后，在基础和应用科学领域进行更多的投资和研究，带来了各种创新成果，从而实现了工业实践的跨越式发展。在社会方面，逐步推进的工业化促进社会更好地发展，并将人类从动物本能中解放出来。由于这发生在第一次和第三次工业革命之间，因此这一时期可以被视为大规模生产的数字化时代，世界各地数十亿人受益的时代。

工业革命的开始以英国工业为中心。工业化从英国蔓延到其他欧洲国家，如比利时、法国和德国，然后再到美国。到19世纪中叶，工业进步主要发生在西欧以及美国北部和东北部。21世纪见证了美国成为主要的全球工业中心。众所周知，在亚洲，日本等国家及20世纪后期的韩国为工业革命做出了巨大贡献。然而，在过去的几十年里，在工业化方面取得显著进步的一个国家是中国。众所周知，以色列和印度等国也做出了一些贡献，以色列在技术发展领域发挥着重要作用。

在文献中，各地进行工业革命的确切时间没有统一的参考。每次革命的长度约为50年。从广义上讲，根据文献中更多的参考资料，一些人认为这些革命的时间段和标志如下：

第一次工业革命：1760—1840年；第二次工业革命：1870—1914年；第三次工业革命：1969—2000年。

第四次工业革命：自2000年至今的数字革命。

很明显，对于过去300年间工业领域内发生的事情，可能存在一些意见分歧，这些认识没有明显区别。众所周知，第四次革命是在2000年才开始的。还有，人们普遍认为最初的工业革命以蒸汽和水为动力。第二次工业革命是电力被用于大规模生产。第三个是互联网、通信技术和主要数字化进程的应用[2]。

第四次革命似乎正处于一个非常有趣的阶段。在这个阶段，虚拟现实技术所构建的世界正在展示出成为现实的迹象。自21世纪初，这个领域就一直发生着思想的碰撞。大约在同一时期，互联网2.0的想法开始形成，人们期望人工智能可以做很多工作，包括用于战争等方面。因此，可以得出结论，工业4.0的起始时间是2000年。

13.2　构想第四次革命

自第一次工业革命以来，人类取得了长足的进步，各阶段技术不断成熟，整个发展过程令人惊叹。从蒸汽机到铁路、钢铁工业、电子和计算机，这些都是在四次工业革命背景下发展起来的，发展迅速且令人瞩目。第四次工业革命不仅是关于技术的跨越式发展，还有更多可能性。

"工业 4.0"一词来自德国政府高科技战略领域的一个项目。该术语于 2011 年在汉诺威博览会上首次提出，随后是计划、讨论、演示和报告。最后，在 2013 年 4 月 8 日在汉诺威博览会上，工作组行业提出最终报告确定该术语。工业 4.0 出现了。这个名字背后的概念是显而易见的——它是工业革命的进步。这个想法比最初计算机化的冲击更大。有人认为，有必要将智能、连通性和更广泛的计算机化等方面引入制造业。与工业 4.0 相关的一些关键要素包括：确保互操作性、去中心化、实时可用的分析和灵活的服务。未来的设想是，企业拥有全球网络，以网络物理系统（CPS）[3] 的形式集成其机械、仓储系统和生产服务。新的生产技术和工艺可以改善现有的工业综合体。更重要的是，新的军事技术有望颠覆现有的技术结构，这有可能改变生产流程，并催生新市场。

CPS 提供了新的方法，减少了机械设备或硬件设备，增加了软件应用程序[4]。基于 IT 工具和应用程序，结合具有巨大存储容量和高传输速度的异常先进的 IT 系统，CPS 不断发展。CPS 可以被视为直接联系"真实"和"虚拟"世界（智能组合）的系统。科学家们已经确定了 CPS 的五个基本维度，它们相互结合以增加其开放性、复杂度和智能性[5]：

- 物理世界和虚拟世界的融合
- 具有动态自适应系统边界的系统
- 具有自治系统的上下文自适应系统；主动实时控制
- 具有分布式和变化控制的协作系统
- 广泛的人与系统合作

在上述每个阶段，CPS 的设计都允许开发特定的应用程序，由此产生的技术带来了新的好处。

德国机构将工业 4.0 概念化。为了适应这一举措，提出了改变知识、财务和监管框架结构的设想理念。其理念是将信息、资源和人员整合在一起，并将新概念融入工业流程，以改善价值创造、工作组织和下游服务。简言之，其想法是生成于客户的特定设计，通过引入网络提高灵活性，建立改进的决策和设计过程的早期验证，确保科学合理消耗资源，并建立工人互动协作系统[6]。

工业 4.0 的理念是面向将所有实物资源，实现端到端数字化处理的理念，并将其价值链共同整合到数字生态系统中。这个想法可以实现无缝地进行数据生成、分析和通信。预计，广泛的新技术将通过网络创造价值。需要注意的是，工业 3.0 面向单机和流程的自动化。然而，下一阶段的技术和流程都发生了许多变化[7]。"工业 4.0"一词还有其他名称，如"工业互联网"或"数字工厂"，以及"智能制造""智能工厂"和"未来工厂"[8]。然而，这些词均没有完整地展示所设想的内容，因此，工业 4.0 变得更加流行，并在全球范围内受到关注。

几年前，工业 4.0 的概念走出德国，现在遍及全球。这是因为，各个机构都明白，这是其行业的未来所在。世界经济论坛（WEF）主席克劳斯·施瓦布先生在 2016 年达沃斯论坛上表示，第四次工业革命是一次颠覆性的创新发展，它用全新的模型和价值观取代现有的。为此，工业生态系统需要彻底改变。所有这些都将打破现有业务间的壁垒，并对上下游产业产生较大影响。在第三次工业革命中，所谓的生产自动化仍然依赖于人，而在第四次革命中，这种依赖有望完全消失。在这里，计算机和机器有望以交互方式和自主方式进行通信[9]。由于新技术和创新，这些都有望成为现实。

第四次工业革命的技术使国际制造系统中的物理、数字和生物领域之间的界限变得模糊。现有技术的快速发展进步正在深刻改变人们的生活和工作方式，影响从规划到经济工业、生产到产品和服务的所有学科[10]。

过去几年的重点研究方向和新技术取得了快速进展，为开发工业生态系统的整体潜力提供了核心思想。以下是工业 4.0[11] 的几个显著特征：

- 互联网和物联网的可用性和应用
- 公司中技术流程和业务流程的集成有助于现实世界的数字映射和虚拟化
- "智能"工厂包括"智能"工业生产方式和"智能"产品
- 工业 4.0 工厂可能导致生产、物流和质量管理的减少

13.3 智能工厂

工业 4.0 的核心是"智能工厂"这一概念。这些工厂不仅包含通过创新软件发明进行通信的智能机器和机器人，而且已经超越了 M2M，可以通过先进的软件、算法和工业流程进行协作和通信[12]。这些工厂被称为制造系统的新前沿。

智能工厂允许在整个制造供应链中随时随地获得有关制造过程的所有信息和产品生命周期[13]。整个系统整合了生产设施、仓储系统、物流甚至社会需

求，以创建全球价值网络。为了实施该系统（工业 4.0），应考虑以下三个关键特征[14]：

- 通过价值网络进行横向整合
- 垂直整合和网络化制造系统，实现高度灵活和可重构的智能工厂
- 整个价值链中工程的端到端数字集成

智能工厂实际上是为"智能制造"建立一个系统。无论是工厂还是制造厂，其目的都是通过使用计算机控制技术、建模技术、大数据和其他自动化机制等各种工具来优化制造过程，以提高制造效率。美国国家标准与技术研究院（NIST①）将"智能制造"定义为"实时响应，以满足工厂、供应网络和客户不断变化的需求和条件的完全集成的协作制造系统"[13]。

智能制造是在智能工厂中进行的，为此需要智能机器。这样的机器应该具有较强的自主性、灵活性和适应性，能够检测故障，甚至诊断故障[15]。这些机器通过健康监测，及时采取纠正措施，优化维护计划和增加正常运行时间以满足整个使用系统的要求，并以此来延长自己的寿命。

经过一定时间，人们对智能制造的理解发生了重大变化。现在，该过程是利用设备和工具、人力和制造工艺的结合来制造待售或购买的商品，这一过程为大多数人所了解。离散制造和流程制造是两种重要的制造。通过将各种零件连接在一起，并在损坏时重新组装（至少在理论上）来制造产品的过程被称为离散制造。这些产品是电子产品、汽车和运动套件。过程制造是指对各种制造材料按某种方式加工。自然，此类产品无法重建典型的例子是消费品，如软饮料、油漆、药物、精炼油、纺织品和化妆品[16]。

智能制造的概念是利用信息物理系统和各种传感器、基于 IT 的工具和应用程序以及人工智能等技术制造产品。在生产过程中使用智能小工具，使最终产品符合生产预期。为此，需要设计完备的系统过程。智能制造的本质体现在以下六个要素：

- 制造技术和工艺
- 材料
- 数据
- 预测工程
- 可持续性
- 资源共享和网络

---

① 美国商务部的计量实验室和非监管机构。

材料处理和供应是任何制造过程的步骤。此外，制造过程中的连通性也不罕见。由于数字世界和物理世界（包括信息技术和运营技术）相互融合，才使工业 4.0 的供应链转型成为可能。从线性、连续的供应链运营转变为互连、开放的供应运营系统，称为数字供应网络，可以为公司未来的竞争方式奠定基础。全面实现数字化供应网络是一项重大挑战，为此，制造商需要解锁多项能力：通过横向整合，为公司提供众多运营系统；通过垂直集成，连接制造系统和端到端，实现整个价值链的集成 [18]。

从广义上讲，由于嵌入式信息处理技术、干扰传感技术、测量技术和智能网络连接技术的进步，智能工厂正在成为现实。因此，越来越灵活、适应性强和具有自我意识的机器逐渐成为可能。这些机器通过自主使用其自身健康状况、状态和环境状况的信息，实时监控和控制物理过程，从而可以在本地和全厂范围内对整个工厂进行全面优化。物联网、人工智能等技术正在帮助融合物理世界和虚拟世界，并能够全面实时获取所有级别制造系统的信息。更重要的是，技术控制也能确保制造过程的安全性、可靠性、生产力和效率 [19]。

13.4　国防工业和智能工厂

国防工业是国家国防建设相关的工业。国防装备制造是一项技术先进、创新驱动的活动。国防工业建设需要长期投入大量资金。任何公司要在国防工业领域树立名声都需要时间。由于技术和财务方面的挑战，并非每个行业的公司都可以在该行业进行投资。因此，几十年来，各国最终都选择进口国防设备。如今，全球只有有限的工业企业能制造国防相关设备。

每个国家都明白过度依赖进口是不可取的，尤其是在国防方面。大约在 21 世纪初，一些国家开始致力于在国防技术方面自力更生。信息技术和互联网领域的重大飞跃使这成为可能。这些技术有助于降低武器平台或重型军事装备的开发生产成本和酝酿期。由于软件工具的应用，大大减少了设计和开发各种系统所花费的时间，导致各家公司大力开发各种"本土化"系统。

目前，各国防工业企业都渴望签订合同，以建设基础设施，开发系统、工程结构、动力装置，雇用熟练的劳动力并针对公司特定要求对其进行培训，开发小型工厂的基础设施，以及推动创建供应商和客户群。国防工业主要涉及的各种产品，如飞机、无人机、直升机、航天器、装甲车、战斗坦克、枪支、各种类型的导弹和炸弹，从集束炸弹到精确制导弹药和 JDAM，以及能源武器、护卫舰和潜艇、战舰、一系列弹药和特种车辆。

特别是，工业 4.0 技术已经以某种形式被安全机构应用。一个基本的例子就是机器人技术。无人机、无人驾驶飞行器或无人作战飞行器已成为各种承担安全职责的机构的重要组成部分。同样，在自主武器发展的情况下，少数国家部署了导弹防御系统。这实质上表明，使用颠覆性技术制造的最终产品已经交付并投入使用。基于工业 3.0 本身的概念，这些由行业制造的产品可以说是功能性的。

"机器人"军事平台和武器可以被看作智能工厂交付的最终产品。这些产品在从计划到交付客户的所有生产阶段，都是利用人工智能机器人进行制造。

在民用领域，智能工厂实施的标准尚未建立。国防工业的智能工厂可能与民用领域有一些相似之处；然而，针对特定国防的要求需要遵循特定的方法。因此，设计完美的国防智能工厂将是一个挑战。

国防企业的智能工厂将基于数字化和自动化系统，利用各种信息技术（例如云平台和物联网）来构建，以实现其整体功能。为了建设国防智能工厂，需要改进生产和营销结构。生产流程将涉及对各种数据集的分析，包括制造数据。建立智能制造单元所涉及的各种过程将是动态变化的，并遵循生产优化指南，旨在使系统适应军事计划、敌人防御行为和感知威胁的变化。理论上，智能工厂应该通过数据分析和科学决策来实现生产调度、设备服务和产品质量控制。但国防工业的生产周期不太可能是连续的过程，而主要基于"订单"。广义上讲，任何智能工厂架构都可以说有物理资源层、网络层、数据应用层和终端层四层。每一层都会有创新技术[20]。军事技术人员将需要识别新技术，并在工厂原子化的其他方面开展工作，确保智能工厂在未来几年内能成功发展起来。

在这个时代，创新发展对国防工业的进步至关重要。创新的过程无异于工业 4.0。对国防产品智能工厂的建设已经有了初步设想，这有望为国防工业带来重要的发展。国防工业目前正在生产自主机器人系统，国防技术与数据分析、云计算和人工智能的发展密切相关。新技术带来很多好处，可以节约成本，改进性能，还省去了在生产周期中人工的参与。

新的 IT 工具正在帮助制造商准确预测并响应国防力量的供应需求，能够利用微芯片和传感器准确跟踪库存和其他资产，在智能化资源管理方面很有帮助。这些都有望提高速度、降低生产成本，并促进协作创新。主要供应商链参与航空航天和国防产品[21]制造，并在数字技术领域持续投资，对任何智能国防工业项目都非常有益。

尤其可以对航空航天业寄予厚望。多年来，该行业已经颇具规模并应用了所有最新技术。该行业的主要部分也可被认为是两用行业而不是专门的军事行业。更重要的是，投资该领域的公司已经经营了很长时间，并且大概率具有进行长期和重大投资的财务能力。任何空中或太空平台的开发都是技术密集型的过程，需要极高的精度。因此，航空航天系统的设计和开发已经达到了机械化程度，人工的直接参与非常少。因此，航空航天工厂是向智能工厂转变的完美案例。

13.5 结 论

工业 4.0 是一个相对较新的概念，尤其是在国防建设中尚未扎根。第四次革命与早期的工业革命不同的地方在于它不仅是技术周期的简单外推。有趣的是，这场革命并不是被消费者的需求所驱动的，却有望在很大程度上使消费者受益。在过去的几十年里，各国已经开始数字化进程。目前，工业 4.0 要求将人工智能平台用于机器学习和其他应用。工业 4.0 时代的智能化和颠覆性技术正在引领智能工厂的发展。这些都表明，工业和制造业将经历向全面自动化的重大转变。当然，国防工业也有望选择更多的自动化方式。工业 4.0 近在眼前，预计军队在选择对其机构进行任何改革之前，都会采取谨慎态度，并考虑各种安全方面的因素。智能工厂可以为国防工业提供机会，以更低的成本开发技术更先进的系统。然而，完全去除人为因素可能不符合国防军队的要求。这是因为，以极其结构化的方式做出的决策（无论是在和平时期还是战时）比不上人的"创新 / 深思熟虑"。在平台开发、武器生产、雷达系统和传感器开发以及未来规划的整个过程中，不应忽视人类的独创性和战略思维能力。

 参考文献

［1］Industrial Revolution.https：//www.britannica.com/event/Industrial-Revolution.Accessed 6 June 2018

［2］Morgan，J.：What is the Fourth Industrial Revolution？（2016）.https：//www.forbes.com/sites/jacobmorgan/2016/02/19/what-is-the-4th-industrial-revolution/#4fb272fef392.Accessed 2 June 2018

［3］Earls，A.R.：From Germany to the World：Industry 4.0.（2015）.https：//www.smartindustry.com/blog/smart-industry-connect/from-germany-to-the-world-industry-4-0/.Accessed 8 June 2018

［4］Mikusz，M.：Towards an understanding of cyber-physical systems as industrial software-product-service systems.Procedia CIRP **16**，385-389（2014）

［5］Bartodziej，C.：The Concept Industry 4.0，pp.53-54.Springer，New York（2017）

［6］Germany：Industrie 4.0，report prepared for the European Commission，Directorate-General Internal Market，

Industry，Entrepreneurship and SMEs：5

［7］PwC，2015 Global Digital IQ Survey：6

［8］Industry 4.0: A Brief History of Automation and Tech Advancement（2017）.https：//olinblog.wustl.edu/2017/07/industry-4-0-brief-history/.Accessed 2 June 2018

［9］Park，H.S.：Technology convergence，open innovation，and dynamic economy.Park J.Open Innov.Technol.Market Complex.**3**（24），3-6（2017）

［10］Technology and Innovation for the Future of Production: Accelerating Value Creation.White Paper，World Economic Forum，Geneva：4（2017）

［11］Rojko，A.Industry 4.0 concept: background and overview.iJIM **11**（5），80-81（2017）

［12］Gilchrist，A.: Industry 4.0: 218.Springer，New York（2016）

［13］https：//www.manufacturingtomorrow.com/article/2017/02/what-is-smart-manufacturing-the-smart-factory/9166.Accessed 10 June 2018

［14］Wang，S.: Implementing smart factory of industrie 4.0: an outlook.Int.J.Distrib.Sens.Netw.，1（2016）

［15］McCormick，R.，Hartmann，D.: Smart Factories Need Smart Machine（2018）.https：//www.mouser.com/pdfdocs/ADI_Smart_Factories_Need_Smart_Machines.PDF.Accessed 5 June 2018

［16］Smart Industry and Smart Manufacturing—Industrial Transformation.https：//www.i-scoop.eu/ manufacturing-industry /#What-is-smart-manufacturing-A-manufacturing-definition-and_overview.Accessed 10 June 2018

［17］Kusiak，A.: Smart manufacturing.Int.J.Prod.Res.**56**（1-2），508-517（2017）

［18］https：//www2.deloitte.com/content/dam/insights/us/articles/4051_The-smart-factory/DUP_The-smart-factory.pdf.Accessed 23 May 2018

［19］McCormick，R.，Hartmann，D.: Smart Factories Need Smart Machine.https：//www.mouser.com/pdfdocs/ADI_Smart_Factories_Need_Smart_Machines.PDF.Accessed 4 June 2018

［20］Baotong，C.，et al.: Smart factory of industry 4.0: key technologies，application case，and challenges.Browse Journals & Magazines，IEEE Access.**6**，6506（2018）

［21］Industry 4.0: What Does It Mean to Australian Defence Industry（2018）.https：//home.kpmg.com/au/en/home/insights/2018/05/industry-4-0-australian-defence.html.Accessed 2 June 2018

第 14 章

裁军、军备控制和军备竞赛

14.1 介 绍

预计在未来几年内，各种新兴技术和颠覆性技术以及不断发展的各种其他创新技术，将被全球军事机构以惊人的速度进行改进、调整和应用。同样预计创新和发展的快速性也会带来科学不确定性。由于建模和模拟技术以及虚拟现实技术领域的动态发展，武器测试的需求可能会减少。这可能会导致军队更快地引入某些技术，而人类几乎没有时间提前了解并改进快速发展的技术所带来的局限性。所有这些都可能对区域和全球层面的治理体系构成重大挑战。

关于军事技术，有人指出，在军事系统中引入技术也会导致立即制定反措施，在具体情况下，还会制定防护装置。一些机构（包括非政府机构、政府机构和全球机构）几乎在开发新的军事特定技术的同时（甚至在军事系统引入之前），开始质疑它们作为作战单位在道德、文化、人权和医疗方面的效能。

14.2 裁军和军备控制

大约在 20 世纪，要求（或强迫）国家规范其作战武器和平台的想法开始在国际体系中扎根。据说是核武器的存在才使这种想法产生。国际社会认识到核武器的扩散可能对世界安全构成威胁，从而促进了不扩散制度的发展，包括规则和在国家和国际层面与之相关的组织[1]。此后，联合国、北约等多边机构和一些非政府组织在军控、裁军和不扩散武器系统如生化武器、激光、小武器和地雷等领域采取了非常积极的政策。本章介绍相关新兴颠覆性技术和相关军备控制、裁军和不扩散问题。各种军备控制制度演变的根本原因之一是"军备竞赛"。因此，本章在颠覆性技术和军备竞赛的某些方面进行了一般性探讨。有时，所有颠覆性技术都被假定为一个信号单元，而在某些情况下，则遵循特定于技术的路线。这种模式是必要的，因为每种技术的增长阶段都处于不同的水平。联合国大会第十届特别会议，即第一届专门讨论裁军问题的特别会议（大会第 S–10/2 号决议，1978 年 5 月 23 日至 6 月 30 日）的最后文件第 39 段有以下规定[2]：

定性和定量的裁军措施对于停止军备竞赛都很重要。为此，需要在限制和停止军备方面，特别是在关于大规模杀伤性武器的质量改进和开发新战争手段方面进行谈判，以使最终科学和技术成果仅用于和平的目的。

上述声明清楚地表明，即使在 40 年前，人们也担心新技术会导致军备竞赛，需要采取定性和定量的裁军措施来制止它。随着技术不断进步，致使军备竞赛的新技术理念多年来得以维持。

有人认为（1988 年期间）新武器系统并不总是为了达到某种政治目的或战略安全而研发的。更重要的是，高新武器的研发甚至都没有提到对手开发的武器。各国努力开发旨在对抗假想武器的武器。通常新武器系统的研发具有不可阻挡地转化为现实的技术潜力。二战后的武器研发主要方式是自行研发武器，超越了现有或已采用的军备控制措施。即使在那时，由于技术军备竞赛，真正（全面）裁军的前景很可能仍然黯淡[3]。

19 世纪 80 年代，信息技术的适用性以及社会制度与技术创新之间的相互作用方面发生了重大革命。信息技术将不断发展，并为能源、材料和工业管理技术的快速变化带来的社会革命做出贡献[4]。虽然这项技术已经被接受，但有人担心失业。此外，人们对这项技术在军事领域应用的可能性，以及它将使国防工业能够生产的各种新型致命武器感到担忧。因此，需要进行军备控制和裁军，以阻止危险武器系统的发展，这一问题也开始受到关注。

大约在同一时间，全世界都意识到人工智能将主宰军事领域的未来。有理由认为，人工智能目前的发展状态实际上只是冰山一角，很可能会继续主导未来。有人认为，大多数设想中的人工智能武器和军备控制的应用将取决于 IT 在不同情况下处理决策过程的程度。与技术的军事应用相关的军备控制旨在以武器形式暴露这些技术的危险影响。与核生化武器相关的军控和裁军机制是有规律可循的。然而，就 IT 而言，需要以不同的方式强调军备控制。即使使用先进的计算来制造热核弹，而禁止设计和开发强大的超级计算机来促进核军备控制也是不正确的[5]。同样，人工智能很可能对民用应用具有重要的现实意义，完全限制该技术会适得其反，而是需要认真研究人工智能的控制措施，防止滥用。

值得注意的是，对于军备控制体系，人工智能既可能带来问题，也可能带来解决方案。人工智能作为战术和战略层面决策的工具在军事应用中的指挥和控制领域被使用，而且人工智能将有能力影响战争的整个进程。因此，国防领域的人工智能技术需要得到关注。自动武器系统等人工智能系统存在错误性输入或对事实误判的风险，如不注意后果将是极其危险的。基于人工智能的技术可以协助各种军备控制应用，包括验证、协商、建模和模拟，人工智能可以帮助做出实时决策，其中决策时间相对较长[5]。

这项技术的进步速度及其发展方向意味着人类可能最终会开发出复制人类大脑的程序软件。这种人机界面的技术变革甚至可以引导机器人设计自己的下一代机器。这种发展速度如此之快，以至于人类将缺乏时间和精力在全球和区域范围内审议，并采取相应的方法（军备控制、规则、行为准则等）来阻止或控制这一发展进程。

从意外风险到技术垄断，技术的快速发展和竞争性发展带来了各种挑战。军事中的颠覆性技术有可能引发军备竞赛。成功创造出对人类福利漠不关心、可以自我复制的超智能生物，某些机构将能单方面支配人类。此外，许多计算学、神经科学和人工智能为执行法规和国际协议提供了强大的新手段。监管人工智能进步的可行性可以从两个层面来衡量：国家能否控制本国境内的研究，能否形成可执行的国际协议以协调其活动？机构是否可能秘密开发人工智能或机器人技术？陪审团（仍在）讨论人工智能发展的可能模式的主题。从广义上讲，在全球范围内控制人工智能的发展似乎是一个困难的提议，但有必要建立法律机制来阻止技术的滥用[6]。现代颠覆性技术给政策制定者带来的真正挑战是识别和区分好技术和危险技术。目前，大多数颠覆性技术都是基于各种 IT 工具的"升级"，因此很难识别对哪一项或一组技术采取控制。现代技术大多是现有技术与新软件的结合，这就引出了一个问题：控制什么，硬件还是软件？其挑战在于如何控制不良武器系统软件单元的开发。

人工智能及其在军事领域应用的快速增长引起了许多人的担忧。来自科学界和商业界的几位权威人士已经呼吁对基于智能机器或人工智能的系统的研究进行监管限制。诸如杀手机器人和自主武器系统之类的作战系统也被认为是人工智能的分支。

2017 年 8 月在墨尔本举行的国际人工智能联合会议（IJCAI）期间，116 名人工智能和机器人技术公司的科学家发表了一封信函[7]，表明需要提高关于人工智能和机器人技术开发自主武器潜力的预警。这封信明确提到了以下内容：

致命的自主武器有可能成为战争的第三次革命。一旦开发出来，它们将引起前所未有的武装冲突，这种规模以人类难以理解的速度快速发展。这些可能是恐怖武器、暴君和恐怖分子用来对付无辜群众的武器，以及被黑客入侵等形式的不良行为武器。到时，我们将很难有时间反应。这个潘多拉的盒子一旦打开，就很难关上。

发起这封信的新南威尔士大学教授托比沃尔什[8]认为，中、美、俄等国之间的军事军备竞赛可能会在战争中开发和部署所谓的杀手机器人，连累世界走上危险的道路。这封信由来自超过 26 个国家或地区的人工智能和机器人行业的行业领袖签署，其中包括特斯拉和 SpaceX 的首席执行官、埃隆马斯克和谷歌 eepMind 应用人工智能创始人兼负责人穆斯塔法苏莱曼。

目前，自主武器系统主要用于导弹防御，而机器人系统（如 UCAV、无人作战飞机）则用于各种目的，包括猎杀行动。完全禁止此类系统的时间可能已经过去了。在自主武器的情况下，武器系统具有不同程度的自主性，在某些情况下，还存在一定程度的人为控制。因此，应相应地考虑控制此类武器系统扩散的法律机制。

在自主武器系统方面，需要探索军备控制方法。任何军备控制机制都不能保证 100% 成功。条约机制可能成功也可能失败，有时，有些国家在没有任何正式军备控制协议的情况下能保持克制。导致不能制约军备的最重要因素是缺乏互信。①

在这种情况下，受到攻击的国家可能会以同样的方式进行报复。有时，监管和 / 或禁止需要大量技术和金钱投资的武器很容易，因为只有有限的国家才能生产此类武器。国家接受对特定武器的禁令的一个非常重要的因素是这些武器是否对人类生命造成损害。如果基于人工智能的武器被认定为有可能会造成巨大杀伤的武器，而且它们的军事价值也很小，那么它们更可能被禁止。此外，有时（当技术仍在开发中时）更容易对"正在开发的武器系统"提出先发制人的禁令或法规，因为各国尚未依赖此类武器系统来满足其军事需求[9]。

为了维护国际和平与安全，一直在努力控制或限制用于向目标投送这些武器的武器和技术的数量。多年来，各种裁军和军控机制在这方面发挥了重要作用。这种机制的重点之一是限制核武器的扩散。就新技术而言，越来越明显的是，各国热衷于确保这些技术不会以增强核武器杀伤力或（暗中）帮助核扩散的方式推翻现有的全球核架构。因此，控制新技术的做法是从确保它们不破坏核平

① 在化学武器条约（CWC）的情况下，有一种称为挑战检查的机制。到目前为止，还没有人受到挑战，可能是因为担心挑战者也会受到挑战。

衡的角度出发的。一些新技术有助于保持现有的核秩序并增加系统的透明度。然而，重要的是不要忽略对颠覆性技术优势的关注。军备控制和裁军制度需要全面考虑颠覆性技术带来的现有和可能的挑战。

在 19 世纪，冷战对美国和苏联的压力是巨大的，这使得核裁军的愿望越来越不切实际。诺贝尔经济学奖获得者托马斯·谢林教授（2005 年）认为，军备控制过程被认为是试图促进安全合作的过程，旨在减少战争的可能性。考虑战争准备的政治和经济成本，需最大限度地减少战争的范围和暴力事件。而且，这种机制最终会减少战争威胁，并通过建立信任促进国际和平。据设想，可以通过投资于军备控制机制，抑制颠覆性技术令人发指的破坏能力[10]。例如，不断发展的人工智能技术有助于早期预警系统及指挥控制系统的发展，以此来影响核格局。这可以增强危机稳定性，缩短决策时间并改变攻防平衡[11]。增材制造（AM）或"3D 打印"技术对国际出口管制工作构成重大挑战。这些机器能够生产各种受双重用途和武器出口管制的物品。这些物品包括基本的小型武器、火箭发动机和飞机部件。这些"打印机"甚至能够生产用于铀浓缩的离心机。所有这些基本上表明该技术具有生产核武器组成部分的潜力。

3D 打印对有效实施出口管制提出了重大挑战。这是因为，按照惯例，货物跨越国界流通是有限制的，包括出口管制所涵盖的物品清单（由 MTCR、导弹技术管制制度和其他多边出口管制制度制定的管制清单）以及对技术转让也是有限制的。从本质上讲，有形商品的流通受到控制。但是，机构（国家和私人实体）可以在 3D 打印机的帮助下生产这些物品。为此，他们需要一个特定的电子邮件（或任何其他形式的数字文件传输软件），其中包含一个文件，关于打印机生产（打印）特定项目的说明。可以理解的是，之后的整理过程仍然需要相当多的专业知识。尽管如此，通过规避现有的出口管制机制，秘密制造违禁物品并非不可能。截至目前，完整的 3D 打印机和 AM 机器以及相关的专用软件不属于任何控制列表。因此，有必要建立军备控制制度，以制定措施来控制无形技术转让（ITT）和 AM 机器生产所需的特定项目[12]。

目前，3D 打印技术还处于起步阶段，没有新的安全问题。虽然可以打印枪这种武器，但是比较困难的（并非不可能），成本也是一个主要因素。此外，子弹的打印也是一个问题。随着技术的进一步成熟和市场容量的增加，增材制造成本有望下降。有可能未来的武器可以使用这种技术打印出来。因此，作为预防措施，是否建议对 3D 打印进行监管？一个建议是更改 3D 打印机的内部编码，使其无法打印，例如枪，但这种解决方案并不实用。很难让打印软件了解枪支到底是什么以及禁止使用哪些类型的枪支。此外，软件对于市场上每一种新设计的枪支，很难频繁的更新。随着技术的进一步发展，将其置于控制之下，建立一个禁止少数进程的军备控制制度将是一项挑战。即使是现有的机制，如涵盖各种武器的《武器贸易条约》，在涉及 3D 打印武器时也可能无法达到目的[13]。

实际上起源于加密货币的区块链技术也有可能使核出口控制的整个过程更加透明。理论上，区块链解决了中介问题。区块链是一个去中心化的分布式账本系统，用于存储和验证信息，使用加密协议进行交易，这样的系统可以在提高与出口管制交易相关程序的透明度方面发挥重要作用，例如出口管制商品和技术的生产、销售、融资或运输。为了实现这些交易，某种程度上中介主要以银行系统、律师事务所、供应商和买方网络以及运输安排的形式存在，有时还以隐蔽的中间人的形式存在。区块链技术可以确保这方面的完全透明，并有助于控制与 WMD 相关的商品和技术的扩散[14]。

除了与 IT 关联的技术，本文中讨论的另一个颠覆性技术领域是基因组学。在更广泛的范围内，生物技术可以被视为各种相关领域的"母"技术。生物技术领域在很短的时间内取得了显著的增长。合成生物学是一个自 2002 年才被认可的新领域，它允许工程师制造小型"生物装置"和新型微生物，给生物学领域带来了一场革命。从 1990 年到 2000 年，DNA 合成速度提高了 500 多倍。实验室流程变得更加自动化。总体而言，生物技术在军事医学和生物防御等多个领域的应用为武装部队提供了帮助。同时，将病毒和细菌用于战争目的由来已久。为了避免滥用生物学，生物武器公约（BWC）在 20 世纪 70 年代就已发布。然而，该条约文书缺乏核查机制，因此具有更大的局限性。生物技术在 2006 年的短时间内取得了如此大的发展，当时的联合国秘书长科菲·安南认为[15]技术显示出发展"设计疾病和病原体"的潜力。由于生物技术的大量应用（其中许多是出于好的原因），很难准确预测该技术会如何被滥用，因此，军备控制制度需要保持高度警惕，需要找到合理且利大于弊的军备控制和裁军方法，以应对生物技术带来安全风险方面的挑战[16]。

一般生物技术以及合成生物学、基因组学等方面也面临相应挑战，尤其需要关注两用生物技术产品贸易。多年来，贸易流通形式不断在发展。现在，交易越来越多地在网上进行。技术和设备购买途径有可能被利用，从事秘密的生物武器开发计划。尤其是两用设备电子商务的出现，即可用于生产、加工和传播生物制剂的设备，很有可能被滥用。因此，需要有一个控制在线生物技术销售的机制，这可能涉及一系列措施，比如从教育电子市场所有者和用户，到筛选公司和加强对 BW 相关项目的国家出口管制法[17]。同时，也需要关注军控和裁军机制的相关法律问题。

　　总体而言，针对各种颠覆性技术的军备控制和裁军措施至关重要，因为人们总是担心这些技术被滥用，以及国家（不必要地）用大量武器武装自己。它们是颠覆性技术的衍生物。一些国家为了欺骗对手，可能会对颠覆性技术进行虚假巨额投资，掌握这一情况也很重要。以前就出现过这样的欺骗事件。

14.3　军备竞赛

　　美国在第二次世界大战期间通过向日本投掷核弹展示了其强大的军事实力。显然，另一个超级大国——苏联，迫不及待地在核武器领域展示自己的能力。可以说，在冷战时期（1947—1991年），这两个大国都为丰富其核武器库进行了大量投资。在这个独占鳌头的时期，他们之间明显存在着一场在核武器数量上的竞赛。这场比赛被称为军备竞赛。

　　军备控制和裁军问题是在第二次世界大战后产生的，当时一些国家开始大量武装自己，以至于需要控制自己的军备。这种军备数字游戏被称为军备竞赛。当时的苏联首先试图赶上美国，并最终在拥有核武器数量上超过美国。在冷战时期，这些武器的数量出现了无意识的增长。在20世纪60年代中期，美国的武器库中有大约5000件核武器，苏联大约有500件核武器。到20世纪80年代初，这两个国家都拥有超过10000件核武器。

　　军备竞赛被称为两个国家或国家联盟在面对获取武器方面的竞争和资源受限时的动态互动过程。第一次世界大战前有海军军备竞赛，冷战时期有东西方军备竞赛。值得注意的是，军备竞赛的概念不仅仅与核武器有关。军备竞赛是将武器作为权力工具的一个极特殊的例子。冷战分裂后，军备竞赛的性质发生了变化[18]，苏联军备开支大幅减少。如今，即使是俄罗斯也只进行了合理的投资。值得注意的是，中国和一些东南亚和南亚国家的军备开支大幅增加。在西亚部分地区，大量购买、储存和使用武器仍然很普遍。

　　全球国防工业的性质对全球经济产生重大影响。由于武器生产的回报不断增加，保持军备竞赛在经济上是有意义的。新技术为开发新武器系统和升级现有武器系统提供了可能。研究某国国防开支的经济、政治和军事决定因素，有助于确定该国是否正在参与任何形式的军备竞赛[19]。然而，目前很难对军备竞赛和颠覆性技术进行任何简单的评估。这些技术大部分仍处于开发过程中，其武器化进程尚不清楚。一些技术，如云、物联网、区块链和大数据可以更多地被视为应用技术，若这些技术被单独使用的话，就不具备开发主要武器系统的潜力。

　　攻防理论（或安全困境理论）认为，当防御优于进攻时，可以避免重大战争。此外，有时可以通过精心设计的军备控制计划进一步降低军备竞赛和战争的可能性。随着进攻价值的增加，安全困境更加严重，军备竞赛更加激烈，战争更有可能发生[20]。

14.3.1　高超音速挑战

高超音速导弹是一种颠覆性技术，它本身就具有致命和可怕的潜力。目前，高超音速武器的相关技术以及在未来的应用正在被研究。在某些方面，越来越需要控制这项技术。专家们对这个问题的看法各不相同，一种观点认为，由于这项技术仍在开发中，现在正处在禁止它的好时机。这项技术可以被视为核武器的替代品，并有可能改变威慑的概念。另一种观点认为，由于此类武器被归类为"可用武器"，因此不同国家的军事学说可以决定此类武器的具体攻击任务和目标——例如攻击关键基础设施。此外，任何使用或威胁使用此类武器的行为都有可能增加核战争的可能性。在紧张时期，对手可能被迫做出非理性的决定。随着这项技术的成熟，这种武器还有可能具有携带核弹头的能力。以上这些基本上表明，这些武器在本质上会破坏区域安全稳定，并可能导致高超音速军备竞赛。

随着美国、俄罗斯和中国大力研究他们的高超音速计划，很明显，欧洲和亚洲的主要国家也将开始努力发展这种技术。下文将针对禁止高超音速武器，提出典型的军备控制论点。第一步，可以禁止测试这些导弹，参与这项技术开发的主要大国可以达成非正式的暂停协议。最终，建立可验证的机制。然而，过去建立这种机制的尝试并没有取得成果。因此，这项技术不太可能在其武器化完全投入使用之前就被扼杀。

将来，世界主要大国（也是核大国）可能会增加对这项技术的投资。据称，这项技术有望在军事领域发生重大变革，可与上一代的隐身技术革命和更上一代的涡轮喷气发动机相提并论。如今，人们正在研究各种类型的高超音速武器。由于射程远和生存系数高等特点，预计助推滑翔高超音速武器的需求量很大。可重复使用的高超音速导弹的概念以及与飞机、陆基发射器、舰船和潜艇等发射平台的兼容性也在研究中。除了技术挑战之外，成本是各国在投资此类技术时必须考虑的另一个因素。根据目前的趋势，很明显，主要国家热衷于将这项技术武器化，并为此进行投资。

报告[21]表明，高超音速武器对美国等国家具有某些特定优势，由于这些优势，这些国家可能暗中（或公开）试图破坏政权。这些武器的好处包括：

- 在打破日益复杂的防御系统牺牲品的情况下，在一定范围内投射该打击力量，可以击中亚音速武器难以击中的目标压缩射手到目标的窗口并打开新的交战机会。

- 可以应对多种类型的打击。
- 可以加强未来的联合作战，并迫使潜在对手开发新的防空系统——或重新编程现有系统——以应对新的威胁。

中俄在高超音速武器方面的投资势必引起美国的担忧。这三个国家最有可能根据自己的需要开发这些武器——也因为其他国家正在开发这些武器。毫无疑问，一段时间后，他们会确定此类武器的攻击目标，而目前认为此类武器没有用处的观念可能会改变。在这种情况下，预计这种情况将导致军备竞赛。在这个时间点，很难判断这样一场比赛（未来）的确切态势。然而，这种可能性成为现实的一些迹象是显而易见的。

一项有望彻底改变高超音速平台生产的颠覆性技术是 3D 打印技术。目前，正在努力开发和生产下一代增材制造陶瓷。目前，没有可用的材料可以承受高超音速飞行过程中产生的极端热量和压力。3D 打印陶瓷有望为这个问题提供解决方案[22]。如果这项技术取得成功，那么在导弹发射场上或附近建造高超音速武器可能变得非常容易。高超音速技术是一种具有直接军事应用的独特颠覆性技术，据说可以专门作为武器平台开发。然而，其他颠覆性技术很难直接归入军事范畴。它们对民用部门具有重要的实用性，其中许多都将信息技术作为基本的"DNA"。它们是基于应用程序的技术，并且不仅仅是对任何特定技术的一对一阻断，它们能够扰乱现有的技术使用方法。因此，与这些技术相关的军备竞赛需要被视为不仅仅是试图在武器或武器运载平台方面相互匹配（或超过）的国家。

此外，这些技术中的大多数仍处于发展的初始阶段，应避免从军事角度对这些技术过度简化。有必要在这种背景下"定位"军备竞赛的各个方面。

14.3.2　来自 3D 打印和人工智能的挑战

在军事应用方面，3D 打印技术被认为是未受影响的潜力来源。据信，世界各地的军队都在尝试利用 3D 打印技术。3D 打印技术的军事潜力几乎是无穷无尽的。目前，世界上最大的两个经济体——美国和中国——在各个领域的投资几乎不相上下。这甚至可以被视为一场可能发生的 3D 打印军备竞赛，每个国家都在推动技术的界限，以设计新的和创新的（和致命的）战略和战术应用[23]。

人工智能革命将继续存在，军队已经明白，未来战争很可能会受到它的支配。大数据时代已经开始，机器人（和 / 或无人机）等基于人工智能的平台越来越多地被世界各地的发达军队所使用[24]。导弹防御系统等完全自主的武器将继续存在，未来会有越来越多的国家获得它们。这些武器也被视为地缘战略姿态的一部分。俄罗斯、中国、以色列和美国正在这些领域进行大量投资。众所周知，俄罗斯擅长机器人系统，所有其他国家都在导弹防御系统上进行大量投资，但中国除外，中国在机器学习、量子计算等领域处于领先地位。基于这些领域的技术成功和当前的地缘政治基础，一些专家认为，在颠覆性军事技术领域，美国和中国之间的竞争会日益激烈。两国在人工智能、大数据、云计算和自主武器系统等各个领域可能会展开军备竞赛。必须指出的是，各国可能会使用颠覆性技术，确保显著增强其核武器架构所需的运载力、杀伤力、通信和情报收集能力。一些美国决策者认为，中国是最有可能与他们进行军备竞赛的核大国。由于世界秩序不可能回到无政府状态，过去的军备竞赛可能已经发展为现代的攻防军备竞赛。结果是美国和中国间的螺旋效应，美国导弹防御系统的进步将导致中国采取更多对抗性的核姿态[25]。这两个国家也有可能参与颠覆性技术方面的军备竞赛。

14.4 结 论

大国（美国、中国和俄罗斯）之间的竞争，在特定的颠覆性军事技术助推下，是否会侵蚀世界的地缘战略和政治稳定？战略领域颠覆性技术的出现是否会导致未来的权力竞争？当前的军备控制和裁军制度是否足以阻止或限制危险武器系统技术的扩散？上述讨论表明，这些问题很难得到答案，至少目前是这样，因为各种颠覆性技术（特别是其军事应用）仍在酝酿之中。然而，这也是开始就这个问题进行全球辩论的最佳时机，因为整个世界都在学习这些技术。有思想道德的人和国家需要团结起来，以确保停止开发任何可能挑战人类生存的可怕武器和武器平台。联合国在这方面可以发挥更大的作用。需要尽可能利用目前的裁军来阻止任何不正当行为。如果已经认识到，必须立即建立新的军备控制制度，以此来处理新（颠覆性）技术在军事方面的应用。那么，就应该立即采取这样的举措，必须确保国际和平与稳定不会因颠覆性性武器技术的出现而受到威胁。

 参考文献

[1] Goldblast, J. (ed.): Non-Proliferation: The Why and Wherefore, SIPRI, p.3.Taylor & Francis,

London（1985）

［2］ General Assembly, Official Records: Tenth Special Session Supplement No.4（A/S-10/4）.https: // s3.amazonaws.com/unoda-web/wp-content/ uploads/2017/05/A-S10-4.pdf.Accessed 30 June 2018

［3］ New technologies and the qualitative arms race, 1988.Working Paper submitted by India at the Third Special Session of the United Nations General Assembly devoted to disarmament.Available at https: //fas.org/nuke/ guide/india/doctrine/880000-disarm.htm.Accessed 28 June 2018

［4］ Guile, B.R.（ed.）: Information Technologies and Social Transformation.National Academy Press, Washington DC（1985）

［5］ Allan, M.D.（ed.）: Arms and Artificial Intelligence, vol.23, pp.23-27.Oxford University Press, New York （1987）

［6］ Shulman, C.: Arms control and intelligence explosions.Paper presented at the 7th European conference on computing and philosophy（ECAP）, Bellaterra, Spain, 2-4 July 2009（2009）

［7］ An open letter to the united nations convention on certain conventional weapons.https: // www.dropbox.com/s/ g4ijcaqq6ivq19d/2017%20Open%20Letter%20to%20the%20United% 20Nations%20Convention%20on%20 Certain%20Conventional%20Weapons.pdf？ dl=0. Accessed 23 January, 2018

［8］ In 2015, Prof.Walsh spearheaded a similar letter calling for collective action to curb autonomous weapons which was signed by, amongst others, Apple co-founder Steve Wozniak and renowned physicist Stephen Hawking. Please refer https: //www.news.com.au/technology/ innovation/design/sydney-professor-and-elon-musk-lead- call-for-united-nations-to-ban-lethal-autonomous-weapons/news-story/ffe86044e831729fe4466b9dbfe17 0d7.Accessed 2 July 2018

［9］ Perspectives on lethal autonomous weapon systems: 7-19.UNODA occasional papers No.30, Nov 2017

［10］ Foradori, P.（ed.）: Arms Control and Disarmament: 50 Years of Experience in Nuclear Education, p.2; Allan, M.D.（ed.）: Arms and Artificial Intelligence, p.23.Oxford University Press, New York.Palgrave Macmillan, Cham, Switzerland（2018）

［11］ Warnke, P.: The effect of new technologies on nuclear non-proliferation and disarmament: Artificial intelligence, hypersonic technology and outer space.https: //www.un.org/disarmament/update/the-effect- of-new-technologies-on-nuclear-non-proliferation-and-disarmament-artificial-intelligence-hypersonic- technology-and-outer-space/.Accessed 30 June 2018（2017）

［12］ Brockmann, K., Bauer, S.: 3D printing and missile technology controls.SIPRI Background Paper, Nov 2017（2017）

［13］ Walther, Gerald: Printing insecurity？ The security implications of 3d-printing of weapons.Sci.Eng.Ethics **21**, 1435-1445（2015）

［14］ Arnold, A.: Blockchain: a new aid to nuclear export controls?https: //thebulletin.org/2017/10/ blockchaina-new-aid-to-nuclear-export-controls/.Accessed 24 May 2018（2017）

［15］Report of the UN Secretary-General-Uniting Against Terrorism：Recommendations for a Global Counter-Terrorism Strategy，27 Apr 2006，pp.52-57

［16］Chyba，C.F.：Biotechnology and the Challenge to Arms Control.Arms Control Today.https：//www.armscontrol.org/act/2006_10/BioTechFeature.Accessed 12 June 2018

［17］Zilinskas，R.A.，Mauger，P.：Biotechnology E-commerce：a disruptive challenge to biological arms control.CNS Occasional Paper No.21，Middlebury Institute of International Studies，Monterey

［18］Intriljgator，M.D.，Brito，D.L.：Arms races，defence and faux.Economics **11**，45-54（2000）

［19］Yildirim，J.，Öcal，N.：Arms race and economic growth：the case of India and Pakistan.Def Peace Econ **17**（1），37-45（2006）

［20］Glaser，C.L.，Kaufman，C.：What is the offense-defense balance and can we measure it？Int Secur **22**（4），39-44（1998）

［21］https：//www.rand.org/blog/2016/10/the-future-of-hypersonic-weapons.html.Accessed 11 May 2017

［22］Majumdar，D.Why 3D printing could be the key to winning the hypersonic arms race.http：//nationalinterest.org/blog/the-buzz/why-3d-printing-could-be-the-key-winning-the-hypersonic-arms-25240.Accessed 6 July 2018（2018）

［23］A 3D printing arms race between China and the U.S.A.，2017.https：//www.evolv3dlabs.com/ 3d-printing-arms-race-china-u-s/.Accessed 7 July 2018

［24］Lucas，L.，Waters，R.：The AI arms race：China and U.S.compete to dominate big data .https：//www.ft.com/content/e33a6994-447e-11e8-93cf-67ac3a6482fd.Accessed 10 May 2018（2018）

［25］Zhang，B.：China's Assertive Nuclear Posture：State Security in an Anarchic International Order，pp.1-203.Routledge（2015）.Haynes，S.T.：Anarchy and the new arms race.Nonproliferation Rev **23**，3-4，513-518（2016）

结 论

本书的基本主题是从军事角度理解各种相关颠覆性技术。

当今技术创新的力量既令人振奋又震惊，关于各种新兴技术的讨论如火如荼。然而，实际上，很难判断技术革命产生的影响力。近年来，出现了某些惊人的创新成果，表明机器已经开始慢慢地控制人类活动。技术革命最明显的影响之一是对国防部门的影响。在本质上具有破坏性的新兴技术在本书的第二部分进行讨论。这些技术不仅有望改变作战方法，甚至可能彻底改变整个未来战争。

这里讨论的技术是不断发展的技术，将极大地改变未来战争的性质。目前，关于如何将这些技术应用于作战，军事战略家的想法不一。因此，将这些技术完全融入国家国防架构还需要一定时间。显然，具有技术优势和金融能力的国家已经在选择颠覆性技术。像美国和中国这样的强国，既有钱又有资源，在这个领域不断开拓创新，他们的军队已经开始应用这些创新技术。

需要理解的是，正在讨论的各种颠覆性技术对民用领域具有重要意义，其中大多数已经在民用和商业领域发展。因此，军事战略家和技术专家可以研究它们的创新模型，并开发它们的军事特定版本。随后，他们可以根据技术适用性和技术需求，将这些技术应用于安全架构。

武装部队（如美国）已经在其作战系统中大量集成了机器人等技术。一些发达国家的军队也部署了各种半自主和完全自主系统。至于其他技术，如云、人工智能、物联网和增材制造，它们仍处于早期阶段，其发展很大程度上取决于军事机构是否愿意以目前的形式（新生形式）采用这些技术。这些技术非常有趣的一点是，尽管它们有各自的优势，但如果将某些技术结合起来使用，则预期会产生更好的结果。例如，人工智能和区块链的结合有望为民防领域创造各种应用。

现代颠覆性技术不应被视为早期技术或武器系统的直接替代品。在这里，颠覆的概念不仅意味着用新技术简单地替代旧技术。在过去的几十年里，直接的技术（军事系统）替代已经发生，例如，随着"坦克战"的出现，即马被坦克取代。由于其独特的特性，专门用于作战的现代技术有望彻底改变它的概念。颠覆性技术有望在未来推动作战概念的重构和革命。这项工作讨论的技术的性质和其他新兴的颠覆性创新技术表明，对当前作战战术和军事政策的全面革命即将到来。

这里讨论的每项技术都有优点和局限性。目前，这些技术被视为"力量倍增器"。目前武装部队正试图判断颠覆性技术在军事领域的优势及其确切作用。当颠覆性技术完全成熟时，预计国防装备将发生彻底变革。当前，在破坏性技术方面的创新可能会给各国的国防理论带来重大变化。与此同时，国防工业转型进程也将开启。对于世界经济论坛而言，采用颠覆性技术持续转型的行业构成了"第四次工业革命"的基础。世界经济论坛创始人兼执行主席克劳斯·施瓦布教授在其著名著作《第四次工业革命》中雄辩地指出：由于技术的进步，第四次革命与前三次革命有着根本的不同。第四次革命确实像早期的工业革命一样提供了一系列新技术选择，但不同的是，这些技术与物理、数字和生物世界有联系。其中一些技术使人类变得多余。当今时代提供了一种选择，机器将能够独立思考并操作开展活动所需的各种平台，并全面操作人类旅行（在陆地、水中、空中、太空等媒介中）。显然，机器的霸道式存在及其具有比人类更快地完成工作的能力，以更聪明的方式运行，将导致一些社会结构发生变化。第一个影响体现在人力资本的就业上。先进的互联网及其各种应用程序还将对社会和文化产生巨大影响。在采用颠覆性技术和工业 4.0 之前，军队需要考虑这些变化。

各国必须要清楚，新技术有落入坏人之手的危险，尤其是军事技术的应用。由于这些技术的性质和固有的双重用途属性，对这些技术进行有效监管将是一项艰巨的任务。这些技术也有可能最终引发一场军备竞赛（部分原因是因为它已经开始了）。冷战军备竞赛的历史让人并不愉快。因此，国家行政部门有责任认识到军备竞赛不符合任何人的利益。有必要让志同道合的国家和联合国积极主动地监管这些技术，并确保整个监管过程保持动态发展，因为这些技术预计会不断发展。

颠覆是一个被高估的概念吗？肯定不是，因为一些技术已经开始证明了自身价值，并改变了现状。因特网 1.0 带来了显著的变化，它改变了几乎所有可见的事物。对于因特网 2.0 的到来，国家领导人、政策制定者、军事领导人和军事工业会张开双臂欢迎颠覆性技术吗？开发颠覆性技术是一件代价高昂的事情。当今的国防工业（国有的和私有的）依靠有效的生态系统维持。这种系统有些是中小型工厂，这些工厂生产制造武器平台、武器系统和其他各种零件。像这样的基础设施不可能在一夜之间建成，可能各国不仅必须对技术发展进行持续投资，而且必须重组其国防机构。技术领域的进步也将在很大程度上取决于资金实力。现在的问题是，军队是否愿意改变他们多年来努力建立的武器系统和战术？如果目前的军事工具和战术给他们带来了成功，他们将很难选择一个全新的、未经测试的系统。此外，与地盘战争相关的问题必然会出现，并成为引起变革的阻力。与任何其他工业革命一样，工业 4.0 因亲富而受到批评。虽然它可能会产生很多利润，但由于自动化程度的提高，低技能和半技能工人的工作将被剥夺。因此，还需要国家领导来应对各种社会挑战。

要使任何特定的颠覆性军事技术革命取得成功，国家领导、技术领导、军事领导和商业领导都需要协同工作。由于这些技术处于发展的早期阶段，因此要求各国在发展有效的生态系统方面发挥重要作用。很长一段时间以来，世界各地的军队都试图根据当前的军事体系和战术预测未来（发展一个系统来应对未来的挑战）。现在，有了这些新技术在军队的家门口，以及很容易获得这些先进技术知识的优势，未来的军事学家们将更有效地解决冲突。

开发颠覆性技术是一件代价高昂的事情，开发它的特定军事应用更是如此。然而，各国明白，一旦完成技术开发，技术需求增加，成本就会下降。各种颠覆性技术的发展初期已经接近尾声。从广义上讲，颠覆性技术领域有望在未来实现跨越式发展，并改变军事安全领域。由于军事技术革命和当今世界以及未来面临的威胁，可以预见未来的战场空间将真正没有空间或时间的界限。颠覆性技术的存在将使未来战争在物理或虚拟领域进行。军事领域的颠覆性技术应被视为是帮助人类确保和平的工具。将任何未来冲突管理的缰绳（仅）掌握在人类手中是人类的责任，而机器的智能本身并不是一种"力量"，而是作为一种"力量倍增器"来帮助人类。